du même auteur

Fromentin conteur d'espace, Paris, Le Sycomore, 1982.
L'Image écrite ou la déraison graphique, Paris, Flammarion, 1995 ; rééd. augmentée, « Champs », 2009.
Vues de Kyôto, Lectoure, Éditions Le Capucin, 1999.

Éditions présentées et commentées :
Eugène Fromentin, *Un été dans le Sahara*, Paris, Le Sycomore, 1980.
Mémoires de Pierre S., voleur, Paris, Le Sycomore, 1982.
Eugène Fromentin, *Dominique*, Paris, Imprimerie nationale, 1988.

Direction d'ouvrages collectifs :
L'Espace et la lettre, « Cahiers Jussieu » n° 3, Paris, U.G.E., 10/18, 1977.
Dire, voir, écrire – le texte et l'image, Revue *Textuel 34/44* n° 6, Université Paris 7, 1979.
Écritures, systèmes idéographiques et pratiques expressives, Paris, Le Sycomore, 1982.
Écritures II, Paris, Le Sycomore, 1985.
Écritures paradoxales, Revue *Textuel 34/44* n° 17, Université Paris 7, 1985.
Écritures III, Espaces de la lecture, Paris, Retz, 1988.
Ecrire, voir, conter, Revue *Textuel* n° 25, Université Paris 7, 1993.
L'Écriture du nom propre, Paris, L'Harmattan, 1998.
Histoire de l'écriture, de l'idéogramme au multimédia, Paris, Flammarion 2001 ; éd. anglaise, 2002 ; éd. arabe, Alexandrie, Bibliotheca Alexandrina, 2005.
La lettre et l'image : nouvelles approches (en coll. avec A. Miura), Revue *Textuel* n° 54, Université Paris Diderot, 2007.

Édition de revue :
L'immédiate, 1974-1981, Paris, (29 numéros).

poétique du blanc

dans la même collection

Jacques AUMONT, *Le montreur d'ombre*, 2012.

Éric ALLIEZ, avec la collaboration de Jean-Clet MARTIN, *L'œil-cerveau. Nouvelles histoires de la peinture moderne*, 2007.

Laure BLANC-BENON, *La question du réalisme en peinture. Approches contemporaines*, 2009.

Alain BONFAND, *Histoire de l'art et phénoménologie*. Recueil de textes 1984-2008, 2009.

– *Le cinéma d'Akira Kurosawa*, 2011.

– *Le cinéma saturé. Essai sur les relations de la peinture et des images en mouvement*, 2e éd. revue et augmentée, Vrin, 2011.

Fabienne BRUGÈRE, *L'expérience de la beauté. Essai sur la banalisation du beau au XVIIIe siècle*, 2006.

Noël CARROLL, *La philosophie des films*, avant-propos et traduction par É. Dufour, L. Jullier, J. Servois, Anna C. Zielinska, 2015.

Anne-Marie CHRISTIN, *Poétique du blanc. Vide et intervalle dans la civilisation de l'alphabet*, 2009.

Danielle COHEN-LEVINAS, *La voix au-delà du chant. Une fenêtre aux ombres*, 2006.

– *L'opéra et son double*, 2013.

Carl DAHLHAUS, *L'esthétique de la musique*, textes réunis et traduits sous la direction de J. Labia, introduction de J. Labia, postface de A. Soulez, 2015.

Giuseppe DI LIBERTI, *Le système des arts. Histoire et hypothèse*, traduit de l'italien par A. Henssien et P. Rougier, 2016.

Thomas DOMMANGE, *Instruments de résurrection. Étude philosophique de La Passion selon saint Matthieu de J.-S. Bach*, 2010.

Formalisme esthétique. Prague et Vienne au XIXe siècle, textes réunis et traduits sous la direction de C. Maigné, 2012.

Roman INGARDEN, *Esthétique et ontologie de l'œuvre d'art*. Choix de textes (1937-1969), présentation, traduction et notes de P. Limido-Heulot, 2011.

– *L'œuvre architecturale, 1945*, introduction, traduction et notes de P. Limido-Heulot, 2013.

G.E. LESSING, *Traités sur la fable*, précédés de la *Soixante-dixième lettre*,

suivis des *Fables*, édition bilingue, avant-propos de N. Rialland, postface de J.-Fr. Groulier, 2008.

K. LÜDEKING, *La philosophie analytique de l'art*, introduction et traduction par J.Fr. Groulier, 2013.

Jacques MORIZOT, *Goodman : modèles de la symbolisation. Avant la philosophie de l'art*, 2012.

Frédéric POUILLAUDE, *Le désœuvrement chorégraphique. Étude sur la notion d'œuvre en danse*, 2009.

Roger POUIVET, *L'ontologie de l'œuvre d'art*, 2010.

Patricia TOUBOUL, *Instruire par l'image. Fénelon et les arts du dessin*, 2012.

Patrick VAUDAY, *Histoire(s) de médium*, 2016.

Eugène VÉRON, *L'esthétique*, 2007.

Lambert WIESING, *La visibilité de l'image. Histoire et perspectives de l'esthétique formelle*, traduction par C. Maigné, 2014.

Clélia ZERNIK, *L'œil et l'objectif. Psychologie de la perception à l'épreuve du style cinématographique*, 2012.

essais d'art et de philosophie

Anne-Marie Christin

poétique du blanc

vide et intervalle dans la civilisation de l'alphabet

« Les "blancs", en effet, assument l'importance, frappent d'abord ».
Stéphane Mallarmé

nouvelle édition revue et augmentée

« Le mode d'être artistique d'une œuvre peinte est celui qu'elle tient de l'artiste et de l'art auxquels elle doit d'exister.
Le mode d'être esthétique d'une peinture est celui qu'elle tient de l'expérience par laquelle et dans laquelle elle est appréhendée comme œuvre d'art ».

Étienne Gilson de l'Académie française
fondateur de la collection

directrice de collection :
Jacqueline Lichtenstein

conception graphique
malte martin, atelier graphique
avec laurent feneau

première édition Peeters, 2000

6, place de la Sorbonne, Paris V^{e}
imprimé en France
ISSN 0249-7913
ISBN 978-2-7116-2197-2

présentation

Le blanc est la couleur d'une énigme. « Si "blanc" est un concept qui se rapporte uniquement à une surface visuelle, pourquoi donc n'y a-t-il, pas un concept de couleur apparenté à "blanc" qui se rapporterait à quelque chose de transparent ? » s'interroge Wittgenstein[1]. « Au cinéma, remarque-t-il, il est souvent possible de voir les événements du film comme s'ils se situaient derrière l'écran et que celui-ci fût transparent comme un panneau de verre. [...] Or nous ne sommes pas tentés cependant de nommer ce panneau de verre *blanc* transparent »[2]. Le blanc est censé ne rien laisser voir de ce qui se situe au-delà de lui, pas plus, du reste, qu'il ne participe à l'illusion de la profondeur : « Si toutes les couleurs devenaient plus blanches, alors l'image perdrait de plus en plus de profondeur »[3].

Pourtant, cette opacité nécessaire du blanc n'est pas liée à sa matière : « On ne peut pas dire non plus que le blanc soit essentiellement la propriété d'une surface (visuelle). Car on pourrait imaginer que le blanc se produisît simplement comme un éclat, ou comme la couleur d'une

1. Ludwig Wittgenstein, *Remarques sur les couleurs*, trad. fr. par G. Darel, Paris, Trans-Europ-Repress, 1983, III 184, p. 50. L'impossibilité d'associer au concept de « blanc » celui de « transparence » préoccupe particulièrement le philosophe, qui y revient à plusieurs reprises. Voir I, 46, p. 14 et III, 24 p. 25.
2. *Ibid.*, III, 184, p. 50.
3. *Ibid.*, III, 195, p. 51.

flamme »[1]. Une autre caractéristique du « blanc », en effet, est sa luminosité : « Si un fantôme m'apparaissait dans la nuit, il se pourrait qu'il émît une faible lueur blanchâtre ; mais s'il m'apparaissait gris, alors il faudrait que la lumière parût venir de quelque part ailleurs »[2].

Ainsi, d'être conçu comme la couleur même de la « surface » fait du blanc à la fois une couleur qui masque et dissimule – mais sans pour autant signifier l'absence : c'est en désignant sa présence qu'elle voile le monde – et, d'autre part, une proposition de lumière, sinon la lumière elle-même, et cela quel que soit l'éclairage auquel sa surface se trouve soumise. « Le papier que voici est plus ou moins clair selon les endroits, note encore Wittgenstein ; mais puis-je dire qu'il est blanc à certains endroits et gris en d'autres ? – Certes, si je le peignais, je mélangerais en tout cas un gris pour les endroits plus sombres[3]. »

Le blanc échappe au réel. Il est une matière mentale. La surface qu'il définit peut être indifféremment interprétée comme *vide* – au sens où tout événement ou manifestation visuelle effective a toujours lieu en dehors d'elle (le blanc exclut par principe la trace ou la maculature : leur apparition le *divise* sans l'entamer) – ou *pleine* – puisque sa couleur est l'indice autosuffisant d'une présence impénétrable, qu'il s'agisse de la surface d'un objet ou de la luminosité de cette surface – ou encore d'une lumière « faisant surface » à sa façon, comme la flamme d'un feu ou d'une bougie. Cependant, que l'on tende à l'interpréter plutôt d'une manière ou de l'autre, le « blanc » est toujours *simultanément vide et plein à la fois*, signe avant-coureur d'un invisible à ce point inconcevable et dense qu'il peut être perçu comme une absence, mais aussi don de lumière total et immédiat, spectacle d'emblée absolu de tous les possibles réalisables. Telle est l'énigme.

Et c'est ici que commencent les interrogations, les propositions, les choix – ou les refus. En 1866, trente ans avant de composer le *Coup de dés*, Mallarmé évoque dans *Brise marine* « le vide papier que la blancheur défend ». La formule, conquise sur des brouillons où « la blancheur », de « stérile » était devenue « mortelle », et où l'inspiration difficile du poète se traduisait par une interdiction d'accès à la page émanant

1. Ludwig Wittgenstein, *Remarques sur les couleurs*, *op. cit.*, III, 145, p. 43.
2. *Ibid.*, III, 231, p. 55. Voir également 250, p. 57.
3. *Ibid.*, III, 56, p. 30.

de son propre cerveau, « malade » puis « châtié »[1], fait apparaître une dernière propriété du « blanc » – celle qui justifie les précédentes en nous faisant comprendre à quel point mot et couleur témoignent d'une expérience, et non d'un donné objectif – : qui contemple la blancheur s'y soumet, ou doit inévitablement composer avec elle.

Pour Wittgenstein comme pour Mallarmé le blanc existe, résiste, dans la mesure où, fût-il indissociable d'un mot ou d'un concept, il est *visible*. Et sans doute même le blanc est-il la couleur *visible par excellence* puisqu'elle ne se laisse pas traverser, et qu'elle est elle-même source de lumière. Aussi ni l'un ni l'autre n'évoquent-ils jamais le blanc comme un manque, ou comme un défaut : vide et plein sont, dans la blancheur, des catégories pures de l'apparence.

Le « manque » ne vient au blanc que pour des motifs extérieurs à ceux qui concernent sa nature propre. Ou plutôt il n'y en a qu'un, auquel on peut les ramener tous : le refus de reconnaître la vision comme *l'acte d'un sujet*, en considérant que la parole, et plus encore l'énonciation, l'emporte en nécessité et en valeur sur toute autre expression de soi. C'est aussi Wittgenstein qui remarquait qu'il y a incompatibilité à dire « je vois » et à « voir » véritablement[2]. Francis Ponge en témoigne d'une autre manière :

> Les objets, les paysages, les événements, les personnes du monde extérieur [...] emportent ma conviction. Du seul fait qu'ils n'en ont aucunement besoin. Leur présence, leur évidence concrètes, leur épaisseur, leurs trois dimensions, leur côté palpable, indubitable, leur existence dont je suis beaucoup plus certain que de la mienne propre, leur côté : « cela ne s'invente pas (mais se découvre) », leur côté : « c'est beau parce que je ne l'aurais pas inventé, j'aurais été bien incapable de l'inventer », tout cela est ma seule raison d'être, à proprement parler mon *prétexte*, et *la variété des choses est en réalité ce qui me construit*. Voici ce que je veux dire : leur variété me construit, me permettrait d'exister dans le silence même[3].

1. Stéphane Mallarmé, *Poésies*, édition établie et annotée par B. Marchal, Paris, Poésie-Gallimard, 1992, p. 22 et p. 198.
2. Wittgenstein, *Remarques sur les couleurs*, *op. cit.*, III, 323, p. 68. Je me permets de renvoyer également sur ce sujet à mon livre précédent : *L'Image écrite ou la déraison graphique*, Paris, Flammarion, 2001, « Le partenaire silencieux », p. 84-96.
3. Francis Ponge, « My creative method » (1947), *Méthodes*, Paris, Gallimard, 1971, p. 12-13.

Le problème du refus du visible – travesti dans l'affirmation de ses « manques » – peut être abordé sous plusieurs angles. J'ai choisi de le faire ici sous celui de l'écriture. De toutes les inventions humaines, en effet, l'écriture est celle où l'interrogation visuelle d'une surface a conduit au résultat le plus prodigieux : la création d'un système de signes qui ne serve pas seulement de support à la communication mais à un mode de pensée nouveau. Or il se trouve que l'écriture que nous utilisons en Occident, l'alphabet, apparu à l'issue d'une évolution de trois mille ans qui a mené de l'idéogramme au système consonantique sans entraîner de bouleversement majeur dans ses principes, est celui qui, le premier de tous, et le seul, a rompu ses liens initiaux avec le visible – et par conséquent avec le blanc.

Rupture assez équivoque, en vérité. Car, certes, notre alphabet est une écriture aveugle, plus encore qu'elle n'est sonore : les consonnes et les voyelles qui définissent son champ verbal sont des concepts phonologiques, qu'il suffit d'additionner mentalement pour obtenir la chaîne sonore nécessaire à leur prononciation. Contrairement aux systèmes idéographiques et sémitiques, l'alphabet ne repose pas sur l'évaluation sémantique du contexte dans lequel ses signes sont inscrits et du conditionnement matériel de leur support : *savoir lire* revient strictement, selon ce système, à *déchiffrer*. L'alphabet, sur le modèle de la langue qu'il est censé ne faire que refléter, est bien l'écriture du manque et de l'absence, puisque rien de ce qu'il permet de nommer ne lui est immédiatement accessible[1]. Il n'en demeure pas moins, néanmoins, que la « lettre » en tant que telle ne résulte pas d'une analyse phonétique menée de façon rigoureuse (ce qui explique l'inadéquation endémique de l'alphabet non seulement aux langues « à tons », mais à toutes les nuances nécessaires à la définition véritablement orale d'une langue quelle qu'elle soit). Elle est née de l'*état visuel* de l'écriture qui la précédait. L'alphabet grec reproduit une structure graphique préexistante, celle du phénicien – structure qui, elle, faisait participer normalement son support de sa lecture – pour y inscrire le seul schéma phonétique plus ou moins adapté à sa langue qui pouvait y trouver place. Une nature aussi hybride rend difficilement crédible l'hypothèse selon laquelle serait identifiable dans notre cerveau une « conscience

1. Je reviendrai sur la définition de ces différents systèmes au cours de l'ouvrage. On peut se reporter néanmoins aussi à *L'Image écrite*, *op. cit.*, Voir en particulier « Le signe introuvable », p. 21 -70.

phonologique », hypothèse qui sert de base à la plupart des recherches actuelles sur l'illettrisme. Mais elle présente aussi un avantage, celui d'avoir laissé ouverte à son abstraction bancale et incomplète la possibilité de retrouver dans la gestion de l'espace et des blancs où elle s'inscrivait les adjuvants de lisibilité qui lui étaient indispensables.
Voir le blanc, dans la civilisation de l'alphabet, ne pas l'identifier à une absence, un manque, un deuil, relève de la transgression. L'audace de passer outre ne pouvait venir d'abord que des peintres – ou du moins de certains d'entre eux, plus attentifs à ce dialogue avec le visible qui commence par le blanc. C'est le cas de Dürer, dont Vasari admirait l'*Autoportrait* qu'il avait offert à Raphaël, où il avait utilisé telle quelle la préparation du fond : « ... des lumières de la toile de lin il avait nourri les clairs, laquelle chose paraissait merveilleuse à Raphaël » écrit-il[1]. Rothko nous offrira plus tard l'étrange et douloureux délice de ses vastes espaces de glacis faisant affleurer à la surface de la toile sa blancheur originelle, comme imprégnée encore d'invisible.
Dubuffet a situé quant à lui cette difficile – ou plutôt *indicible* – présence du blanc et de l'intervalle propre à la culture occidentale dans le cadre même de l'esthétique qui, alignant ses figures comme des lettres, avait fait de l'ordre alphabétique le modèle obligé de la peinture :

> R. – Ce ne sont pas des objets dont la figuration me paraît féconde mais c'est ce qu'il y a entre les objets, ce que le conditionnement culturel incite à regarder comme des vides. [...] Le continuum des choses a été découpé par la culture en vingt mille notions dont l'inventaire correspond aux vingt mille mots du dictionnaire. C'est ce clavier du vocabulaire qu'utilise la pensée. Il est pauvre, il est arbitraire. L'écrire n'en a pas d'autre à sa disposition, tandis que la peinture peut s'en libérer : son langage de signes n'en est pas tributaire ; il peut, dans ce continuum, fixer à l'infini des points qui se situent en tous intervalles séparant les notions qui ont reçu un nom. [...] C'est la mission de la peinture de déplacer ce balisage, réinstituer le continuum, de survoler, y introduire des points de touche ou points d'appui à tout instant changés qui créent pour la pensée toutes espèces de nouvelles trajectoires.
> Q. – Je ne saisis pas dans quelle forme le peintre pourra peupler les vides séparant les objets.

1. Cité par Anna Ottani Cavina, « La fabrique du blanc », *Réserves, les suspens du dessin*, Catalogue d'exposition, Paris, Éditions de la RMN, 1995, p. 79.

> R. – Vous ne le saisissez pas parce que vous n'êtes pas libéré du conditionnement qu'impose le vocabulaire et ne pouvez concevoir qu'il y ait plus que néant là où il n'a mis aucun nom. Or le regard n'a pas d'intervalles, la pensée n'a pas d'intervalles, elle peuple tout de ses projections. Ce sont ces projections qui sont intéressantes à fixer, dont l'ouvrage doit donner la représentation[1].

Il était nécessaire d'ouvrir un dossier sur le sujet. De réunir quelques preuves. Preuves de l'ostracisme du blanc dans la culture occidentale et du rôle qu'y a joué l'alphabet. Mais preuves aussi des trouvailles auxquelles sa redécouverte, parfois involontaire, a donné lieu, dans l'image, dans l'écriture, par le biais de la typographie. Tel est le but de ce petit livre, nouvelle étape dans une recherche sur les civilisations de l'écriture et leurs rapports avec les images.

1. Jean Dubuffet, *Bâtons rompus*, Paris, Minuit, 1986, p. 26-27.

chapitre premier
l'image et la lettre

Un objet ne devient visible qu'en rendant aveugle ce qui l'entoure. L'image est née du désir de mimer cette rupture du monde lorsque y surgit une figure qui est aussi à l'origine de son nom. Mais d'où a pu venir aux hommes l'idée de témoigner de cette rupture sur une *surface*, c'est-à-dire dans un espace qui, tout au contraire de celui d'où la figure tire son existence, voué par elle à l'absence et au désordre, affiche une cohérence étonnamment présente et homogène ? Du souci de célébrer cette figure en l'isolant sur un « fond » ? Ou ne s'agissait-il pas plutôt, en restituant au visible la dualité qui le fonde, d'inscrire les figures qu'il suscitait – avec d'autres, imaginaires, mais qui seraient douées pour le regard de la même évidence magique – dans un espace redéfini par l'homme, où ces figures seraient unies non plus selon les lois indécises du chaos s'ouvrant au jour mais par un projet inédit et délibéré de l'esprit ?

Il me semble que les empreintes de mains si fréquemment associées aux motifs graphiques ou picturaux des peintures préhistoriques accréditent cette hypothèse. C'est en effet un objet bien particulier que célèbrent ces empreintes, celui auquel l'homme ne devait plus seulement ses outils et sa subsistance mais sa conquête ultime sur le réel, qui était d'avoir transformé ce réel en univers symbolique. La présence de la main humaine au milieu du peuple de figures dont elle était elle-même l'auteur – quelle que soit la valeur rituelle dont elle pouvait se trouver investie à d'autres titres – témoigne de l'émergence d'une nouvelle forme de pensée sociale. Mais elle témoigne également de l'émerveillement que cette pensée a suscité dans les sociétés qui l'ont conçue.

Car cet hommage à la main créatrice l'est aussi, et peut-être avant tout, à la paroi sur laquelle – et par laquelle – elle venait d'inventer l'image. Son empreinte nous la donne à voir selon le même schéma allusif que les figures qui l'avoisinent, mais de telle sorte qu'elle semble aussi se situer volontairement en retrait – ou, pour utiliser le vocabulaire des peintres, en *réserve* – par rapport à elles. Comme si l'on devait comprendre qu'elle seule, parmi tous les objets figurables ou symboliques du monde, bénéficiait du privilège d'entrer en contact avec la pierre, et que, de cette pierre à la paume humaine, un unique pouvoir était transmis. On rencontre d'autres formes d'hommage rendu ainsi à la pierre, par effet de relais ou de retour de l'image sur ses origines, dans l'art préhistorique, telle cette préoccupation constante que manifestent ses peintres d'adapter leurs motifs figuratifs à ceux que leur suggèrent à l'avance les accidents du support qu'ils ont à leur disposition, chacun se montrant obstinément soucieux d'intégrer à sa composition tout indice de représentation qui s'avèrerait immanent, d'une façon ou d'une autre, à la pierre même.

Ce support à la fois exploité et exalté par les peintres de la préhistoire est celui de toutes les images. Les modifications diverses qu'il subira au cours des temps et de ses transferts d'une civilisation à une autre, s'ils entraîneront des variations importantes dans la manière de l'interpréter, ne changeront rien à sa définition, qui demeurera celle d'une surface permettant de réunir des figures en un ensemble visuellement signifiant, et faisant fonction d'*écran* entre le visible et l'invisible, aux deux sens où elle en constitue à la fois la frontière et la plaque sensible. C'est en créant un tel support que les sociétés humaines se sont donné la possibilité de réaliser à leur profit cette rupture du monde dont elles faisaient quotidiennement l'expérience à travers leur découverte sensorielle des choses, mais dont il leur avait fallu réinventer la formule pour qu'elle réponde aux aspirations de leurs naissantes communautés, et s'intègre à l'univers culturel qu'elles commençaient également à construire.

La *pensée de l'écran* a précédé l'invention du symbolisme graphique puisque c'est elle qui l'a rendu possible, mais elle s'en différencie aussi profondément dans la mesure où ses catégories sont totalement étrangères à celles du langage verbal[1]. Nous devons admettre en effet que la communication humaine s'est constituée à partir de deux pôles, celui des échanges internes propres à un groupe social, à sa cohésion, à son histoire, dont le principal vecteur est la parole, et celui des échanges de ce même groupe avec « l'au-delà », qu'il s'agisse de sociétés voisines ne parlant pas la même langue ou, plus encore, du monde des dieux, observateurs tout-puissants des peuples qu'ils gouvernent mais dont les intentions demeurent informulées. L'image a introduit dans cette structure une modification essentielle en offrant à la communication des hommes avec l'au-delà qui se traduisait auparavant, comme elle le fait d'ailleurs toujours dans les sociétés orales, par des hallucinations éphémères et individuelles – à l'origine sont « les Temps du rêve » disent encore les Aborigènes –, le moyen de se manifester de façon concrète et durable par le biais de certaines surfaces-témoins, où les révélations de l'invisible et les messages qui leur sont destinés seraient accessibles en permanence au regard nocturne des dieux, mais aussi à celui des membres du groupe que l'on aurait délégués à leur lecture – sinon peut-être à celui du groupe dans son ensemble.

C'est cette lecture sacrée qui a conduit à l'invention de l'écriture, apparue lorsqu'on a songé à adapter un mode de communication initialement destiné à établir des relations entre deux univers hétérogènes – celui des hommes et celui des dieux – aux seules sociétés humaines, et après que la divination se fut dotée d'un système de signes assez complexe pour pouvoir accueillir et transposer celui de la langue orale. C'est elle aussi qui permet de comprendre pourquoi l'idéogramme, premier signe écrit conçu voici cinq mille ans, se caractérise, dans les trois civilisations qui l'ont créé à peu près simultanément – la Mésopotamie, l'Egypte et la Chine – par la variabilité potentielle de ses fonctions – de *logogramme*, de *phonogramme* ou de *déterminatif* (ou de *clé* dans le système chinois) – l'examen du support sur lequel le signe se trouve inscrit permettant au lecteur de décider, à partir du contexte

1. Voir sur ce sujet *L'Image écrite ou la déraison graphique*, *op. cit.*, en particulier p. 5-20.

dont il dispose, celle d'entre elles qu'il doit retenir pour comprendre le message qu'on lui soumet[1].

Mais une seconde mutation devait se produire encore dans cette histoire, dont l'image allait être, cette fois, victime. De l'idéogramme à l'alphabet grec, la visibilité de l'écrit a perdu sa vocation sémantique et, davantage encore, sociale. A l'image polyvalente du mot s'est substituée celle, phonologique et abstraite, de la « lettre », à la conception transcendantale et plurilinguistique de l'écrit celle de son efficacité laïque et immédiatement communautaire.

L'allégorie de la Caverne par laquelle Platon ouvre le livre VII de sa *République* illustre de façon catégorique ce rejet non tant de l'image que de ses vertus médiatiques qui caractérise la civilisation de l'alphabet. Cette mise en scène étrange d'hommes enchaînés depuis l'enfance dans une grotte et condamnés à regarder devant eux sans pouvoir s'observer les uns les autres tandis que défile, sur la paroi de la caverne leur faisant face, l'ombre projetée par un feu, situé à l'extérieur, d'« hommes portant des objets de toute sorte [...] et des statuettes d'hommes et d'animaux, en pierre, en bois, et en toute espèce de matière », nous signifie que l'image ne saurait être un instrument de connaissance. « J'appelle images, dit Platon un peu plus haut dans ce même texte, d'abord les ombres, ensuite les reflets que l'on voit dans les eaux, ou à la surface des corps opaques, polis et brillants, et toutes les représentations semblables »[2]. Et certes, s'il s'agit de reproduire des objets de la réalité, que celle-ci soit concrète ou idéale, l'image ne peut que leur être infidèle, quoique ce soit pour un autre motif : elle ne « reproduit » pas, précisément, elle *transpose*. Mais la définition qu'en donne Platon et, plus encore, son allégorie, veulent nous faire comprendre aussi que cette image n'est pas non plus un moyen de communication. Une telle fonction est réservée de façon exclusive à la parole. Platon le suggère de deux manières. En faisant de la paroi de la caverne un simple lieu de dépôt, non de création, des formes visuelles – comme l'est la surface d'un miroir –, et en complétant son récit par des indications dont on voit bien qu'elles ont pour seul objectif de lui permettre de réunir les éléments d'une situation donnée dans leur ensemble, sans en omettre aucun, et qui concernent strictement la communication verbale. Décri-

1. Voir *L'Image écrite ou la déraison graphique*, *op. cit.*, p. 32-58.

2. Platon, *République*, VII, 512a-517b et VI, 510a, trad. fr. R. Baccou, Paris, GF-Flammarion, 1966, p. 273-275 et p. 267.

vant les personnages qui défilent à l'extérieur il précise en effet : « Naturellement, parmi ces porteurs, les uns parlent et les autres se taisent », et il reprend un peu plus loin, évoquant cette fois les spectateurs : « ... si la paroi du fond de la prison avait un écho, chaque fois que l'un des porteurs parlerait, croiraient-ils entendre autre chose que l'ombre qui passerait devant eux ? »[1].

Telle est la clé du mépris qu'éprouve Platon envers le visible. Aucun message ne peut se transmettre, et encore moins se créer, par son intermédiaire. L'invisible ne correspond pas pour lui à un monde autre, muet et inaccessible, qui complèterait ou menacerait le nôtre, il est pleinement accessible à l'homme, au contraire, pour peu seulement que celui-ci s'exerce à distinguer les objets « vrais », les Idées, avec l'intelligence de l'âme et non avec les yeux du corps. L'empyrée tel qu'il le conçoit est le lieu suprême du verbe : il est habité par des mots.

Jean-Pierre Vernant a souligné, dans *Divination et rationalité*, que les dieux grecs se distinguaient de ceux des autres panthéons antiques parce qu'ils parlaient la langue des hommes[2]. Ainsi s'explique que la notion d'« écran », d'espace intermédiaire où se constituent en messages des signes censés assurer les échanges des dieux et des humains, soit indifférente à cette culture. Mais l'existence de l'alphabet a joué certainement un rôle encore plus décisif dans le raisonnement de Platon que cette conception fluide de l'espace propre à la pensée hellénique. Un rôle qui ne manque pas, en fait, d'être équivoque, car ce système entraînait avec lui, comme son double renié et prestigieux mais auquel l'associaient encore d'obscures relations de filiation, le système hiéroglyphique égyptien.

Selon Platon, en effet, l'alphabet peut se définir de deux manières. La lettre est une unité *distinctive* – elle permet d'isoler un son de la langue –, mais elle est également *imitative* : elle représente le son qu'elle désigne. C'est cette seconde propriété, qu'elle partage avec la peinture, qui fait sa vanité et la rend par conséquent condamnable. Or autant la première de ces définitions est conforme aux principes de l'alphabet, autant celle-ci leur est étrangère. Sans doute a-t-elle pu être suggérée à Platon par la nécessité qu'impose l'alphabet de transcrire un message oral en faisant l'inventaire, lettre à lettre, de chacun des sons qui le composent. Mais le

1. *Ibid.*, p. 273-274.
2. Jean-Pierre Vernant, « Parole et signes muets », *Divination et rationalité*, Paris, Seuil, 1974, p. 9-25.

parallélisme accidentel des linéarités de la voix et de la trace n'a rien d'une imitation. Pourquoi donc avoir éprouvé le besoin de passer par le détour de l'image afin de pouvoir affirmer le contraire ? Quel relais devait assurer cette image, qui permettait de confirmer la vanité de l'écrit ? La réponse nous en est donnée dans le *Phèdre*, où Theuth, dieu égyptien, est présenté comme l'inventeur de « l'écriture » sans qu'apparaisse la différence fondamentale qui sépare système hiéroglyphique et alphabet[1]. Naïveté ? Ruse ? Ignorance ? Il est certain en tout cas que c'est le caractère figuratif des hiéroglyphes qui explique le déplacement du raisonnement de Platon de la vertu distinctive de l'écriture à sa vanité imitative. Et c'est l'amalgame qu'il a fait entre deux systèmes profondément opposés l'un à l'autre qui nous permet de comprendre sa méconnaissance à la fois de l'écriture – qu'elle soit alphabétique ou hiéroglyphique – mais aussi, car l'une se déduit de l'autre, de la peinture. Que l'on y songe en effet. Si les hiéroglyphes sont des signes figuratifs, peut-on affirmer pour autant qu'ils sont « imitatifs » ? Certes, ils représentent des éléments de la vie quotidienne des Egyptiens, mais l'iconographie dont ils relèvent obéit à une codification qui n'a rien de réaliste. Quant aux signes d'écriture proprement dits, les Egyptiens les ont distingués d'emblée des figures qui les avaient inspirés par des conventions spécifiques, la première d'entre elles consistant à inscrire chaque signe à l'intérieur d'un module de même format quelle que soit la réalité qu'il « représente », c'est-à-dire par un acte ostentatoire de rupture avec tout processus éventuel d'« imitation ».

En vérité, la nature figurative de ses signes joue un rôle moins déterminant dans l'écriture hiéroglyphique que le système spatial étonnamment complexe et subtil qui en règle la répartition : connotation solennelle ou intime d'un texte suggérée par son support selon qu'il est de pierre ou de papyrus, calibrage, mais aussi orientation variable des signes ayant fonction de marque formelle d'énonciation, jeu sémantique lié à la distance qui sépare ces signes les uns des autres et qui peut occuper jusqu'au couloir d'un temple ou d'un tombeau. De façon plus essentielle encore, car elle partage cette propriété avec les autres systèmes fondés sur l'idéogramme, cette écriture fait participer l'intelligence visuelle du lecteur à la réalisation du discours, lui laissant l'initiative de l'estimation des contextes qui complètent et explicitent la valeur de chaque signe

1. Platon, *Phèdre* 274d-275c, trad. fr. E. Chambry, Paris, GF-Flammarion, 1964, p. 165.

– mot ou phonème – par celle de ses voisins. C'est de cette liberté foncière de la lecture que l'alignement phonétique de l'alphabet nous a privés ou, plus exactement, nous a distraits. Car Socrate peut ironiser, dans le *Phèdre*, sur ces discours composés par écrit où le soin que met l'orateur à structurer la « disposition » de son texte l'emporte sur son « invention »[1]. C'est cette intuition de praticien qui conduira plus tard Quintilien à avoir l'idée de transposer les règles pittoresques de l'art de la mémoire dans celles, abstraites et quasi géométriques, de la mise en page textuelle : elle constitue un des rares moyens par lesquels la culture de l'alphabet a pu reconquérir cet espace qui lui avait échappé mais qui demeurait cependant indispensable à sa propre lisibilité[2].

> Dans les temps anciens, Pao Xi régna sur le monde. Levant les yeux, il contempla les figurations qui sont dans le ciel et, baissant les yeux, contempla les phénomènes qui sont sur la terre. Il considéra les marques (*wen*) visibles sur le corps des oiseaux et des animaux ainsi que les dispositions avantageuses offertes par la terre [...] Il commença alors à créer les huit trigrammes afin de communiquer avec le pouvoir de l'Efficience infinie[3].

A l'origine de l'ordre des choses est le *wen*, le signe écrit. Des trois civilisations de l'idéogramme, la Chine est la seule qui ait associé directement l'écriture à ses choix philosophiques essentiels. Dans cette culture, la surface de l'apparence est demeurée le lieu initial des échanges de l'homme avec le monde, et la vertu métaphysique de la trace n'y a pas été associée à la parole, elle est restée attachée à l'acte de contemplation. Aussi n'existe-t-il aucun texte qui soit plus opposé à l'allégorie de la Caverne que ces conseils du peintre de paysage Chen Koua rapportés au XIIe siècle dans le *Mong-k'i pi-t'an* :

> Vous devriez d'abord chercher un mur en ruine, et étendre soigneusement sur ce mur une pièce de soie blanche. Alors appuyez-vous sur ce mur en ruine, et matin et soir contemplez-le. Quand vous l'aurez regardé assez longtemps à travers la soie, vous verrez sur le mur ruiné des bosses et des méplats dont le tracé sinueux formera parfaitement le dessin d'un paysage. Retenez bien en esprit l'image perçue par vos yeux, alors les bosses formeront les montagnes, les fonds formeront

1. *Ibid.*, 235 e, p. 112.
2. Voir plus loin *La mémoire blanche*, p. 119-140.
3. *Zhouyi*, *Xici*, II § 2, cité par F. Jullien, « A l'origine de la notion chinoise de littérature » *Extrême-Orient – Extrême-Occident* 3, 1983, p. 48.

> les eaux, les creux formeront les vallées, et les failles les cours d'eau. Les parties claires constitueront les premiers plans et les parties sombres les lointains. Grâce à la faculté qu'a l'esprit de saisir les choses et l'idée de les instaurer, vous croirez voir là des personnages et des animaux, des herbes et des arbres, des créatures volantes et mouvantes allant et venant. Quand [ce spectacle] s'imposera à votre regard, vous gouvernerez votre pinceau au gré de votre pensée. Alors dans le silence de la contemplation, en état de communion spirituelle, le paysage vous apparaîtra dans sa vérité spontanée comme façonné par la Nature, sans rien qui rappelle une œuvre humaine. Voilà ce qu'on appelle une peinture vivante[1].

Peindre, pour la pensée chinoise, n'est pas représenter un objet, c'est redécouvrir l'apparence qui est à l'origine des signes, renouer le contact par lequel doit se révéler, en silence, le chiffre du monde. Peindre est créer du vivant non parce que l'on donnera corps à une figure ou que l'on aura su reconstituer grâce à quelque chimérique assemblage la Beauté pure, mais parce que, de la méditation de son regard à cet acte où s'associent de façon intense et secrète l'encre et la main, le peintre sera parvenu à réinventer le geste unique – l'Unique Trait de Pinceau dit Shitao[2] – capable de faire émerger à nouveau d'une surface de soie ou de papier le blanc fondateur. Conception liée à l'écriture comme l'était l'allégorie de la Caverne mais qui l'est de façon toute autre, dans la sérénité lumineuse d'un savoir. Car le sens ici est, d'emblée, pleinement présent et accessible. Du support métaphysique du mur à celui de la soie, l'intelligence humaine n'a fait que prolonger sur le territoire qui lui est propre la leçon de communication instaurée par les devins.

En divisant l'écriture, en rompant les liens du son et du sens noués par l'idéogramme, l'alphabet s'est interdit l'accès à cette sagesse. Les géomètres de Platon eux-mêmes, s'ils s'en approchent, ne peuvent la connaître que par défaut. Condamnée à un usage du geste que limitent les conventions narcissiques propres à une humanité de paroles, à ébaucher ses figures une à une comme elle devait épeler les mots de la tribu, la civilisation de l'alphabet ne pouvait guère admettre que la peinture eût quelque lien avec le paysage ou qu'elle s'accomplirait en lui.

1. Cité par Nicole Vandier-Nicolas, *Esthétique et peinture de paysage en Chine*, Paris, Klincksieck, 1982, p. 126-127.
2. Voir Shitao, *Les propos sur la peinture du moine Citrouille-amère*, trad. fr. P. Ryckmans, Paris, Hermann, 1984.

Sur le mur, c'est un profil de jeune homme qu'elle a choisi de faire apparaître d'abord, ombre gravée par une fiancée qu'inquiétait le départ de son ami et qui voulait en garder l'image[1].

La légende de Dibutade a connu une diffusion considérable, comme on le sait, de la Renaissance au XIXe siècle[2]. Elle n'est cependant pas la seule qui ait circulé en Occident : la culture chrétienne en a suscité une seconde. Celle-ci est également relative à un portrait, mais obtenu par contact et non par relevé graphique. Plusieurs versions de cette légende se sont succédé au Moyen Âge, dont la plus ancienne vient de Byzance et la plus récente est franciscaine, mais le visage portraituré y est toujours le même – celui du Christ –, et l'histoire a peu près identique : un homme pieux ou une sainte femme présente un linge à Jésus, qui y imprime sa face. Cette icône « non faite de main d'homme » a dû sa notoriété à des motifs principalement religieux. Mais elle témoignait aussi de la résurgence, dans un milieu socio-culturel pourtant très différent de celui de la Chine, de l'archaïque conviction selon laquelle le support d'une image permet à l'invisible d'accéder, qu'il soit puissance immanente ou divine, au présent immédiat des hommes.

Bien que s'étant opposée de toutes les forces de sa neuve rationalité aux valeurs de la peinture, la civilisation de l'alphabet n'était donc pas parvenue à les détruire : il suffisait de pouvoir oublier la lettre – ou, plus naïvement, de l'ignorer – pour en retrouver les principes. Car il ne fait aucun doute à ce sujet : que leur art soit avant tout affaire de *surface*, tous les peintres en sont foncièrement convaincus, et il en allait de même de ceux de l'antiquité gréco-latine. En témoigne la compétition célèbre, elle aussi rapportée par Pline, qui opposa Zeuxis a Parrhasios, et dont on tend trop souvent à oublier que, si Zeuxis y trompe les oiseaux en représentant des raisins, Parrhasios y trompe à son tour Zeuxis, et d'une façon bien singulière. Il peint en effet un rideau avec tant d'exactitude que son rival demande à ce qu'on l'écarte afin de contempler le tableau que celui-ci est censé caché. La fin de l'histoire est également très instructive, Zeuxis, quand il comprend son erreur, s'inclinant aussitôt devant une prouesse qu'il juge, en tant qu'artiste, d'une qualité supérieure à la sienne[3].

1. Pline, *Histoire naturelle*, livre XXXV, 151, trad. fr. par J.-M. Croisille, Paris, Les Belles Lettres, 1985, p. 101.

2. Voir sur ce point le chapitre suivant, *Du signe à la trace*.

3. Pline, *Histoire naturelle*, *op. cit.*, livre XXXV, 65-66, p. 65.

Mais aussi, la représentation des rideaux, des tissus, des tentures, joue, dans l'histoire de la peinture occidentale, un rôle que l'on aurait tort de croire purement ornemental. Il est comparable, en fait, à celui de ces personnages qui, dans certains tableaux de Carpaccio – *L'Arrivée des ambassadeurs anglais à la cour du roi de Bretagne* par exemple –, ont une fonction d'« indicateurs »[1]. De telles figures avertissent le spectateur des intentions narratives d'une image en l'invitant, par un geste qui les situe explicitement en retrait de la composition, à faire appel à sa mémoire littéraire ou historique pour en comprendre le sens. Le rideau a la fonction inverse : il est *indicateur de l'image en tant que telle*, il concentre en lui sa nature et ses propriétés, et l'invite qu'il adresse au spectateur est de savoir être attentif à la métamorphose du visible qui s'opère sous son regard dès l'instant où il veut bien se laisser introduire par lui dans le tableau.

L'attention toute particulière que la civilisation de l'alphabet réservait à l'analyse des signes a sans doute facilité l'émergence et la diffusion de ces indices. Mais elle ne pouvait aussi qu'en limiter la fonction à celle de simples accessoires. Pourtant, des mosaïques de Ravenne aux fresques de Giotto, on voit le thème du rideau s'affranchir peu à peu d'un tel usage et devenir un motif iconographique au sens le plus fort du terme, puisqu'il se présente à la fois comme un élément de l'image et comme son principal symbole. D'abord schématiquement suggéré – qu'il soit entrouvert, pour permettre à un personnage d'apparaître dans son entrebâillement, ou tendu à l'arrière d'un trône ou d'un lit afin que nous ayons l'illusion que tel autre participe directement de notre univers – il est, dans les fresques d'Assise, le vaste tissu en trompe-l'œil courant tout au long des bas-côtés de la basilique comme un rideau de théâtre qui semble nous ouvrir l'accès à ses légendes, et déjà, dans certains panneaux, l'objet central, à la fois tissu et tache, fiction et réalité, inscription pure de l'espace, dont la valeur commence à s'imposer comme étant celle qui doit fonder toute réflexion plastique[2]. En renouvelleront plus tard la leçon, dans un contexte très différent, les larges draps de bain et les tutus de danseuses épanouis comme des soleils des tableaux et des pastels de Degas, annonçant eux-mêmes à leur tour les aplats de la peinture abstraite, ou, plus près de nous encore, les rideaux énigmatiques éclairés

1. Voir à ce sujet Vittorio Sgarbi, *Carpaccio*, Paris, Liana Levi, 1995, p. 37-38.
2. Voir plus loin *Peinture et narration*, p. 67-80.

par la fin du jour d'Edward Hopper, inutiles et puissamment présents à la fois comme la matière lumineuse d'un rêve oublié ou impossible, et qui nous donnent l'impression insolite d'une *vacuité d'origine* qui serait cependant aussi sa fatale nécessité.

Ce qui rend le motif du rideau ou du tissu en peinture si essentiel est qu'il exprime d'une façon à la fois extrême et minimale la dualité magique – car toujours co-présente à elle-même – de l'évidence contradictoire de l'actuel et de l'ailleurs, du visible et de l'invisible, sur quoi repose la pensée de l'écran. Le paysage est apparu dans la peinture occidentale par la brèche d'incertitude inquiète que ce motif y avait introduit. Et peut-être était-il nécessaire en effet de justifier la présence de cette autre forme de l'au-delà par une effraction évidente dans le cours de la narration, par une rupture affichée de cette comptabilité de figures qu'impose à notre peinture sa tradition culturelle. Il aura fallu d'abord une fenêtre à nos paysages, l'indication concrète, dans l'image même, d'une frontière entre l'ici romanesque et discursif et l'ailleurs propre à la peinture, avant que celui-ci puisse s'emparer, enfin, de l'image entière.

Mais le paysage, en Occident, ne pouvait échapper tout à fait à la condition d'*objet* à laquelle notre civilisation voue tout ce qu'elle perçoit, fût-ce l'espace lui-même[1]. L'esthétique hollandaise n'a pas vraiment distingué cette catégorie de peinture de celle de la nature morte. La représentation de la nature n'est parvenue à garder son mystère que dans ces intervalles où, soit intuition soit calcul, certains peintres ont choisi de le maintenir – comme Giorgione dans sa *Tempête*. C'est à Actéon, à Orion, à la fiction des ruines romaines, à la méditation d'un moine solitaire, que les paysages de Poussin, de Hubert Robert, de Friedrich, devront leur efficacité émotive. Les lavis des peintres chinois ignoraient cette nécessité stratégique d'établir ainsi des relais officiels de l'âme dans la nature : la complicité discrète d'un témoin leur suffisait.

Mais peut-être l'ultime révélation de l'image ne devait-elle venir à l'art occidental que d'un ailleurs qui lui serait suggéré non par une philosophie de l'apparence qui lui demeurait étrangère mais par la main et par le regard. C'est ainsi que Mallarmé a retrouvé l'écriture que nous avait si longtemps dissimulée l'alphabet dans l'espace muet de la page blanche[2].

1. C'est ce que montre Hubert Damisch, observant que la perspective, à la Renaissance, « ne se laisse pas séparer de l'architecture ». *L'Origine de la perspective*, Paris, Flammarion, 1987, p. 247.
2. Voir ici même *De l'image au texte. l'expérience du « Coup de dés »*, p. 141-158.

L'aquarelle a joué un rôle similaire. Les ébauches et les glacis de la peinture classique faisaient appel à cette technique ou s'en inspiraient de façon assez constante. Mais il aura fallu la coïncidence accidentelle du nuage et de la main, de l'air et de l'eau, pour que cet art puisse acquérir sa pleine légitimité picturale, à travers les ciels anglais qui ont émerveillé Baudelaire. Et c'est peut-être dans l'aquarelle que Cézanne, peintre des formes affirmées par cernes noirs, ou taillant à même la toile la pierre de ses montagnes, a découvert cette « pureté » dont il a fait la mission du peintre dans ses dernières années. Une fois révélés à la lumière ces corps dont on ne discernait plus qu'une silhouette de brouillard, chair et vêtements comme absorbés à même le papier, l'originelle blancheur de l'espace pouvait se substituer de façon naturelle et nécessaire aux linges crayeux des baigneuses ou libérer, dans l'entrelacs mosaïqué des couleurs, – comme le montrent certaines vues du jardin des Lauves si proches de la méditation abstraite – l'idéogramme indicible du *lieu*.

chapitre 2
du signe à la trace, la genèse iconique de l'écriture

Au mythe de l'ancienne Chine selon lequel l'empereur Pao Xi aurait inventé l'écriture après avoir contemplé, levant les yeux, « les figurations qui sont dans le ciel et, baissant les yeux, [...] les phénomènes qui sont sur la terre », les théoriciens occidentaux de ce dernier demi-siècle en ont substitué un autre. Celui-ci repose également sur l'hypothèse d'une « observation originelle » d'où serait née l'écriture, c'est-à-dire sur une antériorité, logique et chronologique, reconnue à la *lecture* par rapport à *l'écriture* proprement dite. Mais les supports de cette observation fondatrice sont sensiblement différents de ceux qui avaient inspiré Pao Xi, et elle-même se situe dans un contexte historique (ou supposé tel) qui n'est pas de même nature.

Le premier à avoir évoqué ce mythe, dans les années cinquante, est James Février.

> On n'a peut-être pas accordé suffisamment d'attention au rôle qu'ont pu jouer [...], au paléolithique supérieur, les empreintes sur la neige, écrit-il dans l'introduction de son *Histoire de l'écriture*. Or le tapis de neige constitue, si nous osons employer ce cliché, un "livre de la nature", sur lequel tout être est obligé de laisser sa marque distinctive. Les chasseurs de l'époque magdalénienne connaissaient ainsi plusieurs

> centaines d'empreintes, dont chacune était liée dans leur esprit à une espèce animale, à une tribu voisine, etc. On peut donc dire qu'ils savaient lire, avant de savoir écrire[1].

La même analyse se retrouve en 1980 chez Carlo Ginzburg, qui explique dans « Signes, traces, pistes » :

> Pendant des millénaires, l'homme a été un chasseur. Au cours de ses innombrables chasses, il a appris à reconstituer les formes et les déplacements de proies invisibles à partir d'empreintes laissées dans la boue, de branches cassées [...]. "Déchiffrer" ou "lire" les traces des animaux sont des métaphores. On est cependant tenté de les prendre à la lettre, comme la condensation verbale d'un processus historique qui a conduit, dans un laps de temps peut-être très long, à l'invention de l'écriture[2].

Pour être également « naturelles », les traces auxquelles font référence les lettrés de l'ancienne Chine et les historiens et sémiologues de l'Occident contemporain sont loin d'être identiques. Le chasseur magdalénien auquel s'intéressent Février et Ginzburg observe sur la neige ou la boue les empreintes d'animaux absents. L'attention de l'empereur Pao Xi avait été attirée par des marques visibles en permanence sur la surface de leur corps. Aussi était-ce moins l'espèce animale en tant que telle – celle que poursuit le chasseur « sous l'empire de la dure nécessité [...], pour assurer sa vie quotidienne »[3] – qui avait suscité son intérêt, que les structures visuelles que celle-ci permettait d'identifier, et que l'on pouvait associer à celles d'autres surfaces, appartenant à des catégories différentes de la nature. Parmi ces surfaces, la plus précieuse n'était pas celle de la neige ou de la boue mais la plus immatérielle et la plus inaccessible de toutes : l'espace du ciel étoilé.

Ces analyses contradictoires reposent sur des conceptions de la fonction sociale de l'écriture qui sont elles-mêmes opposées. Pour Février et Ginzburg l'invention de l'écriture est la conséquence – assurément indirecte et tardive, le « primitif », selon Février, n'ayant pas « le souci désintéressé de couler sa pensée dans le nom et de noter le nom par l'écriture. Il agit et cela lui suffit : *vivere primum* »[4] – d'un comportement

1. James Février, *Histoire de l'écriture*, Paris, Payot, 1984, p. 17-18.
2. Carlo Ginzburg, « Signes, traces, pistes », *Le Débat* n°6, novembre 1980, p. 13-14.
3. James Février, *Histoire de l'écriture*, *op. cit.*, p. 18.
4. *Ibid.*, p. 9.

humain qui demeure essentiellement utilitaire. Pour la pensée chinoise, au contraire, l'écriture est avant tout un moyen de communication, une communication dont le principe est étranger aux intérêts matériels immédiats de la société humaine comme à l'univers de sa parole : c'est avec « l'Efficience infinie à l'œuvre dans l'univers » qu'elle lui permet d'entrer en relation. La différence est considérable. L'idée que se fait James Février de l'« homme primitif » n'est en effet que le négatif de la définition qu'il nous propose parallèlement de l'« homme moderne » : celle de l'Européen qui utilise l'alphabet, c'est-à-dire une écriture fondée sur l'analyse phonologique du langage, analyse que Février considère comme la forme la plus aboutie de la pensée « civilisée » dans la mesure où elle conduirait directement, selon lui, de la parole au concept :

> En prononçant successivement les lettres d'un mot, on reconstitue plus ou moins approximativement son aspect verbal auditif, et, par cet intermédiaire, on suggère d'abord le mot dans son ensemble, puis le "concept" lui-même[1].

Le point de vue de Ginzburg est moins sommaire mais il est, à sa manière, tout aussi logocentriste. S'il croit déceler dans les traces déchiffrées par les chasseurs de la préhistoire les prémices de l'invention de l'écriture, c'est parce qu'il est convaincu que ces chasseurs, dès lors qu'il leur était possible d'inférer de telles empreintes l'espèce à laquelle appartenait la proie qu'ils poursuivaient, en reconstituaient l'histoire. A l'origine de l'écriture se trouverait donc également celle du discours, une même matrice leur étant commune : la narration. « Le chasseur, écrit Ginzburg, aurait été le premier à "raconter une histoire" parce que lui seul était en mesure de lire une série d'événements cohérente dans les traces muettes (sinon imperceptibles) laissées par les proies[2]. »

Une telle affirmation relève de l'amalgame. Certes, toute société orale assure la pérennité de sa langue et de ses structures par le biais de récits légendaires qu'elle transmet d'une génération à la suivante. Mais ce n'est pas nécessairement une préoccupation génétique qui justifie son intérêt envers les empreintes de pas laissées par un animal. « Une empreinte

1. *Ibid.*
2. Carlo Ginzburg, « Signes, traces, pistes », *op. cit.*, p. 14.

renvoie à un animal qui est passé » écrit Ginzburg dans le même article[1] : on peut donc lire cette empreinte d'une manière différente que ne le fait le chasseur, pour peu que l'on prête attention au *passage* de cet animal plutôt qu'à l'animal lui-même. Tel est effectivement le cas chez les Dogon, dont un des modes de divination consiste à observer les empreintes des chacals ayant traversé pendant la nuit un espace déterminé. Ce n'est pas ici le chacal qui importe – sinon parce qu'il représente dans cette culture l'animal sacré entre tous – mais le schéma dessiné sur le sol par son passage, et la structure résultant du passage de tous les chacals qui auront pu se succéder en une nuit dans ce même espace[2].

L'alternative est donc claire. Ou bien l'on s'intéresse, dans une trace, à l'individu qui l'a produite – et la « lecture originelle » que l'existence de cette trace devait contribuer à définir s'avère relever, en fait, du seul domaine de l'oralité, dont elle devient de la sorte une des multiples métaphores possibles – ou bien l'on privilégie le support sur lequel cette trace se trouve inscrite. Alors seulement intervient la lecture. Ce qui fonde une lecture, en effet, n'est pas l'identification, la « figure », d'une trace particulière, mais le réseau que crée cette trace avec celles qui l'avoisinent. Il est du reste évident que la décision de considérer le chasseur comme l'ancêtre du lecteur tient au fait qu'une telle décision permet d'exclure à l'avance tout autre modèle de parcours que celui du chasseur lui-même, c'est-à-dire un modèle de type verbal. « Derrière ce paradigme indiciel ou divinatoire, écrit Ginzburg, on entrevoit le geste probablement le plus ancien de l'histoire intellectuelle du genre humain : celui du chasseur accroupi dans la boue qui scrute les traces d'une proie »[3] : l'analogie d'une telle attitude avec la *visée* de l'énonciation est manifeste.

La crédibilité du mythe du chasseur inventeur de l'écriture se heurte encore à un autre obstacle, historique celui-ci. L'écriture est apparue en effet dans des civilisations sédentarisées et agricoles. Or l'invention de l'agriculture reflète un comportement intellectuel profondément différent de celui des chasseurs-cueilleurs. Ce n'est pas aux déplacements aléatoires de proies toujours fugitives qui se fie l'agriculteur, mais à la

1. Carlo Ginzburg, « Signes, traces, pistes », *op. cit.*, p. 15.

2. Voir à ce sujet Geneviève Calame-Griaule, *Ethnologie et langage. La parole chez les Dogon*, Paris, Gallimard, 1965, p. 431, et pour le commentaire que l'on peut lui apporter du point de vue de la genèse de l'écrit, *L'image écrite ou la déraison graphique*, *op. cit.*, p. 100-101.

3. Carlo Ginzburg, « Signes, traces, pistes », *op. cit.*, p. 16.

prévision raisonnée des potentialités diverses de l'oekoumène, qu'il doit à de patientes enquêtes relatives aux dynamismes combinés du ciel et de la terre, de l'espace du paysage et du cycle des saisons. Il est certain, d'autre part, que l'invention de l'agriculture n'a pas été provoquée par une nécessité matérielle quelconque, par exemple alimentaire. Comme l'a montré Jacques Cauvin,

> Du point de vue des seuls besoins naturels, l'apparition de l'agriculture peut apparaître comme une incongruité. Le monde surpeuplé d'à présent ne pourrait certes survivre grâce à la chasse-cueillette mais ce n'était pas le cas il y a onze mille ans : ces territoires riches du Proche-Orient eussent pu longtemps encore s'en accommoder. [...] Nous devons donc admettre que par-delà le nombre des gazelles et des chasseurs en présence, il pouvait y avoir d'autres raisons pour que les descendants des Natoufiens ne fussent plus satisfaits de leur système ancestral de survie et que ces raisons aient pu être de nature tout simplement culturelle[1].

A vrai dire, l'invention de l'agriculture n'avait fait elle-même que prolonger une autre création « gratuite », qui l'avait précédée de plusieurs millénaires déjà et qui, reposant elle aussi sur l'exploitation méthodique d'une surface privilégiée, s'était trouvée également concomitante à l'émergence d'une nouvelle pensée symbolique : celle de l'image. James Février n'ignorait pas que l'époque magdalénienne où ses chasseurs transis de froid apprenaient péniblement à lire dans la neige, était celle où l'art pariétal produisait de son côté des œuvres d'une complexité et d'une subtilité plastique étonnantes. Pourtant il n'a pas pris en compte ce décalage, et il leur a attribué le même objectif :

> On admet communément aujourd'hui, écrit-il, que les hommes de l'âge de la pierre taillée, lorsqu'ils gravaient ou peignaient des animaux dans les cavernes, sur des parois presque inaccessibles, visaient beaucoup moins à satisfaire leurs goûts artistiques qu'à se procurer une chasse heureuse par des procédés magiques[2].

Les découvertes récentes des préhistoriens ont fait apparaître la présence simultanée, dans des grottes antérieures encore à celle de Lascaux, de représentations animales et de graphismes symboliques,

1. Jacques Cauvin, *Naissance des divinités, Naissance de l'agriculture, la révolution des symboles au Néolithique*, Paris, CNRS Éditions, 1994, p. 91-92.
2. James Février, *Histoire de l'écriture*, *op. cit.*, p. 10.

confirmant ainsi une des intuitions les plus fécondes d'André Leroi-Gourhan, selon laquelle :

> Si l'on peut dire à la rigueur de l'outil qu'il est connu par quelques exemples animaux, et du langage qu'il surplombe simplement les signaux vocaux du monde animal, rien de comparable au tracé et à la lecture des symboles n'existe jusqu'à l'aube de l'*homo sapiens*[1].

On ne peut faire grief à Février de n'avoir pas eu connaissance de ces faits, non plus que de cette analyse, publiée en 1964. Mais aussi, l'idée que l'historien tenait surtout à défendre était que la représentation d'un animal et l'intérêt que l'on porte à ses empreintes participent d'un même projet, projet dans lequel il voulait voir l'origine de l'écriture. A peine après avoir signalé, dans son introduction, que les chasseurs magdaléniens « savaient lire avant de savoir écrire », il enchaîne en effet aussitôt en observant : « Ils savaient aussi *reproduire* ces empreintes[2]. »
Le refus de Février d'admettre que le dessin témoigne, dès son apparition, d'une attitude intellectuelle dégagée de toute finalité utilitaire ou génétique ne va pas toutefois sans embarras de sa part : « Entre le dessin et l'écriture, note-t-il un peu plus loin, la limite est si flottante que souvent on n'ose se prononcer : c'est que tout dessin est une *interprétation* et par là même prête au symbolisme »[3]. La raison de cet embarras tient au fait, me semble-t-il, que, lorsqu'il parle de *reproduction*, l'historien ne fait pas vraiment référence à la « figure » telle que la conçoivent les plasticiens, mais, par une sorte d'automatisme culturel lié sans doute à l'importance qu'il voulait attribuer lui-même à ce système d'écriture, aux lettres de l'alphabet latin.
Qu'est-ce, en effet, que *représenter* pour un peintre ? Ce ne peut être en aucune façon vouloir *reproduire une chose*, et cela que l'on accorde à la représentation qu'il est censé donner de cette chose une valeur réaliste, symbolique, ou même magique. « Représenter » est d'abord pour lui parvenir à transposer sur une surface, qui peut n'être pas nécessairement régulière – comme c'est le cas des parois des sites préhistoriques –, ni orthogonale –, comme le flanc courbe des vases grecs ou les voûtes des basiliques –, mais qui doit être impérativement *continue*, et aussi avoir été élue comme telle pour des motifs religieux ou culturels

1. André Leroi-Gourhan, *Le geste et la parole*, Paris, Albin Michel, 1964, p. 262.
2. James Février, *Histoire de l'écriture*, *op. cit.*, p. 18. C'est moi qui souligne.
3. *Ibid.*, C'est moi qui souligne.

afin de servir de support à cette représentation, les éléments pertinents de la « chose » à représenter, c'est-à-dire susceptibles de correspondre à un programme iconique préétabli. Le fait que le peintre ait à sa disposition une surface d'une dimension donnée, dont le contour peut avoir une forme très diverse, participe également, et de façon tout aussi nécessaire, de son projet. Le rectangle qu'Alberti conseille de tracer « sur la surface à peindre », afin de la transformer en une « fenêtre », résulte d'une décision qui n'est pas moins significative de l'esthétique picturale dont il est l'initiateur que son souhait de faire découvrir par cette fenêtre une « histoire »[1]. Un tel choix est révélateur du désir du théoricien d'éliminer du support de l'image tout ce qui relève en lui de la matière. Mais il l'est aussi du type de composition qu'il a voulu imposer à cette image, en l'occurrence une structure linéaire organisée optiquement à partir d'un point de vue central, et cela indépendamment de sa fonction narrative. Sur une surface, toute figure représentée, quand bien même serait-elle unique, se trouve intégrée d'emblée à un ensemble – qui peut être ou non cohérent – où interviennent de façon conjointe le module formel de son support et les différentes caractéristiques visuelles – matière, couleurs, lignes, vides et pleins – de l'espace où elle est présente.

Le support d'une image constitue donc à la fois le premier indice de l'intention qui a motivé la décision prise par l'artiste, ou par son commanditaire, de « représenter » – ou de « faire représenter » – telle ou telle « chose », le champ des contraintes auxquelles est soumis le peintre avant même de commencer à peindre, et qu'il devra prendre en compte tout au long de l'élaboration de son œuvre, et enfin l'espace dans lequel il lui est offert d'exercer son imagination créatrice en associant les uns aux autres des motifs qu'il aura personnellement choisis. La représentation picturale s'appuie toujours sur une composition, de même qu'elle est toujours un artifice. A l'opposé de l'empreinte, l'absence de l'objet représenté joue dans l'image un rôle beaucoup moins décisif que *l'effet de présence* que le peintre aura pu susciter grâce à son art en reconstituant après-coup – c'est-à-dire en réinventant – tel objet ou tel personnage à partir de l'espace où il l'inscrit. Que cet effet de présence puisse procurer l'illusion, comme les célèbres raisins peints par Zeuxis, que le « réel » s'y trouve restitué à l'identique, est affaire de

1. Leon Battista Alberti, *De Pictura*, trad. fr. *De la Peinture*, Paris, Macula, 1992, livre I, p. 115.

conventions optiques, d'adhésion sociale et culturelle à un code de représentation particulier, et de choix idéologique. Les trompe-l'œil paradoxaux de Magritte – puisqu'ils combinent dans une même image des représentations qui, du point de vue de la cohérence visuelle de cette image, sont incompatibles entre elles – n'ont d'autre but que de nous montrer combien la foi réaliste qui attire notre regard vers les « choses » témoigne d'une grande naïveté, et surtout d'une méconnaissance profonde de ce qu'est vraiment une image[1]. L'histoire, tout aussi fameuse que celle des raisins de Zeuxis, de Dibutade, nous donne sans doute la meilleure preuve du désir de notre société du *logos* d'exclure la création iconique de son système de pensée et, plus encore, de son incapacité à la comprendre. Aussi est-il nécessaire d'y revenir un peu plus longuement.

Telle qu'elle est rapportée par Pline l'Ancien, cette histoire tient en quelques mots : une jeune fille de Corinthe « était amoureuse d'un jeune homme ; celui-ci partant pour l'étranger, elle entoura d'une ligne l'ombre de son visage projetée sur le mur par la lumière d'une lanterne »[2]. Les théoriciens de l'art ont proposé, du XVIIe au XIXe siècle, deux interprétations opposées de ce schéma[3], l'une et l'autre fondées sur une définition de la peinture comme d'un art ayant pour vocation non pas seulement de représenter un objet ou une figure, mais de *l'imiter*. La première de ces interprétations prend appui sur l'aspect sentimental et intime – romantique – de l'anecdote : l'authenticité du profil dessiné *in vivo* par Dibutade ferait d'une représentation vouée en principe à n'être qu'une illusion ou un fantôme, une « empreinte » de la réalité. L'esthétique néoclassique a mis l'accent, au contraire, sur le caractère artificiel du dessin, c'est-à-dire sur le fait que tout visage évoqué par son seul profil ne saurait être qu'une représentation partielle et abstraite de ce visage. Bref, le dessin de Dibutade constitue, dans cette tradition, un *signe* au sens saussurien du terme : il a pour signifiant le schéma graphique du portrait, pour signifié le visage aimé (ou sublimé) de l'absent, et pour référent la réalité lointaine de son visage.

1. J'ai développé cette démonstration dans « L'écriture selon Magritte », *Mélanges Philippe Minguet*, *Art & Fact*, n° 18, Université de Liège, 1999, p. 96-100.
2. Pline l'Ancien, *Histoire naturelle*, livre XXXV, 151.
3. Voir à ce sujet Pierre Georgel et Anne-Marie Lecoq, *La peinture dans la peinture*, Musée des Beaux-Arts de Dijon, 1982-1983, p. 133-136.

Que l'on adhère à l'une ou l'autre de ces interprétations, et indépendamment de la conception mimétique de l'art qui les soustend, on constate que les caractéristiques qui sont reconnues ici à l'image sont dénuées de toute motivation qui soit proprement iconique : la figure y est abordée sans que l'on prenne en considération le support où elle s'inscrit, et on lui attribue une fonction non pas plastique, c'est-à-dire participant d'un contexte visuel donné, mais *distinctive* – visage unique de l'être cher dans l'acception romantique de l'anecdote, identité graphique idéale dans celle des théoriciens néoclassiques. Aussi est-on en droit de se demander si la leçon que l'on doit tirer de cette anecdote concerne vraiment la peinture. Un retour au texte de Pline nous montre qu'il n'en était effectivement rien à l'origine. Le paragraphe consacré à cette histoire s'ouvre d'ailleurs par la phrase : « En voilà assez et plus qu'il n'en faut sur la peinture », formule qui fait référence au développement assez long qui le précède, et qui était consacré à la teinture et à la coloration des tissus. L'histoire de Dibutade s'insère, en fait, dans un chapitre traitant de la céramique. La jeune fille est fille d'un potier, Butadès, à qui revient, plus qu'à elle, le rôle principal dans l'anecdote. Pline le signale expressément lorsqu'il introduit son récit : « En utilisant [...] la terre, écrit-il, le potier Butadès de Sicyone découvrit le premier l'art de modeler des portraits en argile ; cela se passait à Corinthe et il dut son invention à sa fille, qui était amoureuse d'un jeune homme » – suit l'histoire, que Pline conclut ainsi : « son père appliqua de l'argile sur l'esquisse, en fit un relief qu'il mit à durcir au feu avec le reste de ses poteries, après l'avoir fait sécher ». C'est également à Butadès que Pline attribue l'invention des masques que l'on place à l'extrémité des tuiles de bordure sur les toits. Et « c'est à cause de lui, conclut-il, que les modeleurs reçurent le nom de *plastae* »[1].

Les raisons pour lesquelles l'Occident a pu si aisément confondre origines de la peinture et de la sculpture ne tiennent pas simplement à la vocation figurative qu'il a imposée à ces deux arts. A l'énigme à la fois lumineuse et opaque des apparences, à la diversité des parcours et des contrastes observables à la surface des images comme ils le sont dans le ciel, et qui font l'autonomie et l'originalité de la peinture, l'Occident a préféré un modèle profondément étranger à cet art mais

1. Pline l'Ancien, *op. cit.* Le nom de Dibutade n'apparaît pas dans ce texte. Il a été attribué ultérieurement à la jeune fille.

qu'il lui a cependant donné pour parangon parce qu'il l'avait emprunté à l'alphabet, celui de la lettre, c'est-à-dire, pour utiliser le vocabulaire des linguistes, celui de l'*unité discrète*. Dans cette optique, la statuaire ne pouvait qu'apparaître comme l'art ayant dégagé la « figure » des lois contraignantes du support plan, et conduit à son accomplissement une représentation synthétique que ne pouvait qu'ébaucher un profil dessiné ou peint.

Il n'est certes pas indifférent à notre propos que la notion de *mimesis* soit apparue dans la Grèce ancienne parallèlement aux premières réflexions théoriques dont l'alphabet a fait l'objet, en particulier chez Platon. On sait que le débat du *Cratyle* est principalement fondé sur la valeur mimétique qu'il faut reconnaître ou non aux lettres de l'alphabet[1]. Mais le *Théétète* pose le problème de façon beaucoup plus aiguë, et pertinente, en concentrant son raisonnement sur le paradoxe structurel propre à ce système d'écriture. Platon y montre en effet que l'écriture alphabétique s'articule selon trois niveaux hétérogènes, le premier étant celui de *l'élément*, c'est-à-dire celui de la lettre, le second celui de la syllabe, où l'écriture devient phonétique – mais où elle crée une nouvelle forme d'unité élémentaire – et le troisième celui du mot dont on peut comprendre le sens[2]. Cette analyse, qui met en lumière la rationalité du système mais aussi son incohérence puisqu'il rejette la lecture, comme acte d'identification du sens, à l'extérieur de ce qui définit l'écriture proprement dite, fait apparaître *a contrario* à quelle idéalisation arbitraire se sont laissé entraîner les théoriciens de l'écriture qui ont voulu voir dans l'alphabet, comme devait le faire Février, le mode d'approche du concept le plus rationnel et le plus sûr.

Il convient d'observer, toutefois, qu'ils n'étaient pas les premiers à commettre une telle erreur. Alberti, dans ce même traité *De la peinture* que j'évoquais tout à l'heure, s'en inspirait en 1435 pour donner des conseils aux peintres :

> Je voudrais que ceux qui débutent dans l'art de peindre, disait-il, fassent ce que je vois observé par ceux qui enseignent à écrire. Ils enseignent d'abord séparément tous les caractères des éléments, apprennent ensuite à composer les syllabes, puis enfin les expressions. Que nos débutants suivent donc cette méthode en peignant. Qu'ils apprennent

1. Voir en particulier Platon, *Cratyle*, 423 e – 426d.
2. Platon, *Théétète*, 202a – 206c.

> séparément d'abord le contour des surfaces – que l'on peut dire les éléments de la peinture –, puis les liaisons des surfaces, enfin les formes de tous les membres[1].

Mais aussi, à l'analyse de l'écriture alphabétique telle qu'on la trouve chez Platon s'était substituée par la suite une interprétation de l'alphabet d'origine latine, et qui en était fort différente. Françoise Desbordes cite dans l'ouvrage qu'elle a consacré aux *Idées romaines sur l'écriture* un texte de Cicéron évoquant la genèse de l'écriture qui me paraît résumer excellemment cette théorie, laquelle devait non seulement l'emporter sur celle de Platon mais irradier ses principes jusque dans le domaine de l'image, alors qu'elle en signifiait pourtant, et avec une certaine véhémence, le refus.

> Le même [esprit], écrit en effet Cicéron, ayant trouvé les hommes qui balbutiaient à peine et confusément des sons informes, *découpa ces sons et les articula, imprima aux choses les mots comme des signes* et relia les hommes, jusque-là dispersés, par le lien si doux des échanges de paroles. Un esprit semblable inventa *un petit nombre de signes permettant de marquer et représenter les sons de la voix qui paraissaient innombrables*, grâce auxquels on pourrait s'entretenir avec les absents, faire connaître ses volontés et garder le souvenir des choses passées. S'ajouta à cela le nombre, chose indispensable à la vie, et de plus, la seule immuable et éternelle, *qui nous incita même à regarder vers le ciel* et à tirer profit de notre observation des mouvements des astres[2].

Ce texte est d'autant plus remarquable qu'il ne se contente pas de définir l'écriture comme une représentation fidèle de la parole, il montre que, si l'on accepte une telle définition, il est impossible d'envisager l'observation du ciel étoilé comme ayant pu jouer un rôle dans son apparition. L'intention de Cicéron n'est évidemment pas polémique, puisqu'il s'exprime à une époque où l'écriture idéographique, si l'on pouvait en reconnaître encore l'imprégnation en quelque sorte intuitive chez Platon, se trouve désormais condamnée à une incompréhension totale, et cela pour près de deux millénaires. Mais l'opposition fondamentale qui existe entre ce système et celui de l'alphabet rencontre ici sa meilleure illustration symbolique. Le signe tel que le conçoit Cicéron n'a rien

1. L. B. Alberti, *De la Peinture*, *op. cit.*, livre III, p. 217.

2. Cicéron, *La République*, 3, 2, cité par Françoise Desbordes, *Idées romaines sur l'écriture*, Presses universitaires de Lille, 1990, p. 77-78. C'est moi qui souligne.

de commun avec l'idéogramme, qui n'est pas « signe » au sens d'empreinte, ou de marque, mais dans la mesure où, son lecteur étant l'héritier laïque du devin, – comme l'espace graphique l'est lui-même du ciel étoilé –, il est *un signe que l'on interroge*. La lettre latine, au contraire, est une entité fixe et close, dépositaire d'un son précis et propre à une langue donnée. Elle n'entretient pas de lien fonctionnel avec son support – à la réserve près, toutefois, qu'elle est soumise à une loi spatiale impérative, celle de l'alignement : ce n'est que par leur addition, en effet, que les lettres peuvent rendre accessible au lecteur d'un texte la parole que celui-ci est censé reproduire. La lettre de l'alphabet n'est pas de l'ordre du *signe* mais de la *trace*. Telle est sans doute la raison pour laquelle le mot « signum » est très rarement utilisé par les grammairiens latins pour désigner une lettre : il reste réservé aux domaines de la divination, de la médecine, et de la rhétorique[1].

Il va de soi que la trace n'est pas absente des systèmes idéographiques : toute écriture est nécessairement « inscrite » sur son support, que cette inscription soit obtenue par un geste continu de la main ou par l'impression d'un instrument, telle l'écriture cunéiforme. Mais la valeur de cette trace est nettement dissociée, en Chine, de celle du signe proprement dit : elle y est conçue comme la transposition, dans l'univers des sociétés humaines, d'un mode de communication initialement destiné à rendre lisible l'invisible ; elle marque une *appropriation*. La calligraphie constitue la version ultime et sublimée de cette appropriation. Mais celle-ci était déjà sensible dans les formes embryonnaires de l'écriture. Les signes qui avoisinent les marques divinatoires des carapaces de tortue, obtenues par une technique de brûlage, ont un graphisme si proche de leur configuration anguleuse qu'il ne peut s'agir d'un hasard[2].

En ayant évacué de sa structure toute relation au sens et aux dieux, l'écriture alphabétique devait inciter d'autant plus les sociétés du *logos* à concentrer leurs fantasmes sur son tracé. Empreinte, trace, contour, dess(e)in – comme l'est celui de Dibutade cernant d'un trait le visage de l'être aimé – le propos de la tradition occidentale est toujours foncièrement le même : prélever sur la surface des choses une identité perdue, et la faire sienne. De l'écriture au réel, la poésie extrême-orientale avait établi des liens autrement plus ambigus, et plus subtils. Tanomura

1. Voir sur ce sujet Françoise Desbordes, *Idées romaines sur l'écriture*, *op. cit.*, p. 133.
2. Voir sur ce sujet Léon Vandermeersch « Écriture et langue graphique en Chine », *Le Débat* n°62, 1990, p. 61-73.

Chikuden, poète japonais du XIXe siècle, décrit ainsi une peinture chinoise qu'il considère appartenir à la catégorie des « œuvres sublimes » : « Les tiges, tels des signes tracés à l'écriture des sceaux, les feuilles, tels des signes à l'écriture des herbes, les pierres, tels des mots laissés en blanc[1] ».

L'écriture japonaise – dont l'étonnante et constante propension qu'elle manifeste tout au long de son histoire à se diversifier et devenir plus complexe fait que l'on hésite à parler d'elle au singulier, bien qu'il n'existe au Japon qu'un seul terme, *moji*, pour la désigner – est sans doute l'écriture qui fait le mieux apparaître la profonde aberration sur laquelle repose la conception occidentale de l'écrit. Le système japonais est en effet, comme l'alphabet grec, une écriture d'emprunt (ce que signifie d'ailleurs le mot *kana*), c'est-à-dire une écriture née de la transformation locale d'un système antérieur qui n'était pas adapté à sa langue. Mais cette écriture n'a jamais été ressentie dans la culture japonaise comme une représentation de la parole ou le moyen de la conserver : elle est demeurée, comme elle l'était en Chine, un mode de communication visuel avant tout. Le *waka*, poème purement japonais, au rythme oral minutieusement codé, représente pour l'aristocratie médiévale, dès lors qu'il est écrit – c'est-à-dire transposé selon des normes tout à fait autres, et qui peuvent même contredire sa version orale initiale[2] – le *message* par excellence. Mais c'est le destinataire de ce message qui importe le plus, en ce cas, non son auteur. « Alors que le poème proféré par la voix pouvait être ignoré de son destinataire, observe Jacqueline Pigeot, tout poème écrit appelait réponse. [...] Au point que l'on pouvait, en désespoir de cause, pour ne pas rompre la relation sociale, se résoudre à rendre une simple feuille blanche » – le conseil en est donné d'ailleurs dans les traités de poésie de l'époque[3].

C'est son support, fût-il laissé vacant, qui donne sa valeur à l'écrit. Hommage rendu à la matière par laquelle le texte devient visible, et dont on connaît beaucoup d'autres exemples dans la culture japonaise, mais qui témoigne aussi, de façon secrète et indirecte, de ses liens demeurés constants avec l'invisible :

1. Tanomura Chikuden, *Bavardages d'un ermite de la montagne*, cité par Vera Linhartová, *Sur un fond blanc*, Paris, Le Promeneur, 1996, p. 469.
2. Voir sur ce point le dossier réuni à propos de la calligraphie d'un poème dans *L'image écrite*, *op. cit.*, illustrations XIII-XVI.
3. Jacqueline Pigeot, *Questions de poétique japonaise*, Paris, P.U.F., 1997, p. 18-19.

Si le *waka* écrit occupe une place importante dans les relations entre les hommes, son rôle n'est pas moindre [...] dans les relations entre les hommes et les dieux. Les dieux du Japon goûtent la poésie. Eux-mêmes s'expriment volontiers en poèmes. L'inventeur du *waka* n'est-il pas l'un d'eux, Susanoo no mikoto ?[1].

1. Jacqueline Pigeot, *Questions de poétique japonaise*, *op. cit.*, p. 20.

chapitre 3
support et iconicité ou l'apparence sans qualités

« Dans toutes les écritures primitives, comme les hiéroglyphes égyptiens, il y a des icônes d'un genre non logique, les idéogrammes »[1]. Par cette phrase, Peirce a libéré l'écriture du double déterminisme qui en avait entravé l'analyse pendant des siècles, celui de la langue et celui des choses. Situé au point d'origine de toute communication (« la seule façon de communiquer directement une idée est par le moyen d'une icône »[2]), l'idéogramme ne devait plus son autorité à une parole qu'il aurait eu pour fonction de transcrire ou de conserver : dans le schéma sémiotique dont il formait le pôle premier, le langage occupait le troisième, celui d'interprétant symbolique. La pensée de l'idéogramme précédait celle du mot, et elle en était foncièrement indépendante. Elle dépendait des « choses », en revanche, mais ce n'était pas non plus de la manière que Warburton avait imaginée, pour en proposer une copie réaliste[3]. Etant *idée*, quoique « ressemblante » (j'y reviendrai) l'icône pour Peirce se distingue de son « objet » dans la mesure où celui-ci ne

1. Charles S. Peirce, *Ecrits sur le signe*, présentation G. Deledalle, Paris, Seuil, 1978, p. 150.

2. *Ibid.*, p. 149.

3. Warburton, *Essai sur les Hiéroglyphes des Egyptiens où l'on voit l'Origine et le Progrès du langage et de l'écriture, l'Antiquité des Sciences en Egypte, et l'Origine du culte des Animaux*, trad. fr., 1744.

fait que la motiver et l'inspirer et où elle-même constitue, en tant qu'« apparence », un autre « objet », réclamant à son tour qu'on l'envisage comme un moteur direct de la pensée. L'idéogramme peircien n'a pas de lien avec son passé, fût-il l'objet même qu'il représente : il appartient au futur, il est initiale nouveauté, proposition, découverte :

> Le premier [...] doit [...] être présent et immédiat, de façon à n'être pas second par rapport à une représentation. Il doit être frais et nouveau, car s'il est ancien, il est second par rapport à son état antérieur. Il doit être initial, original, spontané et libre ; sinon il est second par rapport à une cause déterminante. Il est aussi quelque chose de vif et de conscient ; ce n'est qu'à cette condition qu'il évite d'être l'objet d'une sensation [...]. Il ne peut être pensé d'une manière articulée : affirmez-le et il a déjà perdu son innocence caractéristique ; car l'affirmation implique toujours la négation de quelque chose d'autre. [...] Toute description que nous en faisons ne peut qu'être fausse[1].

Traiter l'apparence comme une *idée*, c'est-à-dire poser en principe que la pensée du sujet se trouve pleinement mobilisée dès le moment où ce sujet *perçoit*, est la seule façon de rendre compte de l'invention de l'écriture. L'association sur un même support de pictogrammes figuratifs et de symboles abstraits, association que l'on constate à l'origine des systèmes idéographiques, ne prend sens que si l'on admet l'existence de cette pensée et si l'on conçoit que son mode d'activité est différent de celui de la langue. Le passage de ces associations aux ensembles d'idéogrammes structurés en « langue graphique », la mutation de l'idéogramme en phonogramme[2], ne semblent plus, dans cette perspective, avoir nécessité de façon magique une intervention extérieure, mais être la conséquence naturelle d'une même démarche, qui tâche à rendre cohérents jusqu'à les fondre en un seul système phénomènes visuels et faits de langue, en faisant successivement l'expérience d'interprétants différents. Et le fait est, l'histoire nous le montre, que les créateurs d'écriture ne furent pas les hommes de la parole légiférante et autoritaire

1. Charles S. Peirce, *Ecrits sur le signe*, *op. cit.*, p. 72-73.

2. La formule de « langue graphique » est préférée par Léon Vandermeersch à celle de « langue écrite » pour définir le système chinois originel. Voir à ce sujet « Ecriture et langue écrite en Chine », *Écritures*, Paris, Le Sycomore, 1982, p. 255-270. Voir également sur ces sujets Jean-Marie Durand, « Trois approches de la notion d'idéogramme sumérien », *Écritures II*, Paris, Le Sycomore, 1985, p. 25-44 et Pascal Vernus, « Des relations entre textes et représentations dans l'Egypte pharaonique », *ibid.*, p. 45-70.

– cette parole leur fût-elle seulement déléguée –, les *prophètes*, mais ces observateurs silencieux, occupés à reconstituer signe à signe les messages inscrits par les dieux, dans une langue étrangère à celle des hommes, sur des foies d'animaux, des carapaces, des os, ou dont ils contemplaient dans le ciel les diagrammes composés d'étoiles – les *devins*[1].

L'intérêt de l'hypothèse de Peirce ne réside pas seulement dans le fait qu'elle permet de restituer à la genèse des écritures dites « primitives » sa cohérence intellectuelle : il tient à la vérification que l'on peut en faire dans tous les systèmes ultérieurs. Est une icône la racine trilitère des alphabets sémitiques, cette structure de trois consonnes requérant de son lecteur non pas qu'il la prononce telle quelle, mais qu'il identifie à partir d'elle, dans le vaste champ sémantique auquel elle renvoie comme « qualisigne » – soit par exemple le domaine de l'écriture pour les lettres KTB –, et en fonction du contexte où il la trouve, le mot pertinent : *écriture, écrivain, écrit*, etc. Est une icône la typographie en gothique, en Garamond ou en Plantin, en Didot ou en Bodoni, en Futura ou en Bifur, d'un mot écrit dans notre alphabet, parce que l'appréhension visuelle du style dans lequel est composé ce mot nous conduit à l'interpréter chaque fois d'une manière différente[2].

Certainement, la notion peircienne d'icône est d'une grande efficacité appliquée à l'écriture. Elle permet de dégager de la diversité des systèmes, au lieu d'une progression artificielle allant de l'incohérence supposée balbutiante de l'écriture idéographique à la linéarité phonétique supposée pure de l'alphabet, un principe fonctionnel qui leur est commun à tous : la *motivation visuelle du signe écrit*.

Cette notion, toutefois, reste insatisfaisante. Elle ne nous révèle rien, par exemple, de la nécessité qui détermine une telle motivation, ni des raisons de sa permanence à travers l'histoire. Il semble même, à vrai dire, que Peirce ait été tout à fait indifférent à ce problème, lui qui a écrit que « &, *et* et le son ne forment tous qu'un seul mot[3] ». La « qualité », selon lui, émane des substances extérieures, les objets étant doués naturellement d'un pouvoir « dynamoïde », mais les vertus spécifiques

1. Voir *L'image écrite*, « L'écriture et les dieux », *op. cit.*, p. 97-110.

2. Voir, pour l'histoire des formes typographiques, C.E.R.T. *De plomb, d'encre et de lumière*, Paris, Imprimerie nationale, 1982. Voir également mon article « Rhétorique et typographie, la lettre et le sens », *Revue d'esthétique* n° 1-2, 1979, Paris, U.G.E., 10/18, p. 297-322.

3. Charles S. Peirce, *Écrits sur le signe, op. cit.*, p. 31.

de ces substances ou de ces objets ne l'intéressent en aucune manière, comme s'il allait de soi à ses yeux que tout effet de perception ne devait avoir qu'une même source, supposée globale ou, en tout cas, homogène.
Cette négligence de Peirce se complète par une autre, qui est la conception même qu'il se fait de l'idéogramme. S'il classe ce signe parmi les icônes, c'est parce qu'il y voit une « image » porteuse de sens. Or cette définition est erronée à deux titres. Dans la mesure, d'abord, où elle est incomplète, l'idéogramme en tant que tel relevant, du fait de sa valeur verbale, du « légisigne » autant que du « qualisigne ». Et parce que, d'autre part, l'idéogramme, partout où il est apparu, n'a jamais été conçu comme ce signe à « l'identité bien déterminée » que constitue, selon Peirce, le légisigne. Au contraire, son originalité est d'être un signe *flottant* ou, pour être plus exacte, *alternatif*, étant susceptible par principe, comme je l'ai déjà souligné, d'assumer trois fonctions très différentes, et indépendantes l'une de l'autre : de *logogramme*, de *phonogramme* ou de *déterminatif*. Pour en donner ici une illustration concrète, soit, par exemple, le dessin de l'insecte « taon » : il pourra tantôt servir à écrire le nom de l'insecte lui-même, tantôt un autre mot se prononçant de façon identique – les mots « temps » ou « tant », voire la syllabe d'un mot, comme « -tan- », ou même l'amorce consonantique qui permet de l'instaurer –, ou bien encore, sans être prononcé, accompagner graphiquement un autre mot, le phonogramme « abeille » par exemple, pour indiquer la catégorie à laquelle appartient l'objet désigné par ce mot et en orienter la lecture.

Tel est le dynamisme de l'icône-idéogramme, et Peirce aurait dû se réjouir de voir se confirmer ainsi, et de la manière la moins contestable puisqu'elle ne tenait pas à une faculté médiumnique de l'objet mais à l'initiative du sujet-lecteur, la vertu d'innovation dont il avait doté, par pure supputation logique, le premier niveau de son système. Bien plus, on ne pouvait douter qu'il existait en effet une corrélation entre ce dynamisme et le fonctionnement visuel de l'écriture : c'était cette même liberté de choix dans l'évaluation lexicale du signe qui se trouvait mise en œuvre tant par la lecture sélective des textes écrits en arabe ou en hébreu que dans l'interprétation des variantes typographiques de l'alphabet occidental. – Mais le signe, chez Peirce, ne flotte pas.
A quoi tient donc ce flottement, cette malléabilité fonctionnelle qui est propre au *signe d'écriture* ? On ne peut en rendre compte qu'en poussant l'investigation de Peirce dans le « visible » plus avant qu'il ne

l'a fait lui-même et, surtout, d'une manière différente. Le principe de « ressemblance » qui court tout au long de ses analyses comme s'il en était la clé secrète nous avertit en effet que ses options iconiques ne sont pas aussi radicales qu'il le prétend (le troisième niveau de sa sémiotique n'est-il pas défini d'ailleurs par lui comme celui de la « rhétorique pure », c'est-à-dire du langage sublimé ?). Ce qui l'intéresse dans l'image ce n'est pas l'image elle-même, envisagée dans son ensemble, mais seulement la *figure* qui s'y inscrit. Il ignore, ou feint d'ignorer, qu'il n'est de figure dans une image que par rapport à un fond, et que ce fond ne constitue pas le négatif de la forme mais son *support*, aux deux sens où il tient physiquement la figure à la matière dans laquelle il la « supporte », – bois ou papier, encre ou huile –, de façon indissociable, et où il conditionne son intelligibilité par les intervalles qu'il ménage entre elle et ses voisines.

Si le signe d'écriture est flottant, c'est parce qu'il est né de ce support et de ses vides, autant sinon plus que de ses figures. Si son originalité est telle, et irréductible à celle de tout autre type de signe, c'est parce qu'il a emprunté son hétérogénéité à l'espace qui le portait, et parce qu'étant par principe indissociable du contexte où il se trouve, il s'appuie sur cette *présence* – qui n'est pas présence objective : c'est bien au niveau de l'imaginaire, non du réel, que l'opération s'effectue – pour devenir interprétable, et lisible. La « ressemblance », dans le jeu de l'écrit, n'est jamais qu'un piège pour la mémoire.

L'iconicité peircienne ne connaît de l'apparence que ce qui peut en être analysé sous forme d'unités discrètes, et de telle sorte que ces unités puissent être ensuite réagencées dans des structures sémiotiques. Mais c'est par l'immédiateté incohérente et brute de sa présence que l'apparence est *active*. Le paradoxe est que Peirce y était sensible tout le premier. En décembre 1908, il commençait en effet ainsi une lettre destinée à Victoria Lady Welby :

> Veuillez excuser le papier sur lequel j'écris. Je viens de m'apercevoir, à mon grand étonnement, que je n'ai plus que ce papier qui ne convient vraiment pas pour vous écrire ; et il est trois heures et demie du matin et je suis à cinq miles du papetier le plus proche[1].

Le regret qu'exprime le philosophe de ne pouvoir disposer du papier qui aurait convenu à sa lettre n'est assurément pas de simple politesse.

1. Charles S. Peirce, *Ecrits sur le signe*, *op. cit.*, p. 35.

On ne peut douter qu'il existe à ses yeux certains papiers qui, mieux que d'autres, se prêtent à la correspondance. Et le fait est que peu d'objets possèdent une aussi grande vertu « dynamoïde », pour utiliser le vocabulaire de Peirce, que le papier dit « à lettres » : censé inciter le scripteur à formuler sa pensée de telle manière qu'elle puisse s'ajuster à l'avance à celle de son destinataire, il doit constituer aussi le relais intime et sensible qui les unira l'un à l'autre au-delà du message qu'il contient.

Doué d'un pouvoir de suggestion aussi subtil, le papier à lettres est un objet ambigu, dont les effets peuvent surprendre ou charmer. Peirce nous le prouve d'ailleurs dans cette même lettre, lorsqu'il confie à Lady Welby dans les lignes qui suivent celles que je viens de citer : « Je ne peux vous dire combien j'ai été heureux samedi dernier de voir votre écriture sur l'enveloppe ». L'enveloppe appartient à la même catégorie d'objets que le papier à lettres – les fournitures d'écritoires les proposent du reste toujours ensemble et assortis – mais elle en diffère cependant, car elle est destinée à recevoir un message unique et stéréotypé : le libellé d'une adresse. Elle en diffère également parce que sa fonction est de dissimuler dans ses plis un second texte, qui justifie son envoi, celui de la lettre elle-même. On observera enfin que l'adresse d'une enveloppe ne se trouve jamais rédigée à l'intention de son destinataire effectif mais d'un intermédiaire anonyme, sorte de destinataire fantôme dont on sait qu'il prêtera seulement attention à l'information qu'elle délivre en ignorant ses aspects formels et leur message secret. L'enveloppe d'une lettre constitue donc, en dépit de sa structure contrainte et anodine, un objet plus insolite encore que son papier, puisqu'elle implique l'intervention successive de trois partenaires différents – l'auteur, le porteur de la lettre, et son destinataire – et qu'elle combine deux éléments hétérogènes l'un à l'autre mais qui ne peuvent remplir chacun leur fonction qu'à travers leur relation mutuelle et la référence qu'ils font ensemble au document qu'elle contient : un support – l'enveloppe proprement dite – et une image – l'adresse qui s'y trouve inscrite (ou dont elle attend l'inscription).

Lorsque Peirce avoue à Lady Welby le bonheur qui a été le sien en reconnaissant son écriture sur l'enveloppe d'une lettre, il fait état d'une expérience familière à beaucoup d'entre nous mais à laquelle nous ne sommes pas tous aussi attentifs que lui. Il est d'autant plus surprenant de constater qu'il évoque cette expérience de façon superficielle, et en partie inexacte. Sans doute est-il conscient du fait que ce n'est pas d'identifier simplement sur l'enveloppe son nom et son adresse qui a suscité son émotion mais l'écriture dans laquelle il les lisait – autrement dit leur image. Mais la définition qu'il donne de cette image en amoindrit la complexité. Selon lui, en effet, une écriture peut être isolée de l'enveloppe sur laquelle elle apparaît, comme une « figure » l'est de son « fond ». Or il semble difficile de réduire l'image d'une écriture à sa seule figure graphique. En premier lieu parce que cette figure est elle-même nécessairement composite. Non seulement chacun de ses mots résulte d'un assemblage de lettres qui constituent individuellement autant de « figures » distinctes, mais c'est la structure complète de l'adresse, l'ensemble de mots qui la composent, qui lui donne sa valeur d'image. Mais alors, comment déterminer les critères nécessaires à la définition de cette unité ? Et de quelle nature sont les indices qui ont permis à Peirce de reconnaître dans cette écriture parmi d'autres *l'écriture-de-Lady-Weıby*, c'est-à-dire un style graphique suffisamment autonome par rapport aux textes où il s'incarne pour qu'il puisse lui apparaître comme la marque identitaire de Lady Welby ?

A ces difficultés s'en ajoute une autre qui, à mon sens, est la principale. Car il est impossible de définir le graphisme de Lady Welby en ce qu'il a de spécifique sans prendre également en compte le style de sa mise en page. Or c'est ce qu'interdit *a priori* la formule qu'utilise Peirce lorsqu'il dit qu'il a reconnu cette écriture « sur l'enveloppe » d'une lettre, comme si elles se trouvaient indépendantes l'une de l'autre. Cette formule peut évidemment se justifier par le caractère marginal d'une remarque aussi intime située dans le contexte d'un courrier dont le propos est philosophique avant tout. Il me semble néanmoins qu'elle constitue déjà un symptôme significatif de la manière dont Peirce tient à laisser à l'écart de sa définition de l'icône ce qui a trait à son support. Si en effet l'écriture de Lady Welby peut être considérée comme un « indice » de sa personne, c'est à la fois parce que le tracé de ses lettres comporte certains effets de plume qui leur sont particuliers, mais aussi parce qu'il existe entre les mots et les lignes ainsi tracés un rythme d'espacement qui en est indissociable. Or un tel rythme ne vient pas à une écriture par son graphisme mais par ce qui l'environne et la détermine comme texte : il naît du blanc du papier.

Du blanc, et non du papier. Ce qui importe en effet surtout, dans le papier d'une lettre comme dans celui de tout autre écrit intentionnel

– poème ou calligraphie –, n'est pas sa matière proprement dite mais le fait qu'elle ait été *choisie* par le scripteur, c'est-à-dire que celui-ci lui ait reconnu les qualités indispensables à son projet d'écriture. Ces qualités sont de deux ordres. La première a trait effectivement à la texture du papier, mais dans la mesure où cette texture doit satisfaire à une exigence précise, qui est d'offrir au scripteur un support assurant à sa main, lorsqu'elle écrit, la prise dont elle a besoin, prise où entrent en compte à la fois ses habitudes gestuelles et la nature de l'instrument dont elle se sert. Si sa matière joue un rôle dans le choix d'un papier à écrire c'est par la capacité qu'elle peut avoir de se faire oublier, de disparaître, ou de participer de façon « amoureuse » à l'élaboration du texte (c'est ainsi que l'on dit de certains papiers d'imprimerie qu'ils sont « amoureux de l'encre »). L'autre qualité requise d'un papier concerne son apparence visuelle : un blanc plus ou moins rompu, une intensité de couleur plus ou moins forte, etc. La nuance élue par le scripteur doit contribuer en effet à faire de ce papier, lorsqu'il l'aura sous les yeux, le lieu d'attente et d'accueil du texte à venir, l'invite à construire dans son espace l'architecture de mots d'où il verra naître sa pensée. Mais aussi – puisqu'il s'agit ici d'un papier choisi pour la correspondance – cette couleur aura valeur d'*écran*, au-delà duquel sera présente la figure imaginaire de l'autre, du destinataire de la lettre, dont on sait qu'il substituera son regard à celui de l'épistolier sur cette même page en voie d'écriture.

C'est sa qualité d'apparence antérieure à toute trace qui fait l'iconicité du support d'un texte ou d'une image. Cette iconicité n'opère pas à la façon de l'objet impulsant de l'extérieur sa ressemblance, fût-elle structurelle, à une figure, mais *de l'intérieur même de ce support*, la surface de ce support ayant seule pouvoir de susciter, par le contexte d'imminence où elle l'inscrit, la venue au visible d'une figure. Peirce ne saurait être tenu pour responsable de l'exclusion de cette qualité de la notion d'iconicité : comme nous venons de le constater, il y était au contraire tout à fait sensible. Il me semble que cette exclusion tient, en fait, à la définition de l'« icône » telle que nous la devons à Platon. C'est à elle qu'il nous faut remonter, non seulement parce que l'ignorance du rôle du support dans l'image y est en effet centrale, mais parce que c'est l'analyse des motifs d'une telle ignorance qui pourra nous éclairer sur la contradiction singulière qui gouverne le premier niveau de la sémiotique de Peirce.

L'icône platonicienne ne saurait avoir de support pour trois raisons. La plus fondamentale est que, selon Platon, l'icône ne représente pas un objet réel mais une idée, et qu'elle-même ne relève pas du visible matériel, comme l'« idole », mais de l'imaginaire et de la pensée. Cette transcendance iconique n'a pas été conçue par lui sur la base d'une quelconque observation, elle est le produit d'un raisonnement posant en prémisse l'existence d'un exercice idéal de la vue, lequel aurait servi ensuite de modèle à la vision matérielle. C'est ainsi que, dans le *Timée*, la création du monde nous est décrite comme résultant d'une vue divine, dont la nôtre serait la conséquence dégradée[1]. Ce raisonnement prend appui sur une tradition métaphysique très ancienne et dont procède la divination – à laquelle d'ailleurs Platon fait également référence dans ce même texte[2]. Le deuxième motif au nom duquel Platon refuse tout crédit au support iconique a sa source dans une théorie de la vision, elle aussi générale au monde antique, selon laquelle notre regard émettrait selon les uns un « rayon visuel », un « feu parfaitement pur » selon Platon[3], pour atteindre les objets qu'il veut voir. Cette théorie a pour conséquence de nous faire considérer toute surface qui fait obstacle à ce rayon ou le brise comme dénaturant non seulement la vision elle-même mais la vérité de son objet[4]. Pouvant se trouver ainsi à l'origine d'illusions gravement trompeuses, la surface des apparences ne saurait être que suspecte sinon condamnable par principe. Enfin, et d'un tout autre point de vue, la conception platonicienne de l'icône se fonde sur la vertu des noms, qui leur permet de libérer du réel le monde des choses visibles et de combiner leurs figures dans des créations imaginaires et symboliques : la métaphore et la comparaison – telle celle que fait Alcibiade de Socrate avec les statues de Silène dans *Le Banquet*[5] – constituent des icônes au même titre que les visions idéales : il semblerait même qu'elles aient droit de façon plus légitime encore à une telle appellation, le visible en son essence ne pouvant nous devenir accessible par le visible lui-même mais à travers les mots qui le suggèrent.

Ce déplacement du raisonnement de l'ordre du visible vers un autre, qui lui est étranger, afin de rendre mieux compte de ce qui le définit comme tel ne peut manquer de surprendre. Pourquoi avoir fait du langage le

1. Platon *Timée* 28a-30a et *Phèdre* 249d-250c.
2. *Timée* 71d-72c et *Phèdre* 244b-245a.
3. *Timée* 45c.
4. Voir à ce sujet Gérard Simon, *Le Regard, l'être et l'apparence dans l'optique de l'antiquité*, Paris, Seuil, 1988.
5. *Le Banquet* 215b.

véhicule privilégié de l'icône, alors qu'il semble ne pouvoir nous communiquer que l'analogie d'une figure ou d'une chose, c'est-à-dire une information indirecte à leur sujet, et que le visible, quel qu'il soit, relève au contraire de l'évidence ? Sans doute cette médiation devait-elle paraître naturelle et nécessaire à Platon. Et le fait est que la conception esthétique qui s'était imposée à son époque reposait exclusivement sur la notion de « représentation », autrement dit sur une interprétation elle-même analogique du réel. Il est certain que, vue sous cet angle, la référence indirecte qui caractérise la langue peut dégager la figure de l'illusion où aurait pu risquer de l'entraîner – et l'entraîne selon Platon – la représentation picturale, laquelle combine à une conception dégradée de cette figure – puisqu'elle la matérialise – l'ambiguïté foncière de son support. « J'appelle images, dit Platon dans le livre VI de *La République*, d'abord les ombres, ensuite les reflets que l'on voit dans les eaux, ou à la surface des corps opaques, polis et brillants, et toutes les représentations semblables »[1]. Si « l'idole » – qui est l'image à laquelle il est évidemment fait allusion ici – doit être opposée à « l'icône », c'est d'abord parce qu'elle dépend de façon étroite de son support, plus encore que par son caractère matériel. La description que l'on trouve dans ce même livre VI de la manière dont les philosophes peuvent construire le plan de la cité idéale est très éclairante sur ce point[2]. Elle nous confirme que Platon connaissait bien la peinture et savait que son premier principe réside dans la possibilité qu'elle offre de transposer sur une surface plane la figure des objets, et sa principale difficulté dans le moyen d'y parvenir. Mais il ne se soucie d'y faire référence que pour montrer combien peut s'avérer tâtonnante l'élaboration de figures dont on veut qu'elles soient idéales, sans aborder la question du support. Or si la nature de son support est à l'origine des difficultés de l'art de peindre, elle l'est aussi, et d'abord, du résultat auquel elle lui permet de parvenir, et qui est de faire de ses figures autant de *révélations*, c'est-à-dire d'images capables de proposer, fussent-elles tout à fait réalistes, un événement visuel aussi puissant que celui même de l'idéal.

Mais ce que Platon reproche surtout à la peinture, j'ai déjà eu l'occasion de le signaler[3], n'est pas de pouvoir conduire à la magie – acception qui est pourtant celle que nous avons retenue d'abord du mot « idole » –

1. *La République* VI, 510a, trad. cit., p. 267.
2. *Ibid.*, 500c-501d, p. 257.
3. Voir plus haut *L'image et la lettre*, p. 16.

c'est d'être incapable de transmettre, et plus encore de produire, un message verbal. Aussi la question que nous devons nous poser est-elle plutôt de savoir si ce n'est pas en réalité, à travers la peinture, *l'écriture* qu'il condamne. En quoi en effet la comparaison qu'Alcibiade fait de Socrate avec une statue de Silène peut-elle être spécifique d'une « icône », sinon parce que Platon la considère par principe comme relevant de l'oralité, c'est-à-dire comme un produit direct de la parole, à la différence de l'image, assurément, mais d'abord et surtout du texte écrit ? Or il s'agit là d'une définition particulièrement arbitraire, puisque nous savons que certains textes de description visuelle – par exemple l'« ekphrasis » – bien que lointainement inspirés du modèle homérique, ne se sont constitués comme genres littéraires que par l'écrit. La fragilité de l'argument nous en révèle toutefois d'autant plus l'importance aux yeux de Platon. C'est moins en effet la structure du texte qui le préoccupe que le fait qu'il puisse *naître écrit*, l'écriture représentant pour lui un medium qui dénature la parole, comme le fait un miroir du rayon visuel, en obligeant cette parole à s'inscrire sur une surface trompeuse, aide-mémoire supposé mais qui trahit la mémoire, et la pensée elle-même, et qui les asservit l'une et l'autre aux lois suspectes et vaines de la lecture.

Le *Phèdre* nous confirme cette assimilation de l'écriture à la peinture en nous livrant aussi de nouveaux motifs de la méfiance de Platon envers l'écrit. Dans ce dialogue, Platon prend cette fois en considération les deux composantes – figures et support – de la peinture, et en insistant de façon toute particulière, à l'opposé de ce que l'on constate dans l'allégorie de la caverne, où la paroi de la grotte ne joue qu'un rôle accessoire, sur le second. Il ne le présente plus seulement, en effet, comme un facteur d'illusions, mais comme un traître au discours et à ses fonctions essentielles. Pour reprendre une formule de Jean-François Lyotard qui témoigne de la permanence du point de vue de Platon jusqu'à nos jours : « La parole implique la co-présence du locuteur et du récepteur. Supprimez la présence du locuteur, vous avez l'écriture ; le trait pertinent est le rapport du sujet et du discours »[1]. Voilà ce qui scandalise Platon dans l'écriture. Absence de locuteur, absence d'auditeur aussi : elle ne peut pas conduire au savoir, non seulement parce que les traces de ce

1. Jean-François Lyotard, *Discours, Figure*, Paris, Klincksieck, 1971, p. 271.

savoir y sont douteuses, mais parce que son support, hérité de la peinture, l'a condamnée au silence :

> C'est que l'écriture, Phèdre, a un grave inconvénient, tout comme la peinture. Les produits de la peinture sont comme s'ils étaient vivants ; mais pose-leur une question, ils gardent gravement le silence. Il en est de même des discours écrits. On pourrait croire qu'ils parlent en personnes intelligentes, mais demande-leur de t'expliquer ce qu'ils disent, ils ne répondront qu'une chose, toujours la même. Une fois écrit, le discours roule partout et passe indifféremment dans les mains des connaisseurs et dans celles des profanes, et il ne sait pas distinguer à qui il faut, à qui il ne faut pas parler[1].

On ne peut comprendre ni discuter une telle condamnation de l'écriture sans la situer dans le contexte de l'époque où elle a été formulée. Au IVe siècle avant notre ère, en Grèce, l'écriture constitue encore un mode de communication et d'expression dont l'usage littéraire est très récent, et qui n'a en rien remis en cause une tradition de pensée fondée sur l'oralité. Mais surtout, le raisonnement de Platon sur l'écriture, dont découle sa conception de l'icône, repose sur la nature très particulière du système qu'il connaissait et pratiquait lui-même, l'alphabet, où la lettre est un signe-son ne donnant à voir à son lecteur que la structure abstraite d'une parole. La notion de « représentation », de *mimesis*, était d'autant mieux adaptée à ce système qu'elle en était la conséquence directe. Or non seulement une telle notion trahissait les fondements iconiques de l'écriture mais elle rendait impossible une juste évaluation des écritures qui avaient précédé l'alphabet et lui étaient encore contemporaines, à commencer par la plus figurative d'entre elles, dont il se trouvait être aussi géographiquement le plus proche, l'écriture hiéroglyphique. En s'appuyant sur une définition dynamique de l'icône, Peirce – c'est un des intérêts majeurs de sa sémiotique – a fait échapper le hiéroglyphe à cette confusion et à ses pièges. Néanmoins, il a restreint ce dynamisme à l'élaboration d'un signe conçu comme une unité fixe, dont le modèle restait donc toujours celui de la lettre alphabétique. L'idéogramme, chez Peirce, je l'ai dit, ne « flotte » pas, il ne peut être défini par la mobilité de ses fonctions parce qu'il n'a pas attiré avec lui dans le raisonnement du philosophe cette *surface* dont l'apparence décidait seule, pourtant, de son sens.

1. *Phèdre* 275d-276a, trad. cit., p. 166.

Un tel aveuglement était-il évitable ? Il est celui d'un logicien, et qui devait le demeurer, à la différence de Wittgenstein, cherchant même à puiser dans cette logique les ressources d'une sorte de lyrisme paradoxal, obsessionnel et glacé. La *pensée visuelle du signe*, dans la mesure où elle implique conjointement celle de l'apparence – ou plus largement de l'écran – est contradictoire dans son principe avec toute tentative de sémiotique générale, quand bien même son auteur prétendrait-il, comme Peirce l'a tenté avec la notion d'iconicité, mettre la pensée visuelle à l'origine du système.

chapitre 4
l'image informée par l'écriture

L'image est un révélateur d'invisible. Dans nos sociétés privées de fantômes, sa magie est demeurée intacte : « On dirait que cette peinture, comme les sorciers et les magnétiseurs, projette sa pensée à distance » note Baudelaire devant les tableaux de Delacroix[1]. « Poétiser par art plastique, moyen de prestiges directs, semble, sans intervention, le fait de l'ambiance éveillant aux surfaces leur lumineux secret » observe Mallarmé, opposant à l'art de l'allusion réfractée et de la création d'auteur, propre à la poésie verbale, celui de l'immanence visionnaire qu'il découvre dans la peinture de Manet et de ses disciples[2]. Pourtant, et bien qu'elle en soit elle-même une conséquence, l'écriture a introduit dans notre approche de l'image, et dans ce qu'il pouvait nous sembler légitime d'attendre d'elle, des réticences et des décalages dont certains se sont avérés parfois relever de l'incompréhension pure, sinon même du reniement. L'« image » des civilisations de l'écriture est irréductible à ce qu'elle était – ou peut être encore – dans les sociétés orales.

1. Charles Baudelaire, *Exposition universelle de 1855*, dans *Curiosités esthétiques*, Paris, Garnier Frères, 1962, p. 237.
2. Voir plus loin *De l'image au texte : l'expérience du « Coup de dés »*, p. 141-158.

Non pas que sa nature ait changé : mais elle porte désormais en elle la mémoire ineffaçable de l'écrit. Mémoire d'autant plus prégnante qu'elle est foncièrement ambiguë : en elle se combinent en effet celle de l'écriture en son principe (c'est-à-dire idéographique) et celle du système particulier élu par une société donnée, et qui peut lui être contradictoire. L'alphabet grec, sur lequel repose la culture occidentale, en représente le cas extrême dans la mesure où le signe écrit y a été dépossédé de toutes les accointances visuelles qui le caractérisaient comme tel dans les systèmes antérieurs.

C'est pourquoi on ne saurait s'étonner que l'apparition de cet alphabet soit concomitante à l'émergence de la notion de « représentation » ainsi qu'à celle d'une conception de la peinture faisant de la « narration » son modèle quasi naturel[1]. Représentation et narration n'ont pu être instaurées comme critères de la création picturale que dans une civilisation qui, en perdant le sens du visible à l'œuvre dans l'écriture – en théorie tout au moins, car il en est allé différemment de la pratique, comme nous pourrons le constater dans les derniers chapitres de ce livre –, avait perdu du même coup celui de la dynamique d'où cette écriture était née, et qui tenait à des jeux de simultanéités et de contrastes d'origine purement iconique.

J'ai déjà eu l'occasion de signaler que la notion de « représentation » ne privilégie pas seulement dans l'image ses figures en ignorant leur support : elle interdit également que l'on conçoive ce support comme une source possible de nouveauté, et plus encore de révélation. Les figures n'y sont envisagées elles-mêmes, d'ailleurs, que comme des ombres, reflets pauvres non d'une transcendance, fût-elle imaginaire, mais du visible le plus brut et le plus dérisoire possible – de marionnettes dit Platon dans la *République*.

Il en va de même de la narration. Une narration n'est possible qu'à condition que chacun de ses « actants » ait été défini au préalable comme un individu spécifique, et que sa fonction (sinon son identité physique elle-même, laquelle peut être sujette à métamorphoses) reste

1. Voir en particulier Jean-Pierre Vernant, « De la présentation de l'invisible à l'imitation de l'apparence », *Image et signification*, Paris, Documentation française, 1983, p. 25-37 et p. 294. Sur le rôle joué par l'alphabet dans l'histoire de l'art occidental, voir mon article, « Figures de l'alphabet », dans Anne-Marie Christin et Atsushi Miura (dir.), *La lettre et l'image : nouvelles approches*, *Textuel* n°54, Université Paris-Diderot, 2007, p. 43-54.

la même tout au long de l'histoire. Or cette double caractéristique, qui reflète les lois les plus évidentes de la communication verbale, dont les signes et la syntaxe doivent également demeurer fixes, trouve dans la rigidité structurelle du système alphabétique un soutien d'autant plus fort qu'il contribue à soutenir en retour la légitimité phonétique de ce dernier. Elle est profondément étrangère, en revanche, à l'écriture, dans laquelle le signe se caractérise au contraire par la mobilité de ses fonctions, la diversité des lectures qu'elle autorise pouvant aller quant à elle jusqu'à l'équivoque. Il est remarquable, d'ailleurs, que la littérature chinoise ait ignoré l'épopée, et qu'elle n'ait produit de romans que lorsque son écriture eut explicité un phonétisme qu'il ne lui avait pas paru jusqu'alors nécessaire de noter avec fidélité[1].

L'impact théorique de l'alphabet est si puissant dans notre culture qu'on le constate encore chez Lessing, pourtant critique à l'égard de la narration transposée dans la peinture[2], lorsqu'il réduit la composition picturale des « actions collectives » – selon son expression – à un pur et simple assemblage. « L'on n'imagina les tableaux d'histoire, explique-t-il, que pour peindre à la fois des beautés corporelles de divers genres ». Ce qui compte seulement, dit-il encore, est « l'effet du tout », « la beauté de l'ensemble »[3]. Supposition née d'une déduction purement logique et qui est tout à fait vaine : elle applique au domaine plastique un modèle dont la référence n'a, en réalité, rien de visuel, puisqu'elle s'inspire de l'addition de phonèmes dont l'alphabet a créé la loi graphique – et qui n'a par conséquent rien à voir avec la beauté.

Aussi n'est-il pas davantage surprenant d'observer que, lorsque Maurice Denis affirme, dans une formule fameuse par laquelle il prétendait libérer la peinture des modèles académiques qui pesaient sur lui : « Se rappeler qu'un tableau – avant d'être un cheval de bataille, une femme nue, ou une quelconque anecdote – est essentiellement une surface plane recouverte de couleurs en un certain ordre assemblées »[4], il néglige de signaler le rôle que jouent, dans cet « ordre », les zones demeurées vacantes par lesquelles, précisément, l'image échappe le mieux à l'anecdote. Pour lui aussi l'art pictural ne relève que du

1. Léon Vandermeesch, « Ecriture et langue écrite en Chine », *Le Débat* n° 62, 1990, p. 73.
2. G.E. Lessing, *Laocoon*, Paris, Hermann, 1990, p. 120.
3. G.E. Lessing, *Laocoon*, 1802, p. 274 et 289.
4. Maurice Denis, « Définition du néo-traditionnisme », *Art et Critique*, 23 août 1890.

« plein », c'est-à-dire, une fois encore, de l'addition de termes fixes promue par l'alphabet. Les intervalles, dans son tableau modèle, sont invisibles : encore moins peuvent-ils donner accès à du sens.

La leçon que nous offre la Chine informée par l'écriture – c'est-à-dire par l'idéogramme, qu'elle a créé, et où le signe muet de la « clé » a généré la part la plus importante de son lexique écrit, celle des « idéo-phonogrammes » – est toute autre. On la comprend bien si l'on compare les deux modes de représentation du paysage qui y ont été également inventés. Le « paysage en bassin », jardin flottant composé de pierres et d'arbres nains, – « monde en petit », pour reprendre l'expression de Rolf A. Stein – et le « paysage lettré », qui s'amorce dans la peinture chinoise dès le plus haut Moyen Âge, transposent l'un et l'autre à leur manière une relation à la nature essentielle à la philosophie extrême-orientale. Mais la différence qui sépare ces deux types de création n'est pas seulement matérielle, elle est avant tout intellectuelle. Le microcosme jardinier est hanté de pensée magique : on attend que surgisse de lui une réalité autre, merveilleuse[1]. La sagesse du paysage sur rouleau s'inspire de la divination : une telle peinture n'est pas censée exercer un pouvoir quelconque sur le monde, mais on est sûr que de la contempler fera accéder son spectateur à l'expérience de sa vérité.

Différences de la pensée et des objets qui l'incarnent sont ici intimement liées. Le paysage miniaturisé s'appuie sur les données brutes du réel – même s'il se les approprie par de savants artifices –. Le paysage lettré exploite les virtualités spirituelles de l'image telles qu'elles ont été révélées à la Chine par l'écriture. L'aspect le plus manifeste de cette continuité – du moins pour un Occidental, que n'attire guère, dans l'écriture, que sa dynamique gestuelle – tient au fait qu'un même trait de pinceau conduit le peintre-calligraphe à poser l'élément premier d'un caractère et à représenter une feuille de bambou. Mais ceci est la conséquence en quelque sorte profane, humaniste, de cette pensée de l'écran dont la mission primitive avait été de définir certaines surfaces privilégiées pouvant se faire les supports des signes de l'au-delà. L'homme y avait dérobé les principes de son écriture : il y réalisait désormais sa fusion avec l'univers. A l'origine de l'écriture chinoise comme à celle du paysage peint, l'expérience fondatrice n'est pas celle de la trace mais du « vide » – c'est-à-dire de l'intervalle – grâce auquel toute communica-

1. Rolf A. Stein, *Le Monde en petit*, Paris, Flammarion, 1987, p. 57.

tion entre une surface donnée et le monde qui la transcende est susceptible de s'ouvrir. Selon le peintre Chang Shih, « Sur un papier de trois pieds carrés, la partie [visiblement] peinte n'en occupe que le tiers. Sur le reste du papier, il semble qu'il n'y ait point d'images ; et pourtant, les images y ont une éminente existence. Ainsi, le Vide n'est pas le rien. Le Vide est tableau »[1].

Dans l'article qu'il a consacré à « Quelques problèmes de sémiotique de l'art visuel : champ et véhicule dans les signes iconiques », Meyer Schapiro déclare que « le champ pictural a des propriétés locales affectant notre sentiment des signes », et il souligne lui aussi l'importance de l'intervalle en peinture. Pourtant, son raisonnement procède à l'inverse du mien. Selon l'historien d'art, en effet, ce n'est pas à l'origine de l'image que l'intervalle trouve sa nécessité, – « j'incline à penser, écrit-il par exemple, que la surface préhistorique était neutre, simple support de l'image encore indéterminé » –, c'est à l'époque où se constituent les lois de la perspective, étape-clé où s'opère, dit-il, la « conversion [des] éléments non mimétiques [de la peinture] en éléments positifs de représentation », car alors – je cite toujours – « les intervalles de la surface du tableau qui séparent les figures deviennent signes d'un espace continu à trois dimensions »[2].

Cette conclusion, qui n'affranchit l'intervalle du *topos* de la narration que pour l'enfermer plus étroitement dans celui de la représentation, est d'autant plus étrange que Schapiro fait reposer lui aussi son argumentation sur une comparaison entre peinture chinoise et art occidental, et sur une référence explicite aux pratiques de l'écriture – y compris chinoise. Mais le problème principal que pose ce type de comparaison n'est pas que l'on puisse s'informer de façon aussi minutieuse et rigoureuse que possible sur des écritures et des cultures très différentes des nôtres, il est d'abord que l'on accepte de tirer de ces différences toutes les conséquences qu'elles impliquent, fussent-elles contradictoires avec ce que l'on espérait pouvoir démontrer *a priori*. « Il est clair que le sentiment de l'ensemble dépend des habitudes de la vision, lesquelles sont variables », affirme Schapiro. Néanmoins, lorsqu'il note l'importance des vides dans la peinture chinoise, il se montre avant tout sensible au fait que l'on y ait *imprimé des sceaux* – ce qui est évidemment

1. Cité par François Cheng, *Vide et plein*, Paris, Seuil, 1979, p. 63.
2. Meyer Schapiro, *Style, artiste et société*, Paris, Gallimard, 1982, p. 11 et p. 33.

incompatible avec une interprétation « réaliste » des intervalles –, et il en conclut qu'en Chine : « un connaisseur, tout en contemplant une œuvre admirée, pouvait considérer le fond vide et les marges comme ne faisant pas vraiment partie de l'œuvre, de même que le lecteur d'un livre peut regarder les marges et interstices du texte comme ouverts à l'annotation ».

Cette phrase est extrêmement instructive. Elle nous montre que l'historien était à ce point convaincu que les intervalles de la peinture sont indissociables du besoin de représenter le réel qu'il a renoncé sans plus de procès à interroger un phénomène, certes apparemment paradoxal, mais dont il observait pourtant lui-même qu'on le retrouve à l'identique dans l'espace de nos propres livres. Aussi n'est-ce pas seulement sa foi dans la fiction réaliste de la « fenêtre » albertienne qui a guidé sa démarche – une foi qu'aurait dû ébranler d'ailleurs le fait que l'on trouve d'autres exemples de « champ rectangulaire artificiel » en art que cette fenêtre, en particulier celui des rouleaux peints chinois et japonais. Son interprétation de l'écriture est demeurée, malgré qu'il en eût, et malgré toutes les preuves de son erreur que lui offraient les civilisations auxquelles il s'intéressait, aussi aveuglée de logocentrisme qu'elle l'était du temps de Lessing. « Un mot écrit est le même quelle que soit la couleur de l'encre » déclare-t-il. Affirmation qui fait écho à celles de Peirce, mais qui ne peut qu'étonner venant d'un historien de l'art si l'on songe à tant de créations – calligraphiques, illustratives, typographiques, poétiques – par lesquelles les écrivains et les plasticiens occidentaux ont tenté précisément de restituer à la culture de l'alphabet le sémantisme visuel dont bénéficiait l'idéogramme.

Car l'intervalle est tout autre chose qu'une figure, un mot ou une lettre. S'il peut occuper le même espace, il a une autre fonction, celle d'établir entre les éléments d'une image des effets de voisinage qui feront *interroger l'un par l'intermédiaire de l'autre*. C'est en cela aussi que réside cette laïcisation du divin qui a traversé l'écriture pour inspirer la peinture chinoise de paysage : dans cette peinture, le mystère ne se situe plus seulement à l'extérieur de l'image, il ne se résoud pas non plus dans l'énigme de son affleurement, que révèle de façon furtive l'entrebâillement de deux motifs, il est présent à sa surface même, il est le principe moteur de l'association de ses figures.

Telle est la raison, je crois, pour laquelle les possesseurs et les amateurs de peintures, en Chine, se sont crus autorisés à imprimer leurs sceaux

dans les « vides » des paysages. Non pas parce que ces espaces étaient sans emploi ou marginaux, au contraire : parce que l'on avait conscience qu'ils étaient des *lieux de mémoire* : mémoire de l'univers dont ils se constituaient en témoins, mémoire virtuelle d'une trace – dont ils prolongeaient le rythme jusqu'à l'enchaîner à la suivante, comme on le voit dans la calligraphie – ou qu'ils contribuaient à atténuer de telle manière que le regard pût s'initier à la métamorphose d'un motif paysager en un autre. Aussi était-il à la fois indispensable de déposer dans de tels espaces l'image graphique de son nom (car il s'agit toujours d'un sceau, jamais d'une signature), pour rendre hommage à cette mémoire, – mais aussi afin de l'accroître de son propre souvenir et de profiter de ses vertus – et, d'autre part, sans conséquences dommageables pour la peinture d'agir ainsi, puisque ces vides ne possédaient d'existence que dans l'espace invisible et abstrait d'un autre temps.
La religion chrétienne a permis à la civilisation de l'alphabet de renouer les liens de l'image avec l'au-delà qui avaient conduit à l'invention de l'écriture. Mais l'entreprise devait nécessiter plusieurs siècles. Etre peintre lettré, au Moyen Âge – car si tous les artistes ne l'étaient pas eux-mêmes, il leur était au moins indispensable de travailler avec des lettrés pour remplir la mission dont ils étaient chargés –, impliquait en effet tout autre chose en Occident qu'en Chine ou au Japon à la même époque.
Il y avait à cela différentes raisons. Tout d'abord, le lien idéologique associant écriture et société étant, en Occident, d'origine religieuse, une place déterminante devait y être réservée au mythe – c'est-à-dire à la narration. La religion judéo-chrétienne possède de surcroît à cet égard une originalité remarquable.

> Par rapport aux religions archaïques et paléo-orientales, aussi bien que par rapport aux conceptions mythico-philosophiques de l'Eternel Retour, telles qu'elles ont été élaborées dans l'Inde et dans la Grèce, le judaïsme présente une innovation capitale. *Pour le judaïsme, le Temps a un commencement et aura une fin.* L'idée du Temps cyclique est dépassée. Jahvé ne se manifeste plus dans le *Temps cosmique* (comme les dieux des autres religions), mais dans un *Temps historique*, qui est irréversible[1].

Le fait que Dieu, Créateur du monde, soit aussi et en premier lieu, dans la tradition judaïque, le dieu d'un peuple, le fait participer de façon

1. Mircea Eliade, *Le Sacré et le profane*, Paris, Gallimard, 1965, p. 98. En italique dans le texte.

étroite à l'univers d'oralité propre à ce peuple. « L'au-delà » qui, dans les autres traditions culturelles, est associé aux rapports visible/invisible permettant au groupe d'avoir accès à ce qui lui est extérieur, se trouve ici absorbé dans les structures internes de ce groupe. D'ailleurs, des deux modes de révélation pratiqués dans la société babylonienne, la divination et la prophétie, seul le second a été reconnu par la religion judaïque, les visions venant des rêves ne pouvant elles-mêmes être acceptées comme des témoignages crédibles qu'une fois transférées dans un discours. De façon curieuse, cependant, le statut de l'image, dans cette tradition, reste ambigu. Le monothéisme impliquant le rejet de tous les dieux vénérés ailleurs, il allait de soi que l'on devait mépriser et fustiger les icônes qui représentaient ces dieux. Le Dieu des Juifs ne doit avoir d'autre image que son nom. Mais ce Dieu avait également créé les hommes « à son image » : aussi la notion de représentation ne pouvait-elle être condamnée d'une manière tout à fait radicale.

> Le christianisme va encore plus loin dans la valorisation du *Temps historique*. Parce que Dieu s'est *incarné*, qu'il a assumé *une existence humaine historiquement conditionnée*, l'Histoire devient susceptible d'être sanctifiée.[...] Le chrétien contemporain qui participe au Temps liturgique rejoint *l'illud tempus* dans lequel a vécu, agonisé et est ressuscité Jésus, mais il ne s'agit plus d'un temps mythique, mais du Temps où Ponce Pilate gouvernait la Judée[1].

C'est dans l'histoire de la vie du Christ et les récits qui en ont été faits que résident les leçons qui doivent servir à édifier les fidèles, autant que dans la parole du Messie. La mutation idéologique engagée par cette nouvelle religion concerne également l'image, qui ne peut plus être seulement comprise comme une représentation : le dogme de l'incarnation du Christ accorde au passage de l'invisible au visible une importance trop fondamentale pour que l'on se contente de la définir de façon aussi sommaire. Certes, ce dogme est sans incidence, du moins en théorie, sur l'image en tant que telle, puisqu'il s'agit d'une réalisation matérielle et purement humaine : mais il n'en demeure pas moins qu'elle devait faire inévitablement l'objet, sous un éclairage semblable, d'interrogations particulières, relatives à l'origine de ses pouvoirs, à leur nature, à leurs

1. Mircea Eliade, *Le Sacré et le profane*, *op. cit.*, p. 98-99. En italique dans le texte.

limites, – toutes questions profondément étrangères à la tradition judaïque.
Les systèmes d'écriture utilisés pour la rédaction des textes saints qui fondent ces deux religions contribuent à accentuer encore la différence qui sépare leurs modes d'approche de l'image. Que l'image de Dieu soit son nom est parfaitement concevable à partir de l'alphabet sémitique, puisque la lettre, dans ce système, garde ce rapport direct au sens qui était celui de l'idéogramme : la consonne écrite y représente l'élément d'une racine verbale dont elle peut diffuser la mémoire à travers l'espace du texte sans avoir besoin d'être oralisée, c'est-à-dire complétée par une lettre immédiatement voisine. Mais la lettre grecque renvoie, elle, à un phonème, dont chacune des occurrences a une fonction strictement codée. Que la pratique de sa lecture génère des automatismes suffisants pour que l'on oublie la complexité de son processus n'enlève rien au fait que, dès lors que l'on veut l'analyser, c'est à cette structure que l'on doit revenir, comme le prouve le *Théétète* de Platon, où le débat relatif à la définition de la science qui y est conduit par Socrate s'appuie sur l'opposition lettre/syllabe[1]. Tout ce qui fait sens par l'écriture se décompose en unités s'articulant linéairement l'une à l'autre : incontestable s'agissant du système grec, et plus encore du système latin qui en a accentué le phonétisme, cette doctrine ne pouvait manquer d'être généralisée, même indûment, aux autres systèmes d'écriture, et à plus forte raison étendue par principe, comme devant être son modèle naturel, à toute forme d'expression que l'on voudrait mettre en parallèle avec l'écrit, et particulièrement l'image.
Il semble cependant que l'impérialisme de l'alphabet ne se soit pas imposé dès l'origine de la chrétienté. A cette époque, en effet, l'image est surtout ressentie comme une manière d'exprimer sa foi complémentaire du respect que l'on doit à la parole sacrée contenue dans les Ecritures, et en tant que support lui-même sacré. Les symboles gravés ou peints sur les murs des églises souterraines de Rome sont, comme ils l'étaient à l'époque préhistorique, des signes de correspondance avec l'invisible par le visible, l'exemple le plus remarquable en étant le monogramme du Christ, apparu au début du IVe siècle. Tout se passe comme si l'on assistait alors à l'ébauche de la mutation devant mener de l'art illusionniste propre à la peinture antique, et qui s'était constitué en Grèce en

1. Voir plus haut *Du signe à la trace*, p. 34.

même temps que l'alphabet, à un art qui s'organiserait de nouveau en un véritable système de communication iconique.

Porté peut-être par cette même ingénuité créatrice liée à une religion encore neuve, l'empire romain converti au christianisme a découvert dès le Ve siècle les conditions nécessaires à une telle communication : nous les retrouverons quasi identiques au XIVe siècle, chez Giotto. La première de ces conditions est que – à l'opposé du choix qui avait été fait en Chine, mais parce que l'écriture y était encore imprégnée d'image et participait d'une philosophie différente – l'image doit se tenir à l'écart du support écrit, destiné à un public d'autant plus étroitement spécialisé que la langue qui y est transcrite, le latin, devait s'écarter de plus en plus, au cours des siècles, de celle que l'on pratiquait quotidiennement, public qui ne cherche en outre dans les textes qu'un savoir et un enseignement dont l'origine est elle-même orale. La renaissance de l'image ne peut se faire que dans les lieux de célébration communautaire. Les images que l'on contemple ensemble possèdent seules une force équivalente à celle de l'initiation évangélique. Sans doute, et on le voit bien dans l'église Saint-Vital de Ravenne, le pouvoir d'Etat pouvait tenter de tirer profit des hommages qui étaient ainsi rendus à Dieu, mais il a eu l'habileté de se faire représenter dans des marges où il pouvait donner l'illusion d'apparaître comme en retrait. L'objectif de l'image chrétienne est du même ordre que celui de la rhétorique : il faut séduire et convaincre. Mais sa stratégie est différente. Elle ne connaît en effet qu'un principe : priorité absolue doit être réservée à la surface offerte à la contemplation, qu'il s'agisse de l'architecture de l'édifice et de ses matériaux ou de l'iconographie choisie pour son décor. Les successions de colonnades creusant et démultipliant l'espace intérieur de Saint-Vital, les plaques de marbre dont les veines colorées semblent introduire le regard à une géométrie onirique, et que l'on a pris soin d'encadrer comme s'il s'agissait d'œuvres d'art (on procèdera de la même manière des siècles plus tard à Venise, dans la basilique Saint-Marc), doivent créer autour du fidèle un lieu qui, loin de lui donner le sentiment qu'il y serait enfermé ou de le faire s'inquiéter du pouvoir dont il témoigne – comme c'était peut-être le cas dans les grottes préhistoriques – lui offre un environnement dont l'enchantement labyrinthique doit le convaincre au contraire qu'il est pour lui tout accueil et invite à contempler l'invisible. A l'illusion théâtrale héritée de l'antiquité, et qui maintenait une distance certaine entre représentation et spectateur, se substitue un art qui, à l'opposé, et bien qu'il en utilise les procédés, s'est fait support de révélation. De même que les files de processionnaires de Saint-Apollinaire-le-Neuf alignés de part et d'autre de la nef, entraînaient par un effet de litanie visuelle irrésistible le regard du fidèle vers le chœur, l'architecture de Saint-Vital l'attire vers ce même lieu fondateur grâce au contraste à la fois brutal et symbolique ouvert soudain entre le sol et la voûte – la terre et le ciel – par le jeu des mosaïques dont ils sont recouverts l'un et l'autre, et dont la matière produit un effet visuel très différent – marbre mat pour le sol, pâte de verre et d'or pour le ciel. Initiation indirecte à la lumière céleste, ou bien sa présence même ? On ne sait, lorsque l'on contemple l'abside où un Rédempteur juvénile en toge sombre trône sur un globe d'un bleu pur coupant l'harmonie blanc et or du ciel et des anges qui l'entourent, si l'on a sous les yeux, déjà, le ciel divin, ou si les personnages que l'on y voit apparaître émergent de l'écran de brique et de cristal qui devait les dissimuler aux yeux des hommes en en emportant sur leurs épaules des lambeaux de parures artificielles.

Car cette transcendance de l'espace mural se manifeste de manière également remarquable dans les tissus et les tentures qui y sont représentés, détournant au profit de l'art sacré une technique qui avait été mise au point par la peinture gréco-latine à des fins purement ludiques, celle du trompe-l'œil. Le principe du trompe-l'œil repose sur une dissociation raisonnée des deux niveaux iconiques impliqués par toute représentation figurative : celui du fond et celui des objets. La représentation du fond doit pouvoir être confondue avec un support réel – sol, mur ou parchemin – avant que l'on y reproduise les objets qui y sont posés. La perfection imitative de ce fond possède en effet seule le pouvoir d'assurer le passage de ces objets de la fiction à la réalité : de même que dans l'art du blason, c'est ici le fond qui est premier. Parrhasios l'avait bien compris, puisqu'il l'emporta dans le concours qui l'opposait à Zeuxis en ne peignant, lui, qu'un rideau[1]. Première victoire du visible en son insaisissable énigme d'intervalle sur l'inventaire sourcilleux des signes.

A Ravenne, le rideau est la tenture que l'on ouvre pour introduire auprès de l'assemblée des fidèles des personnages ayant un statut moins sacré, ou moins vénérable, que ceux à qui est réservé l'or céleste. Ou bien il

1. Pline, *Histoire naturelle*, livre XXXV, 65-66. Voir ici même *L'image et la lettre*, p. 21.

s'agit d'un tissu ayant une fonction similaire : toge, nappe, offrande. Il semble qu'une nécessité obstinée ait attiré les mosaïstes vers ce motif. Mais il reste encore exploité de manière naïve et empirique. On ne le voit commencer à prendre une valeur abstraite que de façon fugitive, à titre de camouflage : à Saint-Apollinaire-in-Classe il a permis de dissimuler l'image de dignitaires condamnés comme hérétiques, dont on avait inscrit auparavant l'effigie dans le panthéon mural.

Quant à l'écriture, pour en revenir à elle, elle est présente sur les mosaïques de Ravenne. Tous les monuments, à l'exception du baptistère des Ariens, qui n'en a aucune, comportent des inscriptions. Mais on y a privilégié surtout la représentation de ses supports. Les supports de l'écriture constituent en effet des témoignages majeurs de la religion nouvelle et des fondements de sa foi. Il suffit de voir leur format pour en deviner le contenu : les livres et les rouleaux qui alternent sur les mosaïques et les stucs de presque tous les monuments – à l'exception, une fois encore, de ceux du baptistère des Ariens où ne sont visibles que des rouleaux – doivent nous rappeler que si le *volumen* est le support sur lequel a été écrit l'Ancien Testament, le *codex* appartient en propre au Nouveau, car il s'est imposé avec lui. Aussi la logique iconique de la surface qui préside par ailleurs au choix des tissus et des tentures se trouve-t-elle investie, ici, d'une valeur particulière : le petit meuble bibliothèque dont les portes ouvertes laissent voir sur ses étagères les livres des quatre évangélistes, où chacun est désigné par son nom, et qui est reproduit symétriquement à l'image béatifiée de saint Laurent en tenue sacerdotale sur le mur du fond du mausolée de Galla Placidia, suggère le mystère sacré à son degré le plus essentiel, celui où, même anépigraphe et muet, un support demeure encore *puissance d'écriture*.

Cette relation fondamentale mais exclusivement visuelle à l'écrit allait être plus ou moins négligée ou altérée dans les siècles qui ont suivi. Du VIIe au XIIIe siècle, en effet, la référence à l'écriture devait entraîner l'art pictural dans une voie toute différente, et qui allait avoir pour conséquence de détourner provisoirement les images de leur vocation communautaire au bénéfice de celle des clercs.

De façon assez paradoxale, c'est Grégoire le Grand qui, en voulant défendre l'image chrétienne des accusations d'idolâtrie dont elle commençait à faire l'objet, est sinon la cause réelle de ce détournement, en tout cas celui qui en a posé les principes de façon rédhibitoire. Il écrivit en effet en 600 à l'évêque Serenus de Marseille, à qui il faisait le reproche d'enlever les images de ses églises, une lettre dont le souvenir devait se transmettre de siècle en siècle :

> Autre chose est [...] d'adorer une peinture et autre chose d'apprendre par une scène représentée en peinture ce qu'il faut adorer. Car ce que l'écrit procure aux gens qui lisent, la peinture le fournit aux analphabètes qui la regardent, puisque ces ignorants y voient ce qu'ils doivent imiter ; les peintures sont la lecture de ceux qui ne savent pas leurs lettres, de sorte qu'elles tiennent le rôle d'une lecture, surtout chez les païens[1].

Texte ou image, l'un et l'autre constituent, pour Grégoire le Grand, des moyens matériels équivalents pour atteindre l'invisible. Mais leur fonction à tous deux est avant tout d'enseigner, et d'enseigner comme le permet seule la parole, c'est-à-dire par la narration. Si la première de ces leçons devait être reniée ensuite dans les *Libri carolini* (794), ils en confirmèrent la seconde pour justifier leur refus du horos du Concile de Nicée II, lequel avait entériné en 787 la valeur sacrée des images revendiquée par les Byzantins. Il ne saurait être question en effet, pour l'entourage de Charlemagne, – dont les mobiles devaient être, à la vérité, aussi politiques que religieux –, d'admettre que les images, qui ne sont que matérielles, puissent avoir une vocation spirituelle : « C'est dans les livres et non dans les images que nous acquérons l'érudition de la logique spirituelle »[2]. Les peintres sont autorisés cependant à exercer leurs talents dans l'illustration de l'*Histoire sainte*, car l'intérêt pédagogique d'une telle entreprise ne fait aucun doute.

Cette concession devait avoir pour effet de laisser ces peintres à peu près libres de compenser par des innovations stylistiques l'asservissement contre nature auquel leur art venait d'être soumis. Toutefois, lorsque, au XIe siècle, une réaction en faveur de la reconnaissance des valeurs spirituelles de l'image commença à se faire jour en Occident, c'est dans le respect des conventions grégoriennes qu'ils tentèrent de la traduire, c'est-à-dire en s'efforçant de transformer le *motif narratif* en *signe visuel* sans se soucier de remettre en cause l'articulation discursive par laquelle ce motif leur avait été imposé, et encore moins le type de signe sur lequel celle-ci était fondée. Ainsi que l'avait suggéré Grégoire le Grand en parlant à propos des images de « Bible pour les illettrés », ils pensaient

1. Ep. IX, 209, cité par Pierre-Alain Mariaux, « L'image selon Grégoire le Grand et la question de l'art missionnaire », *Cristianesimo nella storia*, 14, 1993, Université de Bologne, p. 3.
2. Cité par Jean Wirth, *L'Image médiévale*, Paris, Méridiens-Klincksieck, 1989, p. 135.

faire référence à *l'écriture* des textes saints : mais ils ne s'apercevaient pas qu'ils substituaient en réalité un modèle verbal à un autre, la lettre alphabétique à la figure, elle-même identifiée depuis longtemps à un mot. Jean Wirth a longuement analysé cette quête du signe pictural qui caractérise l'art des XIe-XIIe siècles et montré à quelles réalisations – d'un fantastique d'autant plus étrange qu'elles étaient supposées être au contraire scrupuleusement « littérales » – elle a conduit les artistes[1].

1. Voir en particulier Jean Wirth, « L'emprunt des propriétés du nom par l'imagerie médiévale », *Études de Lettres* n°3-4, 1994, Université de Lausanne, p. 68.

chapitre 5
peinture et narration: l'énigme du support

« Pour avoir redécouvert cet art (la peinture) demeuré enfoui pendant des siècles sous les erreurs de ceux qui peignaient plus pour amuser les yeux des ignorants que pour satisfaire l'intellect des sages, Giotto mérite sans conteste de compter parmi les astres de la gloire florentine »[1]. Si l'éloge que lui adresse Boccace peut paraître un peu excessif dans sa formulation, il ne fait pas de doute que Giotto a renouvelé de manière profonde la peinture occidentale, et que ce renouvellement prend son appui sur une conception de l'image qui renouait avec ses origines. Il semble en effet difficile d'accepter l'analyse d'Erwin Panofsky selon laquelle l'intérêt des fresques de Giotto ne se justifierait qu'en regard de l'évolution ultérieure qu'a connue l'art italien. « Nous assistons à la naissance de "l'espace moderne", un espace qui peut être décrit comme l'espace gréco-romain "vu à travers le tempérament gothique" », explique l'historien d'art, ajoutant : « Tout cela n'était, inutile de le dire, qu'un commencement ». Sa thèse est la suivante :

> En dépit de leurs imperfections techniques, les œuvres de Duccio et Giotto font surgir devant nous un espace qui n'est plus discontinu et

1. Boccace, *Décaméron*, sixième journée, 5e nouvelle, Paris, Livre de poche, 1994, p. 507.

> limité mais (en puissance tout au moins) continu et infini [...]. Le tableau est de nouveau une "fenêtre". Mais cette "fenêtre" n'est plus ce qu'elle était avant d'avoir été "fermée". Au lieu d'être une simple ouverture taillée dans le mur ou séparant deux pilastres, elle a été garnie de ce qu'Alberti devait appeler un *vetro tralucente* : une plaque de verre imaginaire, à la fois plane, ferme et transparente, donc susceptible de tenir lieu, pour la première fois en histoire, de véritable plan de projection[1].

Il est significatif que Panofsky ait assimilé l'originalité de Giotto à celle de Duccio. Le peintre siennois, comme l'historien en fait d'ailleurs la remarque lui-même dans ce même texte, ne s'est jamais montré attentif, à l'opposé de Giotto, à l'art de la fin de l'Antiquité ou de l'époque paléochrétienne : autrement dit, il n'a jamais été attiré par la technique, et ce qu'il conviendrait de définir comme la *philosophie picturale*, qui sont propres à la fresque murale et sur lesquelles reposent, précisément, les trouvailles les plus importantes de Giotto. En reliant d'autre part l'œuvre du peintre non pas même à celles qui, au siècle suivant, devaient jouer effectivement un rôle comparable au sien – celle de Piero della Francesca en premier lieu –, mais à un texte théorique, Panofsky lui impose une finalité dont rien ne prouve qu'elle pouvait être envisageable cent ans plus tôt. Mais c'est qu'il obéit aux mêmes préjugés que Schapiro justifiant par de l'indifférence le fait que les esthètes chinois exprimaient leur admiration envers les peintures de paysages en apposant leur sceau dans les espaces qui y étaient laissés vides. La référence d'Alberti lui sert de caution pour nier le fait que l'existence de son support, si elle est évidemment décisive dans la composition d'une image, l'est tout autant dans sa conception. Une définition de la peinture qui libère celle-ci de sa matière le satisfait pleinement, parce qu'elle offre à une approche iconographique de l'art – comme l'est la sienne – une légitimation pouvant passer pour plastique, alors que son modèle demeure en fait celui, cumulatif et faussement transparent, de l'alphabet. La *storia* selon Alberti est structurée selon les mêmes principes que la « Bible pour les illettrés » : la seule différence qui les sépare est que les acteurs de la *storia* ne sont plus des mots ou des symboles mais des individus clairement identifiables, et présentés comme tels dans des tableaux conçus comme des miroirs.

1. Erwin Panofsky, « La peinture italienne du Trecento », *La Renaissance et ses avant-courriers dans l'art d'Occident*, Paris, Flammarion, 1990, p. 140-141.

Or rien de tout cela ne correspond aux préoccupations de Giotto, lesquelles sont beaucoup plus proches de celles des mosaïstes de Ravenne. Il ne prétend pas ouvrir l'univers de l'image sur l'extérieur, mais réunir au contraire à l'intérieur d'un même lieu, par l'intermédiaire de la peinture, tout ce qui se situe au-delà de lui, qu'il s'agisse du monde réel ou symbolique, quotidien ou surnaturel. Ses « fenêtres » ne sont que des trompe-l'œil destinés à rendre plus sensible, comme le rideau de Parrhasios, cette réalité particulière que constitue un mur d'images, et dont la fonction première est d'établir une structure d'échanges entre l'homme et la transcendance qui le gouverne. Il s'agissait d'abord pour Giotto, renouant avec la démarche intuitive des artistes ravennates, de se dégager à nouveau du monde étroitement codé de l'écrit alphabétique – mais en ayant désormais conscience des égarements dans lesquels celui-ci pouvait entraîner l'art des images – afin de retrouver à travers ces mêmes images, acceptées enfin comme telles, c'est-à-dire dans l'opacité native de leur support, les principes de la pensée iconique.

Les circonstances dans lesquelles Giotto a été appelé à Assise sont d'ailleurs assez curieusement semblables à celles qui avaient présidé à la décoration de Saint-Vital : la foi que l'on voulait faire célébrer sur les murs d'une basilique était, d'une certaine façon, encore très neuve elle aussi, et elle bénéficiait également des générosités tout à fait officielles du pouvoir. Si la rupture introduite par la pensée franciscaine dans la religion chrétienne n'a rien de schismatique, elle se caractérise en effet par des innovations d'une grande audace, dont il n'est pas surprenant que l'image ait pu tirer profit : refus de la mainmise des clercs sur des textes saints écrits exclusivement en latin, afin de permettre aux « illettrés » – comme saint François se vantait lui-même de l'être – d'en prendre connaissance dans leur langue, ouverture à la nature et au monde quotidien, attention privilégiée portée à l'humanité souffrante du Christ sur la croix, et non plus à la seule gloire céleste du Pantocrator. Quelques années à peine après la mort du saint, l'ordre des frères franciscains avait acquis déjà, d'autre part, un statut de pleine autorité. La basilique monumentale qu'il a fait construire dans la ville même où celui-ci était né et au-dessus de son tombeau est une basilique pontificale, et c'est à la sollicitude du premier pape franciscain, Nicolas IV, qu'elle doit son ornementation prestigieuse.

A travers la dévotion franciscaine au Christ en croix, une autre influence s'était imposée au cours de ce même XIIIe siècle en Italie – où il est vrai, à la différence de la France, elle avait toujours gardé un certaine prestige – celle de l'icône byzantine. Que l'image visible soit un moyen d'accès vers l'invisible, c'est ce dont témoignent ces magnifiques croix de bois peint où les événements de l'histoire sainte accompagnent et longent le corps du Christ, combinés les uns aux autres dans une structure verticale qui n'est plus celle de la page lettrée mais relève de l'art populaire. Certaines, d'ailleurs, sont dues à Giotto lui-même. Et c'est encore au XIIIe siècle que la *Véronique*, ce tissu où le visage du Christ est censé avoir laissé son empreinte, avait été déposée au Vatican, et que l'on avait commencé à en diffuser des copies en Italie.

Aussi le peintre était-il, en Giotto, autant sollicité par les innovations plastiques qui se multipliaient autour de lui que par le thème religieux que lui avaient proposé d'illustrer les frères d'Assise. Mais son choix est demeuré cohérent. L'espace seul le préoccupe, non pas celui que l'on évalue de façon abstraite, et qui est l'objet propre de l'architecte, mais ce que l'on pourrait appeler la *matière optique de sa surface*, celle qui montre et qui transmet. Recherches des peintres romains visant à simplifier la technique de la fresque et à en rendre les effets plus puissants et plus durables, ou encore, toujours à Rome, créations des Cosmati illustrant de marbres polychromes les façades des nouveaux édifices, dans le prolongement des décors de Saint-Vital, ou enfin, relevant de cette même mouvance plastique issue de l'architecture, sculptures d'Arnolfo di Cambio dont les silhouettes à la fois savantes et massives recueillent dans les plis schématiques de leurs drapés l'ombre du jour : autant de découvertes et de leçons qui, jointes à celles, plus proches de l'art byzantin, de Cimabue, ont fourni à Giotto les éléments dont il pouvait s'inspirer pour renouveler l'art pictural.

Les fresques qu'il a réalisées à Assise ont permis au peintre de mettre en place les fondements d'une écriture visuelle qui ne reposerait plus, comme c'était le cas auparavant, sur l'identification des figures à des mots ou à des lettres, c'est-à-dire à des unités référentielles articulées l'une à l'autre par un système syntaxique rigide, mais sur une véritable *lecture spatiale*.

Cette mutation est déjà sensible dans les deux fresques des *Histoires d'Isaac* que Giotto a peintes sur la partie haute de la nef et qui sont des œuvres de jeunesse. Leur composition et leur style s'inspirent des bas-reliefs des sarcophages romains, mais la représentation des personnages y participe de façon beaucoup plus systématique et plus intime de celle du lieu où ils sont présentés. La netteté des silhouettes, l'importance accordée par le peintre au drapé des toges, s'harmonisent à l'architecture d'une chambre – limitée, en fait, à une alcôve –, inscrite dans une géométrie cubique aux lignes strictes que souligne un double dispositif de tentures, la première écartée devant la scène comme un rideau de théâtre, la seconde en occupant le fond. D'autres effets de correspondances mettent en valeur l'interdépendance étroite de l'espace et des personnages : la répartition des couleurs – l'ocre rouge de la robe d'Isaac faisant écho, par exemple, à celui de la tenture –, le fait que l'exiguïté de la pièce semble la faire adhérer au mur de la basilique comme s'il s'agissait d'un trompe-l'œil, que le style de la tenture, comme la manière dont elle est disposée sur la tringle entourant le lit, en particulier dans la fresque *Isaac repousse Esaü*, rappellent exactement ceux d'une autre tenture fictive, que Giotto a fait représenter dans la partie basse du mur, et qui court tout autour de la nef, le fait enfin que l'éclairage de la scène semble provenir directement des fenêtres de la basilique elle-même. Tout ceci concourt à susciter une incertitude étrange de la vision, le spectateur, bien qu'il ne puisse douter qu'on lui donne à voir une fiction, ne pouvant s'empêcher non plus d'être troublé par l'intégration de cette fiction à la réalité – elle même d'ailleurs en partie feinte – du mur qui la soutient. D'autres conséquences insolites induites par cette logique spatiale sont sensibles dans la scène elle-même. Si l'on peut supposer en effet que c'est l'étroitesse du lieu où il avait choisi de les montrer qui a incité le peintre à dissimuler partiellement certains personnages l'un derrière l'autre, la lecture de ces mises en scène ne saurait être, quant à elle, que narrative, puisqu'il s'agit d'épisodes de l'Ancien Testament, et le fait que des personnages soient situés en retrait par rapport à d'autres interprété comme une intention de leur part. Or aucun indice ne nous éclaire sur la pensée intime de ces êtres dont le visage demeure impassible : seules leurs mains, qui elles-mêmes paraissent ponctuer l'espace plutôt qu'exprimer des intentions, témoignent de l'humanité de ces êtres-objets tout à la fois absents et solennels, comme s'il leur importait exclusivement de signifier leur appartenance au monde lointain des mythes.

L'expérience devait prendre un tour beaucoup plus personnel dès lors que l'univers proposé à Giotto dans cette même basilique n'était plus celui de l'histoire sainte, que des générations d'artistes avaient marquée de leurs interprétations et de leurs styles, mais la vie d'un saint dont il aurait presque pu être lui-même contemporain, et qu'il lui fallait illustrer à l'intérieur même de la ville où celui-ci avait vécu, où demeuraient encore intacts les lieux qu'il avait connus.

L'*Hommage de l'homme simple*, qui est la dernière fresque réalisée par le peintre pour illustrer la vie de saint François, est également celle qui ouvre la série à partir du chœur de la basilique. C'est celle, aussi, où Giotto s'est montré le plus novateur. Rompant avec la mise en scène habituelle privilégiant dans l'illustration d'un récit l'action des personnages sur le décor devant lequel elle se passe, c'est ce décor même qu'il a choisi non seulement de mettre en lumière, mais de prendre pour axe principal de sa composition. Au centre de son image se trouve en effet la façade d'un petit temple à Minerve encore visible de nos jours sur la place principale d'Assise, et qui avait été transformé alors en église. Choix essentiel à double titre : il confirme la volonté du peintre de substituer dans l'économie de l'image l'ordre des relations spatiales à celui de la narration, et il y ajoute un effet tout à fait neuf et dans une certaine mesure incongru car il est apparemment redondant, celui de la *représentation du présent*.

Mais s'agit-il bien, en l'occurrence, d'une « représentation » ? Cette façade est en effet d'autant plus étrange que Giotto en a dégagé le mur intérieur de façon artificielle en amincissant à l'extrême le diamètre des colonnes qui le précèdent – modification qu'il pouvait être aisé de vérifier en faisant seulement quelques pas à l'extérieur de la basilique. Ce qui doit attirer essentiellement le regard ne peut donc être la ressemblance du temple avec son modèle mais l'espace vide de son mur dont la blancheur est atténuée par une légère pénombre, due à sa situation en retrait, et qu'interrompent seulement deux petites fenêtres grillagées. La partie avancée du bâtiment, supportée par la colonnade, et constituée d'un fronton triangulaire percé d'une rosace encadrée de deux figures d'anges en bas-relief est, elle, fortement éclairée, de même que les marches donnant accès au monument.

Etendu devant ces marches, dont il occupe presque toute la largeur, au bas de l'image, est placé un tissu également blanc mais de nuance un peu plus grise, dont on devine qu'il s'agit d'un manteau au dessin de l'encolure visible sur l'un des côtés. La complémentarité plastique du vêtement et de la façade, dont il semble être le reflet, donne à ce qui n'aurait dû être qu'un intervalle insignifiant du point de vue de l'illustration narrative une présence impérieuse, et telle que le spectateur ne peut qu'en attendre, au contraire, une révélation capitale. C'est seulement lorsque son regard se porte sur les parties gauche et droite de ce panneau double qu'il y découvre les protagonistes de l'histoire évoquée par la légende inscrite en dessous de la fresque, François d'Assise posant le pied sur le vêtement qu'un « homme simple » a étalé sur le sol afin de lui rendre hommage, et que celui-ci tient encore des deux mains, agenouillé devant lui. La légère avancée du saint dans le vide central de l'image, de même que, de l'autre côté, la tunique verte de l'homme agenouillé et son visage levé se détachant sur la blancheur des marches, sont les signes de la participation commune des deux personnages non à une simple anecdote, mais à l'énigme de ce mur opaque et de la rosace de son fronton, devant lesquels, comme sur un fond de théâtre, s'échangent leurs regards. A l'arrière de l'un et de l'autre se trouvent encore deux personnages, debout, et apparemment absorbés dans leur conversation, figures discrètement symboliques, car leur costume nous fait comprendre que ce sont des clercs qui accompagnent saint François, et des bourgeois l'homme agenouillé.

Mais un ultime élément de l'image attire encore l'attention du spectateur. Au-dessus du fronton du temple et au centre de la composition – c'est-à-dire au niveau de la rosace – est visible dans le ciel bleu ce qui paraît être le relief d'une console de bois. Il s'agit de l'amorce de l'iconostase de la basilique, qui y avait alors son appui. L'image telle qu'elle a été conçue par Giotto a donc pris également en compte une donnée de la réalité qui n'était pas seulement allusive, comme la représentation du temple, mais tangible, et qui associait de façon étroite la fresque à l'architecture de la basilique en ce qu'elle avait de plus sacré.
Cette intrusion du réel dans l'image lui apporte une dimension qui, projetée sur elle de l'extérieur, en anime de façon d'autant plus nécessaire et plus actuelle la structure, en lui donnant une fonction à la fois métaphysique et temporelle de *passage*. Le groupe formé par saint François et ses amis religieux qui se trouve en deçà de l'iconostase appartient au chœur de la basilique, celui des trois personnages de droite à la nef, c'est-à-dire au monde des fidèles. Le pas que fait saint François sur le vêtement de l'homme simple en s'apprêtant à franchir l'espace vide de la façade du temple est l'acte même de son entrée dans le monde, et dans l'histoire des hommes. Mais cette temporalité suggérée d'une

manière indirecte permet aussi de traduire l'esprit du texte de Bonaventure sans avoir à en illustrer de manière anecdotique le propos. « L'homme simple », précise en effet la légende, rend honneur au passage du saint en étendant son manteau devant lui : « affirmant en outre, inspiré, comme on le croit, par Dieu, que François est digne de tout respect, parce qu'il est près d'accomplir de grandes choses ». Seul un tel homme pouvait en effet introduire le saint du lieu sacré des offices dans celui des fidèles, car il était lui-même « inspiré ». C'est cette inspiration divine que confirme la proximité de l'iconostase et que relaie, à l'intérieur de l'image elle-même, la façade d'un temple qui était aussi celle d'une église. A l'arrière de ce mur muet sanctifié par une rosace, nous *savons* que Dieu est présent, qui a averti l'homme d'Assise sur le destin de saint François et qui assiste à leur rencontre comme il le fait à la dévotion des pèlerins.

Le petit temple placé au centre de la fresque est donc loin d'avoir pour seule fonction de servir de décor à une histoire – qu'il soit placé très près des personnages, et que la largeur de sa façade soit identique à celle du manteau de l'homme simple, lui enlève d'ailleurs tout réalisme –, ni même de lui imposer un certain module géométrique. Au schéma d'origine discursive – ou, plus exactement, alphabétique – qui présidait à la transposition de la narration en peinture depuis des siècles Giotto a substitué une structure visuelle fondée sur l'intervalle et sur son ambivalence. Si la représentation d'un lieu y joue toujours le rôle contextuel qui lui est imposé par le récit, elle le complète – et le trouble – par un autre, lié à l'effet de présence qui lui est propre. Comme le déterminatif ou la clé dans l'écriture idéographique, le mur du temple à Minerve, véritable *marqueur spatial*, est le témoin d'une valeur non explicitée, mais cependant essentielle, du message offert au spectateur. Ce procédé est très proche de celui que l'on rencontre dans le système hiéroglyphique, où la fonction de déterminatif peut être assumée aussi bien par un signe d'écriture que par la figure dont ce signe n'est lui-même que la version réduite et codée[1].

Les fresques représentant la vie de saint François que les moines d'Assise avaient commandées à Giotto pour décorer leur basilique lui avaient permis d'établir entre fiction et réalité, surface peinte et espace

1. Voir en particulier Pascal Vernus, « Des relations entre textes et représentations dans l'Egypte pharaonique », *Écritures II*, Paris, Le Sycomore, 1985, p. 45-70.

sacré, certaines correspondances élémentaires et fortes. La chapelle en l'honneur de la Vierge dont l'ornementation lui fut confiée par les Scrovegni, à Padoue, devait le conduire à donner à cette expérience une ampleur et une logique visuelle plus rigoureuses et plus systématiques, la question ne devant plus être désormais : « Comment peut-on *traduire un récit dans une image* ? » mais : « Comment l'image peut-elle *rendre visible un récit*, attirer à elle la narration au point de la faire bénéficier de son pouvoir de révélation ? »

Le fait est cependant que si l'on considère la première, par ordre chronologique, des suites « données à lire » dans la chapelle de l'Arena, celle de l'*Histoire des parents de la Vierge* située en haut du mur de droite, on doit constater que Joachim, identifiable par le même manteau rose qu'il porte dans chaque scène, semble s'avancer progressivement du chœur, où on le voit chassé du temple, vers le fond de la chapelle, où il rencontre sainte Anne à l'entrée de la porte d'Or.

Mais la lecture de cette série ne saurait se limiter au simple repérage d'épisodes se succédant linéairement de gauche à droite. La progression de Joachim se trouve en effet interrompue en son centre par une scène qui lui est étrangère – un ange vient annoncer à Anne la naissance prochaine de la Vierge –, scène d'autant plus remarquable qu'elle s'inscrit dans une architecture qui lui est également spécifique. La rupture, à la fois thématique et structurelle, créée par cet événement, pourrait faire croire que Giotto souhaitait le mettre en concurrence avec la linéarité du récit relatif au seul Joachim. Mais il ne s'agit pas de cela. Cette rupture est avant tout le signe, pour le peintre, de la hiérarchie qu'il établit entre les deux modes de représentation qui sont à sa disposition, celui, analogique, du discours – la narration – et celui du traitement direct de l'espace, qu'il entend lui préférer. La mise en scène narrative n'est pour lui qu'un prétexte, un « aide-mémoire », destiné à procurer au fidèle le naïf bonheur de retrouver, étape par étape, une histoire qu'il connaît depuis l'enfance du début jusqu'à la fin. De chacun des épisodes de cette suite – et il en va de même des deux autres, consacrées à l'histoire de la Vierge et à celle du Christ, – les leçons ne peuvent se comprendre à partir de données temporelles, lesquelles permettent seulement d'adapter ces leçons au monde des hommes, elles s'inscrivent dans la perspective transcendantale qui définit notre appréhension visuelle de l'espace.

Située apparemment en marge des autres épisodes évangéliques, bien qu'elle en constitue l'événement initial, la scène de l'annonce à sainte Anne est, en fait, une des images clés des fresques de Padoue. Soumettant ses personnages à un environnement spatial extrêmement présent et prégnant, puisqu'il s'agit d'une architecture, l'unité picturale qu'elle inaugure n'y gagne pas seulement une plus grande autonomie mais la possibilité de disséminer ses effets d'irradiation au-delà de son contexte immédiat. Le premier de ces effets consiste à attirer l'attention du spectateur sur les deux autres pôles architecturaux de la série, dont la fonction s'avère à la fois métaphorique – l'un signifiant l'interdiction faite à Joachim d'accéder à l'espace consacré par sa frontière de marbre, l'autre, au contraire, largement ouvert sur une porte, l'annonce de l'enfant futur – et métonymique, dans la mesure où ces architectures fictives sont l'une et l'autre directement associées à celle de la chapelle elle-même. Aussi doit-elle signaler également aux fidèles rassemblés dans la chapelle qu'ils sont devenus, par leur présence, les témoins de la décision que Dieu avait prise en des temps lointains de s'incarner parmi eux. Car ce n'est pas le passé qui importe d'abord en ce lieu saint – ce passé qui transforme en mythes, voire en légendes, les « récits de vie » de l'histoire sainte –, c'est le présent, et sous la forme absolue que peut seule lui donner la foi.

Telle est sans doute la raison pour laquelle Giotto a choisi l'architecture la plus humble et la plus quotidienne comme devant être la première source d'*énigme irradiante* de ses fresques. Dans l'entrée de la petite maison – ou de la chambre – où sainte Anne voit apparaître l'ange annonciateur, se tient en effet assise une fileuse, toute semblable à celles que l'on devait rencontrer, du temps du peintre, dans les maisons de Padoue. On a mis trop hâtivement cette trouvaille au seul crédit du génie réaliste de Giotto. Elle introduit en fait dans l'épisode, qui devait être uniquement centré sur la visite de l'ange à Anne, une rupture identique à celle que produit cet épisode lui-même à l'intérieur du roman de Joachim. La présence de cette fileuse ne se justifie pas au nom d'un surcroît de sens ou de vraisemblance qu'elle apporterait à la scène, et que l'on pourrait résumer par une formule, ou situer dans une histoire, mais au nom du lieu même où elle se trouve. Elle aussi est, à sa manière, un *marqueur spatial*, c'est-à-dire un élément destiné à intégrer la représentation d'un événement narratif dans le contexte visuel qui lui est propre. Elle nous révèle que la logique iconique ne repose pas sur une cohérence synthétisante, à la différence du discours, mais sur la simultanéité de ses éléments : autrement dit, que peuvent s'y trouver réunis, par hasard ou par la volonté d'un artiste, des objets et des figures hétérogènes l'un à l'autre ou qui s'ignorent mutuellement. C'est dans de telles rencontres que s'exprime le pouvoir d'énigme propre à l'image. Ce qui rend celle-ci plus insolite est que ses protagonistes sont séparés par une porte close. Placée à l'écart, mais nous faisant face, la fileuse semble investie d'une valeur qui, au contraire de ce qu'implique la stratégie narrative, est centrifuge. Elle incite le spectateur à chercher à l'extérieur de l'« histoire », dans l'espace ouvert de la chapelle, des correspondances, un réseau, qui pourraient satisfaire son inquiétude en lui faisant attribuer un sens, enfin, à cette figure.

Giotto s'est employé lui-même à guider notre recherche. La maison de sainte Anne est en effet reproduite par lui à l'identique sur le mur gauche de la chapelle, pour illustrer la naissance de Marie. Mais cette fois-ci, la cloison qui sépare la chambre de l'entrée n'a pas une fonction de clôture : au contraire, la porte en est ouverte, et une femme vient y accueillir une servante, qui lui apporte des linges. Absorbée dans son ouvrage, la fileuse du précédent épisode l'était donc de façon intentionnelle. Mais pourquoi ? C'est en parcourant du regard la surface du mur où elle se trouve que l'on finit par découvrir une silhouette dont la blancheur semble faire écho à la sienne et qui, elle aussi, tient une quenouille : il s'agit de l'allégorie de la Tempérance, située à peu près exactement au-dessous de la fileuse, mais près du sol, au niveau où se réunissent les fidèles.

L'invite à associer les images peintes à leur support architectural ne traduit pas seulement, chez Giotto, le souci de donner à ses figures une certaine assise locale : elle correspond d'abord pour lui au besoin d'articuler représentation iconique et réflexion, apparence et signification. A la mise en scène narrative développée sur la partie haute des murs de la chapelle, la frise de panneaux de faux marbre alternant avec des allégories peintes en grisaille qui court le long de leur partie basse s'oppose non pas comme une composition relevant d'un style différent, mais comme un ensemble ordonné d'images de mémoire destiné à en assurer le relais conceptuel. De la fileuse solidement campée sous son porche aux fantômes côtoyant les fidèles comme autant d'ombres sentencieuses, le peintre n'a pas renié ses pouvoirs : au contraire, il les a affirmés en se dégageant des conventions auxquelles l'illusion réaliste l'avait tout d'abord soumis. Faux marbres et figures en grisaille échappent à l'ordre du discours comme à celui du réel. Ils témoignent du fait qu'entre illusion et révélation, fiction et réalité, le partage ne se fait pas, en peinture, au nom d'une fidélité supposée aux choses – ce que suggère la logique narrative – mais à travers les seules mutations de sens induites par le voisinage spatial. Affichant leur origine plastique qui est celle du trompe-l'œil, les figures allégoriques mettent moins en valeur la référence abstraite qu'elles sont censées incarner que le support qui fonde leur présence, ce marbre fictif dont l'image close sur elle-même fait suite à chacune d'entre elles, modulé selon des normes d'encadrement qui sont identiques aux leurs comme pour souligner leur connivence, mais dont les veinures s'offrent à la contemplation sans que s'en dégage encore ni forme ni contour.

Les représentations de marbres jouent, dans l'ensemble des fresques de la chapelle de l'Arena, un rôle fondamental. Sans doute le choix de ce motif a-t-il été inspiré à Giotto par les œuvres des sculpteurs romains et pisans qui lui étaient contemporains. Mais il prend ici une valeur stratégique tout à fait originale. A l'événement ponctuel extrait d'une narration parce qu'il marque une péripétie décisive dans la chronologie d'un destin, il a permis à Giotto de substituer l'expérience de l'*instant suspensif* qui surgit lorsqu'un objet ne représentant que lui-même, une apparence pure – un espace vide –, vient s'interposer entre le regard et la figure que celui-ci cherche à voir. Ce ne sont d'ailleurs pas seulement les marbres mais, comme à Assise, les tissus qui, dans les fresques de Padoue, ont cette fonction de masques révélateurs. La clôture de marbre dérobant le prêtre à la vue de Joachim dans la première scène de son histoire a son équivalent dans le large manteau jaune de Judas dissimulant le Christ au moment où il le trahit par son baiser. Ce qui, dans l'image, paraît fatal ne renvoie pas aux catégories du futur ou du passé, c'est-à-dire à une absence, mais à un présent devenu autre, un présent, au sens propre du terme, *aliéné*.

Aliéné par ce qu'il cache, ce présent visuel peut l'être aussi, et sans doute l'est-il d'abord, par ce dont il introduit l'apparition. Portes ouvertes, tentures, font partie des marqueurs spatiaux dont Giotto systématise à Padoue l'usage qu'il en avait découvert à Assise. La scène de l'Annonciation à la Vierge apporte à cette structure une dimension supplémentaire. Cette scène est présentée en effet en deux compartiments distincts situés de part et d'autre du chœur de la chapelle – l'archange Gabriel à gauche, la Vierge à droite – reliés par un petit rideau en trompe-l'œil suspendu à un fil traversant la nef, ainsi que par un décor d'architecture dont la perspective a son centre au-dessus de l'autel qui les sépare. L'objet de cette composition n'est pas de représenter une scène : il est de donner accès à la révélation dont cette scène est elle-même tributaire, celle de Dieu présent dans l'abside où il demeure invisible, et devant lequel semblent s'écarter ces deux personnages peints mimant l'annonce de son incarnation.

Le support pictural que Giotto utilise pour cette mise en scène n'est plus le seul espace mural de la chapelle, mais l'ensemble de son architecture conçue comme le théâtre d'une expérience qui ne se réfère à aucune autre, la découverte du divin. Car le mur décoré d'images d'une église ne peut être un simple espace narratif : il est d'abord une frontière, un écran, entre le monde des hommes et celui de l'invisible, le domaine propre des apparitions. La dissémination spatiale des figures et le jeu du montré/caché qu'y introduisent marbres et tissus ne se justifient pour Giotto qu'eu égard à la relation métaphysique qui oppose l'intérieur de la chapelle à ce qui lui est extérieur, et qui fait de ses surfaces autant de plaques sensibles de l'au-delà. Cette préoccupation est évidente dans chacun des panneaux : c'est elle qui les relie aux parois du chœur et du fond, comme je l'ai dit, mais aussi à l'arc des fenêtres, comme à la bande peinte dans le style des marqueteries cosmatesques unissant les deux côtés de la nef par une arcade fictive. Et la voûte d'un bleu d'« outre-mer » suggérant un ciel étoilé que traverse cette arcade est en fait, comme elle l'était à Ravenne ou, plus lointainement encore, dans l'Egypte pharaonique, non seulement l'image concrète et le symbole de la transcendance – ce que prouve la présence de ce même bleu occupant le fond de toutes les scènes sur lesquelles s'appuie la voûte, alors que beaucoup d'entre elles ont lieu en plein jour – mais le témoignage de sa présence.

De ces inventions, cependant, la plus étrange est sans doute celle qu'a suscitée la paroi d'entrée de la chapelle, parce que s'y combinent directement et étroitement illusion perceptive et dévotion. Lorsqu'on ouvre son portail, en effet, la lumière surgissant de l'extérieur inscrit dans l'espace de la nef une barre verticale qui éblouit. Mais le portail une fois fermé, le fidèle découvre peu à peu au-dessus d'elle, dans le même axe, peinte en un blond clair que fait vibrer le souvenir tout proche de sa lumière, la croix abandonnée par le Christ, dont la verticale conduit alors le regard un peu plus haut, vers le Christ du Jugement dernier trônant dans sa mandorle, et placé à son tour sous la lumière d'une grande fenêtre trilobée. Tout semble se passer ici comme si la réalité des hommes avait acquis le pouvoir de rejoindre elle-même la transcendance où l'entraîne une initiation hallucinée.

Car cette métamorphose n'est pas de l'ordre de la magie agissant de façon physique sur la nature des choses ou des êtres. Elle se fonde sur la seule méditation de leur apparence, c'est-à-dire sur une vision indifféremment offerte à l'illusion ou à la vérité, entre lesquelles le partage ne peut se faire qu'au nom d'une adhésion personnelle, ou d'une foi. Son modèle est la lecture, une lecture que ne régit plus le déchiffrement alphabétique et ses alignements contraignants, mais l'interrogation plus ou moins aléatoire des surfaces inspirées d'où elle est née. C'est ce que nous signalent les deux anges qui, à l'ultime sommet du paradis, ouvrent le ciel comme un *volumen*. Ici, on ne mange pas le texte sacré, on n'en incorpore pas le savoir ou la sagesse, on en contemple l'espace, et les symboles glorieux. Dans la scène de la crucifixion, la tunique du Christ ne nous est pas montrée comme une dépouille : elle est une réalité se suffisant à soi-même, dégagée de toute allusion à l'individu qui la portait – lequel bientôt redeviendra Dieu –, comme à cette vie terrestre qui aura été provisoirement la sienne, et dont on aura suivi le récit le long des murs, uniquement rayonnante de son « lumineux secret » d'image.

C'est de cette dissociation entre corps et apparence, surface et anecdote, que les peintres ont fait se lever des *récits* à leur convenance. Une succession de figures, pour eux, conduit toujours à un assemblage polymorphe – telles les femmes voilées de Laghouat pour Fromentin ou les baigneuses d'Ostende pour Spilliaert – ou bien à une collection litanique, comme les photographies de drapés de Clérambault. Elle peut aussi, s'emparant du feuilleté du livre, y faire s'évanouir toute trace comme une marée qui se retire, jusqu'à ce que l'image réapparaisse enfin, presque absente, dans l'énigme initiale de son support. C'est ce que nous montrent certaines créations récentes sur calque, comme celles de Philippe Clerc[1].

1. Philippe Clerc, *OX* n° 79, *Dieppe, marée basse*, mars 1998 ; *OX* n° 158, *Dieppe, cerfs-volants*, octobre 2004. Voir également sur ce sujet mes articles « Narration and Visual Thought : Philippe Clerc's *Revues-Images* », *Verbal-Visual Relations*, San Diego University Press, 1997, et « Idéogramme et création visuelle : la revue-image *Riga* » dans Nathalie Roelens et Yves Jeanneret (dir.) *L'imaginaire de l'écran*, Amsterdam-Atlanta, Rodopi, 2004, p. 237-248.

chapitre 6
propositions sur la pensée visuelle de Gaëtan Gatian de Clérambault

L'intérêt que le psychiatre Gaëtan Gatian de Clérambault portait aux étoffes est bien connu. L'est un peu moins, car il a été découvert récemment, celui qui l'attirait vers la photographie, et qui l'a conduit à réaliser un nombre impressionnant de clichés représentant des personnages, des femmes le plus souvent, tous revêtus de drapés ou les faisant mouvoir[1].

Ces photographies sont fascinantes parce que leur originalité semble aussi évidente au premier regard qu'il est difficile de dire à quel genre elles appartiennent. S'agit-il de portraits ? Certes, l'absence fréquente de visages sur les clichés le rend-il fort peu probable. Pourtant, l'isolement concerté des personnages dans un espace lui-même artificiellement recomposé – on sait que Clérambault n'a pas apporté à ses photographies de groupe prises au hasard un soin égal à celui dont ses grandes figures solitaires ont fait l'objet –, leur présentation en pied et immobiles, nous les donnent à voir comme des portraits. Mais ce que nous voyons ne consiste qu'en vêtements blancs, parfois rayés, déployés de

1. Voir Serge Tisseron (dir.) *Gaëtan Gatian de Clérambault, psychiatre et photographe*, Paris, Les empêcheurs de penser en rond, 1990.

manière théâtrale par des corps dont la pose convenue fait qu'ils ne sont pas seulement dissimulés par ces voiles mais qu'ils en paraissent inexistants. Seraient-ce alors des documents ethnographiques ? Nous savons en effet que ces costumes sont des costumes du Maroc, et la précision remarquable des clichés se justifie certainement par le souci du photographe de bien en faire percevoir tous les aspects. Mais que vaut une information aussi partielle, bien qu'elle soit d'une pointilleuse minutie, pour notre connaissance du peuple marocain ? Il fallait nous montrer ces femmes et ces hommes dans leurs activités, dans leur cadre, et non pas faisant ainsi mouvoir leurs voiles de façon quasi imperceptible, d'une image à la suivante, devant le même mur de mosaïque ou dans le même jardin.

Photographies de drapés, alors ? C'est certain. Mais l'intention de l'auteur en demeure tout aussi énigmatique. Clérambault était doué pour le dessin et il avait fait des études d'art dans sa jeunesse : or on sait que l'étude du drapé fait partie de l'enseignement académique. Elle y joue toutefois un rôle infiniment moins important que celle du nu et de l'anatomie – et l'on peut supposer d'ailleurs que l'une des raisons pour lesquelles les cours que Clérambault avait obtenu d'assurer à l'Ecole nationale des Beaux-Arts furent suspendus est le choix qu'il avait fait de traiter un tel sujet. D'autre part, s'il est vrai que les peintres du dix-neuvième siècle découvrant l'Afrique du Nord furent tous tentés d'assimiler les vêtements portés par les indigènes à ceux de l'antiquité grecque et latine que leur formation classique leur avait rendus familiers, ils n'ont jamais fait de ces drapés un motif d'étude systématique. Enfin, le recours à la photographie est éminemment contradictoire avec la justification académique des représentations de drapés : celles-ci doivent servir à exercer l'œil mais surtout la main de l'artiste, sur des surfaces dont la matière et les volumes complexes sont d'un rendu graphique délicat. Quelques clichés préparatoires se comprennent sans aucun doute, comme ceux que faisait faire Delacroix, mais des milliers…

Ces images, de quelque manière qu'on les aborde, nous renvoient de façon invincible à leur auteur comme si l'on ne pouvait trouver qu'en lui la solution de leur énigme. Mais ce n'est pas le moindre de leurs paradoxes. Les trois définitions que je viens d'ébaucher ont en effet en commun de refléter la volonté de Clérambault d'agir de manière *objective* en faisant œuvre de photographe. Ces larges tissus exhibés de façon ostentatoire, c'est à un public abstrait qu'il les destine, il les a mis en scène afin de transmettre un *savoir*, non pour susciter l'émotion ou la traduire. Comment se fait-il donc que des images aussi peu expressives puissent nous apparaître à un tel point comme des œuvres personnelles ? Cette question en entraîne une autre, qui est celle de la relation existant entre la représentation de costumes qui nous est proposée dans ces images et l'intérêt que Clérambault a manifesté sa vie durant aux étoffes. Si la persistance de cet intérêt peut nous conduire à supposer qu'elle est issue d'une unique et même obsession, il importe en effet d'autant plus de distinguer l'une de l'autre ses différentes expressions. Précisément parce qu'il était un « amateur » de tissus Clérambault ne pouvait qu'être très sensible à la diversité de leurs usages et de leurs effets. Il est indispensable en particulier de ne pas confondre, du point de vue même de sa curiosité « hyphéphilique », ce qui relève chez lui de l'expérience personnelle, des observations cliniques, ou de celles qu'il a pu faire au Maroc.

Les textes dont nous disposons, et les expériences auxquelles ils se réfèrent, renvoient à deux étapes différentes de la vie et de la carrière de Clérambault. *La passion érotique des étoffes chez la femme*, de 1908, s'inscrit dans un contexte purement clinique. *La classification des costumes drapés*, en 1928, fait suite à la découverte du Maroc et à la réalisation de ses photos, comme à l'enseignement du drapé que le psychiatre avait assuré de 1923 à 1926 à l'Ecole nationale des Beaux-Arts. On ne peut qu'être frappé par la disparité de ces deux textes, qui traitent pourtant du même sujet.

Le premier se concentre tout entier sur le *toucher* des étoffes. Clérambault préfère d'ailleurs le terme d'« aptophilie » à celui d'« hyphéphilie » pour désigner la passion de ses malades : « ... La palpation de l'étoffe est ici nécessaire, sa représentation mentale, son bruit même ne peuvent y suppléer, la notion de possession de l'étoffe est ordinairement négligeable ; les sensations épidermiques sont nécessaires et décisives » écrit-il[1].

La texture de cette étoffe est, elle aussi, déterminante : « Les diverses sortes de soie agissent inégalement, la fourrure n'a pas été mentionnée, le velours est apprécié mais jugé inférieur à la soie »[2].

1. G.G. de Clérambault, « Passion érotique des étoffes chez la femme » dans *La passion des étoffes chez un neuro-psychiatre*, Paris, Solin, 1990, p. 33.
2. *Ibid.*

Ces distinctions sont importantes parce qu'elles confirment le caractère physique d'une telle passion mais aussi parce qu'elles en déplacent l'origine d'une attirance d'ordre pathologique vers un comportement érotique aux références plus habituelles, sinon codées : « ...tandis que l'homme demande à l'étoffe, dans la mollesse, un ensemble de caractères tout féminin, la femme demanderait, outre la douceur superficielle, une sorte d'énergie interne rappelant le muscle ou toute autre tension, comme on voudra »[1].

De la sensibilité « naturelle » à la passion maladive la différence est seulement affaire d'amplitude :

> L'hyperesthésie tactile élective n'est ici un fait pathologique que par son intensité, car elle se rencontre normalement à un faible degré, chez presque tous les individus affinés, on peut même dire qu'elle fait partie du sens artiste. De même la synesthésie génitale morbide n'est ici que l'exagération d'un fait susceptible de se produire chez un sujet sain, mais la morbidité résulte de ce que l'impression agréable, au lieu de n'être qu'un adjuvant, parmi bien d'autres, d'une excitation déjà née, provoque cette excitation à lui seul[2].

Cette observation a valeur de confidence – il ne saurait faire de doute que Clérambault s'estimait lui-même doué du « sens artiste », et nous trouvons donc ici confirmation de sa sensibilité personnelle aux étoffes –. Mais elle nous révèle également que leur appréhension tactile constitue pour le psychiatre un usage *finalisé* des tissus, c'est-à-dire une exploitation bornée ou qui en serait comme dévoyée.

Clérambault est, à vrai dire, curieusement évasif sur ce sujet. Lorsqu'il affirme que ses malades jouissent de la soie « sans plus de rêverie qu'un gourmet solitaire savourant un vin délicat »[3], on ne sait en effet si l'on doit comprendre que l'absence d'imagination visuelle est véritablement dommageable à leur expérience – ou si elle n'en constitue, au contraire, qu'un inconvénient mineur. La raison de cette ambiguïté réside, me semble-t-il, dans le fait que les femmes qu'il observe lui paraissent vraisemblablement s'être égarées, n'ayant aucune sensibilité visuelle aux étoffes, dans un univers qui se trouve doublement dénaturé : « Dans leur contact avec la soie, dit-il, elles sont passives, leur personnalité est close

1. G.G. de Clérambault, « Passion érotique des étoffes chez la femme », *op. cit.*, p. 41.
2. *Ibid.*, p. 33-34.
3. *Ibid.*, p. 35.

par rapport au monde extérieur : dénuée de vision, dénuée de désir ; le sexe adverse n'existe plus ; leur jouissance est bien génitale, mais se suffit tellement à elle-même qu'on pourrait la dire asexuée »[1]. Cependant elles témoignent aussi, à travers leur manière étrange d'être « séduites » par la soie, d'une intuition des étoffes où celles-ci n'interviennent pas seulement comme des matières manipulables mais également, et de façon plus essentielle, comme des *surfaces* : « Parmi les qualités intrinsèques de l'étoffe l'uniforme fraîcheur due à la nouveauté semble être spécialement appréciée (du moins dans la soie) et des marques de froissement la déprécieraient »[2].

L'érotisme de *l'Autre-peau*, telle serait, pour paraphraser le titre du livre de Didier Anzieu, *Le Moi-peau*, l'expérience des malades de Clérambault atteintes de ce qu'il appelle « hyphéphilie ». Elles auraient élu la soie comme une sorte d'agent sublimé de l'émotion amoureuse, d'autant plus idéal qu'il est factice, envoûtées par ce tissu dans la mesure où sa nature serait à la fois la plus étrangère qu'il soit possible à la leur et cependant aussi la plus voisine.

A l'opposé, la matière du haïk ou du drapé antique indiffère à Clérambault, de même que sa vertu tactile. Lorsqu'il évoque dans ses *Recherches technologiques sur le drapé* « la laine fine blanche unie » d'un châle[3], c'est parce qu'il s'agit d'un châle qu'il exhibe pour illustrer son propos et afin de mettre en valeur la qualité de son tissage et, plus encore, sa couleur. D'autre part, s'il ne peut lui avoir échappé que cette surface constitue également une « peau » pour les individus qui la revêtent, il l'envisage seulement comme un costume, c'est-à-dire comme une apparence à valeur purement indicielle et symbolique. Ce n'est que pour laisser deviner derrière l'exposé objectif de leur choix vestimentaire leur malaise psychologique qu'il lui arrive de décrire la tenue de ses patientes[4]. La note qu'il consacre à la *Classification des costumes drapés*, en 1928, obéit à une préoccupation similaire. Mais elle prend une dimension plus abstraite en devenant ethnologique :

> Le scapulaire spiral est de tous lieux et de tous temps ; c'est un drapé universel. Il a atteint son apogée comme dimensions, complications et

1. *Ibid.*, p. 38.
2. *Ibid.*, p. 35.
3. *Ibid.*, p. 57.
4. Voir par exemple « Contribution à l'étude de la folie communiquée et simultanée », 1902, dans G.G. de Clérambault, *Œuvres Psychiatriques*, Paris, Frénésie Éditions, 1987, p. 8.

> esthétique dans les milieux gréco-romains et islamiques, autrement dit dans le monde méditerranéen.
> Par contre, le spiral pelvien ne s'est développé qu'en de certains temps et de certains milieux : Assyrie antique, Egypte antique, Inde actuelle et monde malais. Ainsi, les aires de prévalence des deux formules sont l'une méditerranéenne, l'autre répartie autour de l'océan Indien[1].

A la vérité, on pourrait dire que ces drapés ont intéressé Clérambault parce qu'ils constituaient également à ses yeux un « Autre-peau ». Mais la formule est à interpréter dans un sens très différent de celui que nous lui avons donné précédemment. La distinction faite en latin entre *alter* et *alius* doit aider à bien la comprendre. Ce n'est pas en effet *l'autre* comme complément ou comme double – ni même comme indice métonymique de soi – que révèlent ces drapés, c'est *l'altérité dans son essence* c'est-à-dire dans sa valeur d'*alius*, d'étrangeté que relie à son observateur un pacte de connivence aussi nécessaire et contraignant qu'inexplicablement arbitraire. *Alius*, le drapé de Clérambault l'est à la fois dans le temps et dans l'espace. Les sociétés exotiques où on le rencontre sont aussi bien les lointaines cultures antiques, dont ne subsistent que des fantômes figés par la statuaire, que des peuples contemporains ignorants des valeurs occidentales ou indifférents à elles, comme la société marocaine. Ce n'est sans doute pas un hasard si le *blanc* en est pour Clérambault la couleur emblématique : elle manifeste mieux que toute autre la nature théorétique de l'objet où elle s'incarne. L'extension sociale remarquable de cet objet incite d'ailleurs à voir en lui autre chose qu'un simple instrument vestimentaire. On pourrait la comparer à celle de l'écriture. Comme la civilisation de l'écriture, en effet, celle du drapé se caractérise par le fait qu'elle outrepasse les frontières des groupes définis par une cohérence linguistique donnée et, elle aussi, de façon visuelle. Elle témoigne d'une pensée culturelle d'un autre ordre, plus énigmatique et plus vaste, que celui du strict échange social. De même que l'écriture repose sur l'intégration originale des spécificités médiatiques de l'image à la logique du système verbal, elle induit une philosophie autonome de l'apparence corporelle.

La comparaison n'a rien de gratuit en elle-même et, moins encore, du point de vue de Clérambault. Car c'est sous le signe du visible – et du visible graphique –, que celui-ci a placé sa note sur le drapé. A l'abstrac-

1. « Classification des costumes drapés » dans *La passion des étoffes*..., *op. cit.*, p. 50.

tion ethnologique correspond en effet, dans ce texte, une conception de l'analyse fondée sur le diagramme. C'est à un diagramme qu'aboutissent les descriptions réalisées à partir de drapés concrets :

> Le schéma cercle et le schéma sautoir, l'un thoracique, l'autre scapulaire, s'étant ajoutés l'un à l'autre, le diagramme ainsi obtenu (diagramme en boucle) est devenu à son tour générateur de plusieurs formes importantes : toge consulaire, toge impériale. Ces deux formes, qui semblent très complexes, ne sont autre chose qu'un diagramme en boucle suivi d'un additif spiral. La notion du diagramme en boucle les éclaire et les sort de leur isolement[1].

Diagramme synthétique et dynamique à la fois où se dissout, au bénéfice d'une généralisation de nature purement géométrique, tout souvenir d'une matière. Mais les schémas qui y conduisent ne sont pas moins instructifs. Clérambault les a conçus, en effet, en y incluant une part verbale, que l'on pourrait caractériser comme *la formule descriptive* du drapé :

> Un costume drapé doit être défini par le schéma de sa construction. Ce schéma est fourni par trois ordres d'éléments : 1) le point d'appui principal ; 2) le mouvement d'étoffe partant de ce point ; 3) les noms des zones recouvertes, et la façon de s'y adapter. Exemple : "drapé scapulaire spiral, corps en tête ; fausse manche gauche, finition céphalique avec renvoi"[2].

Ainsi, décrire un drapé, pour Clérambault, ce n'est pas « tout dire » de l'objet mais en combiner en un même système le vocabulaire distinctif et les éléments de surface eux-mêmes limités à deux catégories considérées comme seules pertinentes, celle des points générateurs de lignes et des formes qui en découlent. La méthode est hétérogène. Faut-il dire qu'elle est incohérente ? Un détour par la littérature nous prouve que non. Francis Ponge revendique en effet la même :

> En somme voici le point important : PARTI PRIS DES CHOSES *égale* COMPTE TENU DES MOTS.

1. *Ibid.*, p. 51.
2. *Ibid.*, p. 49.

> Certains textes auront plus de PPC à l'alliage, d'autres plus de CTM ... Peu importe. Il faut qu'il y ait en tout cas de l'un *et* de l'autre. Sinon, rien de fait[1].

Certes, les intentions de Clérambault et de Ponge sont très différentes : Ponge cherche à reconquérir à travers des mots choisis un objet qui le fascine, et il emprunte aux dictionnaires non seulement les mots eux-mêmes – parce que ce sont des objets de même nature que ceux du monde[2] – mais le délire étymologique où son expérience personnelle de l'objet pourra se reconnaître. Toutefois, le principe qui gouverne leurs descriptions est identique : c'est « le regard de-telle-sorte-qu'on-le-parle », comme le dit Ponge[3], un regard qui, à la différence de celui de Merleau-Ponty, ne participe pas du corps, ne se commet pas avec « ce gros sac [...] indolore, la plupart du temps, je le veux bien, mais toujours si volumineux, pesant, incommode », pour reprendre une autre formule du poète[4], mais relève de la pure optique : « Comparer à la position du sujet dans le monde (et dans la phrase ?) celle du *foyer* en optique, écrit Ponge. La science de l'optique nous en apprendrait je crois beaucoup sur l'homme[5] ».

C'est parce qu'il était un tel homme, un *foyer optique*, non pas centre ou maître du monde – son univers n'a rien de cartésien – mais analyste minutieux du visible, que Clérambault a complété ses descriptions de drapés par leur présentation sur des mannequins. Le fait qu'il ait eu recours à ces petits modèles de bois articulés afin d'illustrer ses conférences et qu'on en ait retrouvé plusieurs dans son appartement, sur lesquels il ajustait des tissus, a été interprété à tort comme un caprice, sinon comme une manie. La présence de telles poupées est tout à fait naturelle dans l'atelier d'artistes appartenant à la mouvance des Beaux-Arts, qui était celle de Clérambault. Elle leur est même indispensable

1. Francis Ponge, « My creative method », *Méthodes*, Paris, Gallimard, 1961, p. 20.
2. « Qu'est-ce qu'un langage ? Sinon un univers, comme l'autre, mais un univers *fini*, qui comporte moins d'objets que l'autre », « Réponse à une enquête », Francis Ponge, *Méthodes*, *op. cit.*, p. 232.
3. Francis Ponge, « Les façons du regard », *Le parti pris des choses*, Paris, Poésie-Gallimard 1967, p. 120
4. Francis Ponge, « Du corps », *Méthodes*, *op. cit.*, p. 186-187. Voir Merleau-Ponty, *L'œil et l'esprit*, Paris, Gallimard, 1964, p. 19-20 : « La vision est prise ou se fait au milieu des choses, là où un visible se met à voir, devient visible pour soi et par la vision de toutes choses, là où persiste, comme l'eau mère dans le cristal, l'indivision du sentant et du senti ».
5. Francis Ponge, « De l'infini », *Méthodes*, *op. cit.*, p. 183. J'ai traité plus longuement des rapports de Francis Ponge avec l'écriture dans « Les mots, l'écrit : l'usage du dictionnaire chez Francis Ponge », *Lexique* n° 12/13, 1995, Villeneuve d'Ascq, Presses universitaires du Septentrion, p. 319-330.

s'ils veulent étudier les draperies : grâce à elles le peintre peut reconstituer en miniature les différentes attitudes du corps humain et susciter ainsi à l'identique les effets de tissu qui en résultent. Ce qui est étonnant chez Clérambault, ce n'est pas tant l'usage de ces mannequins que le fait qu'il soit exclusif, qu'il ne s'accompagne jamais de recherches anatomiques, et ne soit pas non plus suivi de dessin ou de peinture. C'est le drapé-sur-l'homme mais sans l'homme, l'exercice de pose de vêtement mais sans son exploitation graphique qui l'intéressent, autrement dit *la pensée pure de la draperie* dégagée de toutes ses implications corporelles, que celles-ci concernent son support ou les manipulations artistiques auxquelles elles auraient dû donner lieu.
Le recours au mannequin, dans les conférences de Clérambault sur le drapé, est en fait étroitement parallèle à la méthode descriptive qu'il en propose. Dans la mesure, tout d'abord, où l'un et l'autre combinent également dans leur système l'intervention d'une structure langagière ou assimilable à celle d'un langage – aux mots choisis de la définition correspondent très précisément les articulations du mannequin – et une autre, qui se superpose à elle et la justifie, mais qui relève d'un ordre et d'un champ différents, ceux du visible : le schéma de construction, le drapé lui-même. Il est remarquable, d'autre part, que la visée des deux démarches soit également *idéalisante*. Dans le cas de la description elle conduit à un diagramme. La mise en scène sur un mannequin aboutit quant à elle à la restitution symbolique du drapé antique, comme Clérambault le note lui-même avec émotion :

> L'auteur a présenté en outre une figurine articulée, de trente centimètres de haut, drapée dans un peplos classique, avec rabat devant et derrière et ouverture latérale droite, les deux bords de trame du peplos (ceux qui circonscrivent l'ouverture) étant ornés d'un petit ourlet festonné, cousu au fil rouge, bien distinct. Pour la première fois depuis l'antiquité, une figuration du peplos était intégralement exacte et rendait son effet complet[1].

1. G.G. de Clérambault, *La passion des étoffes…*, *op. cit.*, p. 57. Les dossiers préparatoires de Clérambault, qui nous sont connus depuis peu, confirment, par la diversité des documentes collectés – photographies de toutes origines, notes, descriptions, croquis – et le systématisme de leur classement en types formels de drapés, ce rêve paradoxal et contradictoire d'un syncrétisme qui aurait valeur à la fois de vérité historique et d'idéal rationnel. Ils permettent également de vérifier que Clérambault ne reconnaissait au dessin qu'un rôle fonctionnel. Les dessins de lui que l'on trouve dans ces dossiers sont en effet de trois sortes : des copies – voire de simples calques – de gravures ou de photographies représentant des drapés,

C'est dans cette perspective que s'inscrivent les photographies réalisées par Clérambault ou, tout au moins, que celui-ci les justifie au moment où il rédige ses notes. Ce n'est pas leur qualité matérielle qui importe pour lui mais leur fonction. Si le mannequin, en tant qu'objet, n'est que le préliminaire physique, l'accessoire concret et obligé d'un drapé conçu avant tout comme une *visibilité abstraite*, la photo en est le dépôt second, le résidu. Elle ne mérite intérêt que du point de vue de sa faculté analytique :

> Il y a urgence à faire le recensement et le relevé de tous les drapés encore existants. Les agencements traditionnels se simplifient, s'abâtardissent ou disparaissent. Les photographies prises sans but analytique permettent rarement de reconstituer un agencement[1].

Assurément, les photographies marocaines de Clérambault ont été prises dans une intention « analytique ». On le constate au fait qu'elles ont été, pour la plupart d'entre elles, numérotées, de manière à ce que les différentes étapes de l'agencement du drapé puissent se dégager facilement de leur succession. Ces séries sont incomplètes dans l'état actuel du fonds mais on y trouve des images portant les numéros 30, ou 47, signe que l'entreprise a été systématique et conduite avec une extrême minutie. Cette intention apparaît aussi dans les séries de quatre ou six clichés que le photographe a disposés les uns à côté des autres sur un même support de carton et qui visent, de façon simplifiée, au même effet. Il est plus surprenant de la retrouver à l'intérieur des images elles-mêmes. C'est elle qui donne aux personnages leur caractère inexplicablement insolite. Toute « analytique », en effet, est la manière dont ces *porteurs de drapés* nous sont montrés. Car on ne peut définir autrement ces hommes et ces femmes pétrifiés dans un geste d'une précision et d'une originalité remarquables mais dénué d'une valeur expressive ou psychologique quelconque. Photographiés à peu près tous avec la même distance de prise de vue, sur un fond neutre de verdure ou, plus fréquemment, de mur ou de tenture, ce sont, comme les poupées d'atelier,

et dont il a souligné le plus souvent certains aspects qu'il jugeait plus significatifs; des exercices de schématisation visant à dégager d'un motif, comme s'il s'agissait de deux géométries parallèles et complémentaires, plis invariants du drapé final et structure de son élaboration gestuelle; des transpositions de ces mêmes schémas en deux couleurs, le corps étant esquissé à la façon très rudimentaire d'un mannequin par un trait rouge et les éléments des voiles indiqués au crayon bleu. Diagrammes et aide-mémoire, ces dessins n'obéissent à l'évidence à aucun objectif d'art, plastique ou esthétique.

1. G.G. de Clérambault, *La passion des étoffes ...*, *op. cit.*, p. 52.

des mannequins. Uniquement préoccupés de leur pose et de la phase d'habillage qu'elle leur permet d'exhiber, ils ne nous livrent rien d'eux-mêmes sinon parfois, les femmes, les petites filles surtout, le sourire furtif de qui s'étonne du rôle qu'on lui fait jouer mais tient aussi à le bien remplir. Touchant et fascinant décalage que celui-ci, entre une pratique instrumentale plus proche de celle de la gravure de mode que de l'imagerie scientifique, et la générosité d'une société déployant avec confiance, sans en comprendre le motif ni s'en soucier, l'archaïque complexité de sa tradition vestimentaire, – le plus troublant étant peut-être encore qu'en procédant de cette manière Clérambault ait évité le piège dans lequel tant de ses prédécesseurs étaient tombés, et qui a fait de leurs clichés des caricatures ou des pastiches : celui du voyeurisme ethnographique.

Mais c'était seulement *l'analyse* qui intéressait le photographe, non le *réel* et les problèmes d'interprétation et de transposition qu'il pose. La preuve en est que les clichés les plus convaincants de Clérambault sont ceux où le visage du modèle se trouve dissimulé au point que son regard même est invisible. Rien ne vient nous distraire alors du but que s'est fixé l'opérateur et qui est le même que celui qu'il donnera à ses descriptions : dégager du vêtement son schéma à partir de ses deux éléments constitutifs : « le point d'appui principal » et « le mouvement d'étoffe partant de ce point ». Seule différence remarquable, mais qui ne contredit en rien les principes du schéma – elle ne fait au contraire que les confirmer – : au « point d'appui principal » s'ajoutent dans ces images des points d'appui « secondaires », relatifs aux étapes de l'habillage ou à l'usage quotidien du vêtement : tels sont les mains et les bras, ainsi que certains ustensiles, théière ou récipient d'osier, dont on nous montre avec soin comment on peut les porter sous le haïk.

C'est ici – plus, à mon sens, que dans des jeux de regard dont Clérambault est, d'ailleurs, beaucoup plus économe que les photographes dits « orientalistes » de son temps – que la photographie nous avertit qu'elle échappe à son théoricien, que la « pensée visuelle » de Clérambault s'avère tout à fait originale. Car s'il est vrai que la démarche analytique – optique – qui aboutira un peu plus tard à la mise en diagrammes du drapé trouve son origine dans ces images, elle y apparaît combinée à des observations qui ne peuvent être appréciées pour leur valeur systémique bien qu'elles relèvent elles aussi, et de façon aussi exclusive, du visible : elles témoignent d'une *apparence*. C'est une apparence, non un schéma, qu'elles désignent et exaltent. Surprise d'un bras sur lequel le voile glisse à demi, suscitant un mouvement oblique et ample du drapé qui n'a rien de fonctionnel et se donne à voir pour lui-même ; métamorphoses inattendues des corps, soit que, les bras haut levés et les mains emmaillotées de tissu, ils nous donnent l'impression étrange d'être ceux d'oiseaux privés d'envol ou que, dissimulant un objet sous leur haïk, ils nous obligent à nous interroger sur la nature même de ce corps, voire sur son existence, peut-être.

Tout, de l'aventure propre de Clérambault avec le drapé, a commencé dans ces *visions*, et le nombre considérable de clichés qu'il a gardés nous prouve qu'il en était conscient. Cela apparaît plus encore si l'on situe ces photographies dans leur contexte chronologique. Antérieures aux cours des Beaux-Arts et aux conférences de la Société d'ethnographie, elles ont été faites plusieurs années après la note qui traitait de *La passion érotique des étoffes chez la femme*. Si l'impact visuel des étoffes était déjà relevé dans ce texte, comme on l'a vu, il se trouvait submergé alors par les investissement tactiles, « aptophiliques », des malades. Ce que célèbrent ces images, c'est la *libération du toucher*, la visibilité pure d'une surface qui existe *hors de tout contact*. On peut aussi interpréter en ce sens, et non seulement comme une procédure à visée démonstrative, le fait que le photographe ait organisé ses clichés en séries. D'une image à l'autre, la matière se perd, elle s'oublie, l'attention du spectateur se concentrant sur la seule mobilité d'une surface elle-même réduite à sa pellicule la plus immatérielle : non pas la facture de tel haïk ni même celle de son tissage, mais les variations provisoires d'une apparence cristallisée en objet.

Cette acuité exemplaire du regard de Clérambault sur les étoffes, cette appréhension singulière, puisque réalisée hors langage, d'un *alius* que le théoricien tentera un peu plus tard de s'approprier verbalement, apparaît aussi très clairement si l'on compare ces photographies avec d'autres qui leur sont plus ou moins contemporaines. Avec celles du laboratoire de Charcot d'abord, bien entendu, la démarche de Clérambault étant très proche de celle d'Albert Londe, qui notait à propos de ces rapports d'admission des malades à la Salpétrière que l'on nommait des « observations » : « Une épreuve en dira plus que bien des lignes d'explication »[1].

La comparaison, cependant, doit s'arrêter là, car tout oppose, à tous les niveaux, l'univers photographique de Charcot et celui de Clérambault. S'il est vrai que dans l'un et l'autre « se succèdent les images presque semblables d'une identité toujours en mouvement », il ne s'agit pas pour Clérambault, comme l'a souligné Serge Tisseron, de « piéger la psychologie à travers les variations de postures ou de mimiques, ou les curiosités de l'anatomie. Seule l'étoffe l'intéresse. Plus encore [...] la cinétique propre du vêtement »[2].

L'absence de visée interprétative et, de manière générale, de toute orientation clinique donnée à ses clichés est ce qui différencie au premier chef les images de Clérambault de celles que commanditait Charcot. Mais plus frappant encore, à mon sens, est le fait que ces deux « visuels » célèbres de la psychiatrie, qui s'appuyaient l'un et l'autre sur la même tradition académique, ont pris à son égard des options qui, pour celle de Charcot, était assurément la moins novatrice, la plus marquée par les préjugés classiques de l'art occidental – celle de la représentation du corps humain – tandis qu'en choisissant le drapé Clérambault s'est situé dans une perspective qui le faisait non seulement échapper aux ambiguïtés douteuses du réalisme (on frémit en lisant que Londe faisait recouvrir de noir le lit où se trouvaient ses malheureux malades « car, expliquait-il, comme nous opérons sur le nu, les chairs se détachent mieux que sur des draps blancs »[3]), mais trouver dans le visible ce qu'il pouvait apporter de plus original et de plus neuf.

Cette originalité ne se dément pas lorsque l'on compare les photographies de Clérambault avec celles que l'on prenait au début du siècle sur le même thème, qu'il s'agisse des femmes habillées à l'antique traitées par les « pictorialistes » – tel Constant Puyo – dans le style des tableaux de Maurice Denis, ou des clichés de la Loïe Fuller réalisés par Eugène Druet ou Harry C. Ellis[4]. Si une certaine ressemblance d'inspiration semble évidente entre elles – et peut-être, d'ailleurs,

1. Albert Londe cité par Georges Didi-Huberman, *Invention de l'hystérie, Charcot et l'iconographie photographique de la Salpêtrière*, Paris, Macula, 1982, p. 3.

2. Serge Tisseron, « D'un regard l'autre » dans *Gaëtan Gatian de Clérambault psychiatre et photographe*, *op. cit.*, p. 25.

3. Cité par André Rouillé, *Le corps et son image, Photographies du dix-neuvième siècle*, Paris-La Rochelle, Contrejour, 1986, p. 56.

4. Voir à ce sujet *Ornement de la Durée*, Catalogue du Musée Rodin, 30 septembre-30 novembre 1987.

Clérambault avait-il vu le pavillon de stuc blanc de la Loïe Fuller à l'exposition universelle de 1900 « qui imit[ait] un immense voile aux plis de plâtre figés dans ses volutes »[1] – la confrontation de ces images ne fait que confirmer à quel point Clérambault cherchait, en représentant des drapés, à traduire *l'expérience d'un voir* non à traiter un sujet. Les tirages des pictorialistes, qui confondaient en un même flou aérien les ondulations des voiles portés par leurs égéries, rendent d'autant plus sensible la précision de l'amateur dans la présentation de ses costumes. Les photos de la Loïe Fuller par Eugène Druet sont d'une minutie assez voisine, en revanche, mais elles ne font pas intervenir les jeux de lumière de façon aussi subtile et, surtout, il est évident que l'essentiel de la prise de vue ne résidait pas pour le photographe dans sa fidélité à un drapé : c'étaient les métamorphoses en fleur ou en flamme auxquelles parvenait la danseuse en agitant ses draperies tenues par des bâtons qui l'intéressaient avant tout.

Traitements divers de l'étoffe qui montrent que seul Clérambault l'a mise en valeur pour elle-même, mais qui sont révélateurs aussi de l'attrait particulier que le motif du drapé exerçait en tant que tel sur les photographes, comme si – et telle en est bien, je crois, la raison – le fait d'imprégner un support donné de la trace d'un autre support communiquait à l'artiste la même ivresse de se trouver à l'origine absolue de son art, le même bonheur d'en connaître l'alchimie dans son principe, qui devait émerveiller les peintres à l'aube de l'art abstrait. Cette alchimie, Constant Puyo et Eugène Druet l'ont exploitée pour susciter l'irréel dans le réalisme obligé de leurs images – lumières faussées, mouvements devenant eux-mêmes spectacles –. Clérambault y a eu recours à la seule fin d'exposer à travers elle le visible dans son essence : un écran

1. Camille Mauclair, « Sada Yacco et Loïe Fuller », *La Revue blanche*, 15 octobre 1900, cité p. 7. On notera à ce propos que l'un des très rares documents de presse de grand format conservés par Clérambault dans ses dossiers (on n'y trouve en général que des fragments découpés autour d'un motif), document comportant – ce qui est encore plus rare – une légende et daté au crayon de sa main, est une photographie parue dans *Eve* le 23 octobre 1921 et montrant Isadora Duncan essayant une tunique grecque devant un groupe de statues antiques avec l'aide d'une habilleuse. On comprend que la légende ait intéressé Clérambault au même titre que l'image. En voici le texte intégral : « A l'école des "danseuses immobiles". *Danse et sculpture n'étaient chez les anciens Grecs qu'un seul et même art, l'Art des Muses, la Musique. Chaque attitude d'une statue est à la fois un sentiment et un geste. Isadora Duncan et ses imitatrices nous ont rendu vivante cette conception du rythme antique. Elles poussent la conscience jusqu'à passer de longues heures dans les musées pour étudier le mouvement de la statue immobile sous le vêtement léger. La tunique grecque est difficile à porter. Que d'essais et que de persévérance faut-il déployer avant d'y réussir, même avec l'aide d'une habile costumière !* ».

– l'image, l'étoffe –, et, sur cet écran, les traces générées par sa structure et par son usage. Dans les pratiques divinatoires anciennes, ces traces étaient les signes cosmiques d'où allait naître l'écriture[1]. Ici, ce sont des plis, des rayures, des fentes, la panoplie linéaire du vêtement. Mais ce ne sont pas seulement le volume ou le décor d'un tissu, l'emplacement – devenu quasi abstrait – d'un regard, que servent à désigner ces lignes. L'attention aiguë avec laquelle Clérambault a organisé ses éclairages, sélectionné les poses de ses modèles, substitué une mosaïque ou une palissade à la tenture qui aurait suffi à servir de fond à ses portraits le prouve. Si le drapé, pour un dessinateur, est l'occasion de s'exercer au trait, il est, pour Clérambault photographe, celle de *faire naître des marques* de l'espace, de la blancheur première du support. On sait que, pendant la guerre, il photographiait les traces laissées par les explosions de mines, et qu'il n'hésitait pas pour le faire à se placer dans leur champ de projection[2].

En amont d'une pensée visuelle polarisée par l'écrit, systématisée en diagrammes, les photographies de Clérambault témoignent de l'avatar initial de cette pensée, et de la motivation qui la fonde : provoquer la rencontre d'une surface et d'un regard, et l'émergence à partir d'elle de figures (qui ne sont pas des formes et encore moins des objets) participant simultanément de la nature des choses et de l'intelligence de l'homme, du réel et de l'inconnu. Celle-ci n'est pas sans rappeler la conception chinoise du « paysage lettré », équilibre entre montagne et eau assuré en son centre par un vide, celui de la soie ou des nuages, de la matière ou de l'imaginaire (il est les uns et les autres tout à la fois).

S'agit-il d'une coïncidence ? Sans doute. Mais le fait est que c'est toujours vers cet état minimal de création qui en est aussi le degré suprême, et dont la peinture chinoise a fait le support de sa sagesse, que se sont portés d'instinct en Occident – et en dépit de leur propre culture – tous les peintres, dès lors qu'il leur était possible de se libérer d'un contexte académique aussi restrictif qu'autoritaire.

1. Voir sur ce sujet *L'image écrite*, *op. cit.*, p. 97-110.

2. Voir Bernard de Freminville « Le drapeau », *La passion des étoffes...*, *op. cit.*, p. 15. Il faudrait certainement aussi associer à ce souci de la trace envisagée du point de vue de son apparence et non de sa cause les relevés de bordures de drapés, de ceintures et de liens divers – y compris ceux des sandales, dont Clérambault a fait plusieurs croquis – ou, reproduits à la gouache sur une planche unique, semble t-il, de rayures, que l'on trouve dans les dossiers de Clérambault.

Le cas d'Eugène Fromentin illustre de façon tout à fait singulière cette fascination paradoxale au cœur du XIXe siècle[1]. On en retrouve l'écho émerveillé chez Michaux, lorsqu'il évoque la genèse de ses premières images :

> Lavis. Il y faut le trouble. Au moins le trouble. Je trouble d'abord le papier. Puis, autre trouble, un je ne sais quoi dont je ne tiens pas à prendre conscience ni en mots, ni en pensées, ni en vagues souvenirs.
> [...]
> Papier troublé, visages en sortent, sans savoir ce qu'ils viennent faire là, sans que moi je le sache. Ils se sont exprimés avant moi ; rendu d'une impression que je ne reconnais pas, dont je ne saurai jamais si j'en ai été précédemment traversé. Ce sont les plus vrais.
> [...]
> Trait hors des chemins, sûr de son chemin, qu'avec nul autre on ne saurait confondre.
> Trait comme une gifle qui coupe court aux explications.
> Peinture pour l'aventure, pour que dure l'aventure de l'incertain, de l'inattendu. Après des années toujours encore l'aventure[2].

Libération du « je » et de ses manques, révélation par la blancheur (ou par le noir : les deux extrêmes ont, en l'occurrence, une vertu identique) de traces participant à la fois du monde et de soi-même, revanche de l'image sur le langage. C'est à travers son expérience de la mescaline que Michaux a pris conscience de l'autonomie mentale de la vision :

> Constamment en ces heures étirées je recevais, les yeux fermés, la preuve que l'image est un certain immédiat que le langage ne peut traduire que de très loin, et qu'elle a dans l'esprit une place vraiment à part, matière première pour la pensée[3].

Clérambault a-t-il conclu de même à partir des hallucinations visuelles dont les intoxiqués par le chloral lui faisaient le récit ? Ses descriptions sont trop impersonnelles, trop « objectives », pour qu'on puisse en faire l'hypothèse[4]. Mais le texte où il a relaté son opération de la cataracte, et son suicide lorsqu'il en eut compris l'échec, nous font deviner à quel

1. Voir plus loin, *Fromentin critique d'art ou la rhétorique du vide*, p. 99-117.
2. Henri Michaux, *Emergences-Résurgences*, Genève, Skira, 1972, p. 49 et 72.
3. *Ibid.*, p. 84.
4. Voir les *Œuvres psychiatriques*, *op. cit.*, p. 145 *sq.* Il arrive cependant parfois à Clérambault de laisser échapper un commentaire, disant par exemple de telle malade « elle nous donne, deux heures durant, la description, presque la vision, d'une cinématographie onirique vraiment splendide » (p. 149).

point la *pensée par la vision* lui était essentielle. A relire « l'exposé narratif » – selon son expression – qu'il fait de son opération et de sa convalescence, on le voit prendre conscience de certains des manifestations les plus spécifiques de la pensée visuelle. Telle de ses descriptions renvoie de façon imprévue à ses photographies de drapés :

> Sur une figure bien éclairée, le bleu se localise dans les creux : orbites, rides, sillons du sourire, fente des lèvres, racine des cheveux. Un linge blanc apparaît très légèrement bleuâtre dans ses régions bien éclairées et nettement bleu dans ses zones d'ombre ; parti-pris qui rappelle, non sans quelque agrément, les tableaux de la période appelée impressionnisme[1].

Il observe aussi la corrélation intime du monde visible et de la pensée :

> Ma demi-cécité me rendait plus fatigante la pensée même, car, à l'état sain, en rêvant, nous prenons encore point d'appui sur l'extérieur soit pour nous reposer de notre pensée, soit pour retrouver cette pensée ; privés de cette aide nous devons par effort et sans repos pousser la marche des idées ou la retrouver ; la rêverie est bien moins aidée dans une obscurité totale que devant un décor d'intérieur ou un paysage. Jamais je n'avais senti cette dépendance des choses[2].

Il est vrai que la pensée visuelle se fonde sur *l'extérieur*, que celui-ci soit physique ou mental. Clérambault avait été sensible plus que nul autre à sa force créatrice – ce texte en témoigne encore. Mais il est vrai aussi qu'elle implique une disponibilité, une réceptivité totale du sujet – cette « réceptivité » qui est au centre de la pensée esthétique chinoise[3]. Du logocentrisme de sa culture Clérambault avait hérité l'exigence première de la *maîtrise*, des choses comme de soi-même. Il ne pouvait accepter de s'en trouver brutalement frustré.

1. G.G. de Clérambault, *Souvenirs d'un médecin opéré de la cataracte*, Paris, Les empêcheurs de penser en rond, 1992, p. 46-47.
2. *Ibid.*, p. 17.
3. « En ce qui concerne la réceptivité et la connaissance c'est la réceptivité qui précède et la connaissance qui suit ; la réceptivité qui serait postérieure à la connaissance ne serait pas la véritable réceptivité. [...] Car l'Unique Trait de Pinceau, en effet, embrasse l'universalité des êtres ; la peinture résulte de la réception de l'encre ; l'encre de la réception du pinceau ; le pinceau de la réception de la main ; la main, de la réception de l'esprit : tout comme dans le processus qui fait que le Ciel engendre ce que la Terre ensuite accomplit, ainsi tout est fruit d'une réception. » Shitao, *Les propos sur la peinture du moine Citrouille-amère*, traduction et commentaire de P. Ryckmans, Paris, Hermann, 1984, p. 43. Voir également à ce sujet François Jullien, *Procès ou Création, Une introduction à la pensée des lettrés chinois*, Paris, Seuil, 1989.

chapitre 7
Fromentin critique d'art ou la rhétorique du vide

Les Maîtres d'autrefois sont un livre singulier. Parce que ce livre est l'œuvre d'un homme qui était à la fois peintre et écrivain, comme on l'a souligné bien souvent[1]. Mais sa singularité tient aussi au fait qu'il a été écrit, ainsi d'ailleurs que les deux autres ouvrages majeurs de Fromentin – *Un été dans le Sahara* et *Dominique* – par hasard[2]. Depuis longtemps les amis de l'écrivain, fascinés par son aisance et son talent à parler de la peinture qu'il aimait, l'avaient encouragé à visiter les musées de Belgique et de Hollande, et à en rendre compte dans un livre. Mais ils n'avaient

1. Voir en particulier Meyer Schapiro « Fromentin critique d'art » dans *Style, artiste et société*, édition française, Paris, Gallimard, 1982, p. 231 *sq*. *Les Maîtres d'autrefois* ont paru en volume (Plon et Cie) en juin 1876. L'édition citée ici est celle de Pierre Moisy, Paris, Garnier, 1972. Ont été également utilisées celles de Jacques Foucart, Paris, Le livre de poche, 1965, et de Guy Sagnes (édition qui reproduit l'intégralité des notes manuscrites laissées par Fromentin) dans la « Bibliothèque de la Pléiade », E. Fromentin, *Œuvres complètes*, Paris, Gallimard, 1984.
2. *Un été dans le Sahara* (1857) devait être à l'origine une plaquette, destinée à accompagner les tableaux que Fromentin avait réalisés à son retour d'Algérie. Le peintre n'en fit un livre qu'à l'incitation de son ami Armand Du Mesnil. *Dominique* (1862) résulte d'une commande du directeur de la *Revue des Deux Mondes*, qui souhaitait publier un roman de Fromentin. Les réactions de celui-ci furent loin d'être enthousiastes : « Oui, j'ai reçu de M. Buloz. Que lui répondre ? hélas ! pas une ligne, et qui pis est, pas une idée » (lettre à Armand Du Mesnil, 23 septembre 1859). Il s'y résigna cependant, considérant qu'un roman était « un livre d'homme », et qu'il devait se risquer à en écrire un « après des essais littéraires qu'on pouvait tolérer d'un peintre » (à Gaston Romieux, 30 mai 1862).

jamais pu le convaincre de le faire. La soudaineté avec laquelle il avait décidé de partir pour Bruxelles, en juillet 1875, semblait d'autant plus surprenante. Des lettres que Barbara Wright a éditées récemment ont permis de découvrir que ce départ avait en réalité un motif extérieur sinon à l'art, en tout cas à l'écriture. Fromentin espérait pouvoir retrouver, à la faveur de son voyage, une femme dont il était épris comme Dominique l'avait été de Madeleine, Hortense Howland, à qui le liait également un même goût pour les peintres du Nord. « Au fond, je me suis mis en route sans projet bien fixe » lui écrit-il le jour même de son arrivée à Bruxelles, le 5 juillet. « Et si je m'interrogeais bien, je découvrirai[s] que je suis venu ici pour être plus près de vous, plus à vous, moins séparé par les contraintes. » Il espérait qu'elle viendrait le rejoindre à Anvers : « *Une fois* dans notre vie, nous nous serons trouvés seuls, dans une jolie ville, pendant trente-six heures » rêvait-il. Mais son rêve devait demeurer sans suite[1].

Ce n'est donc pas au crédit d'une modestie trop scrupuleuse – ou trop coutumière à l'écrivain pour qu'on ne la soupçonne pas d'être quelque peu artificielle – que nous devons mettre les réticences par lesquelles Fromentin ouvre son livre, selon lesquelles « ces études ne seront que des notes, et ces notes les éléments décousus et disproportionnés d'un livre qui serait à faire ». « Ce serait comme une conversation sur la peinture » ajoute-t-il : l'imprégnation amicale, et plus encore sentimentale, qui est à l'origine de ce voyage, et du livre auquel il devait conduire, ne permet pas de douter que c'est bien d'une forme de conversation à distance qu'il s'agit d'abord ici.

Le fait est, d'ailleurs, que cet ouvrage n'est pas véritablement *composé*. Son dernier chapitre s'arrête tout à coup, sans conclusion ni raison : cinq pages sur Van Eyck, cinq sur Memling, deux pages de comparaison entre les deux peintres, et c'est fini. On ne peut pas dire non plus qu'il s'agisse d'une étude d'historien d'art, Fromentin ayant ostensiblement négligé de l'ordonner de façon chronologique. Il n'est pas davantage un essai critique. Certes, un des plus fameux chapitres des *Maîtres* traite de l'art contemporain. Mais ce chapitre ne laisse pas de détonner dans un ouvrage presque entièrement consacré à l'art ancien, et l'on sait par ses manuscrits que l'écrivain s'y est efforcé de dissimuler le mieux possible

1. *Correspondance d'Eugène Fromentin*, textes réunis classés et annotés par Barbara Wright, Paris, CNRS-Éditions, 1995, t. II, p. 1933-1934.

le seul peintre de son temps que sa démonstration visait à coup sûr : Manet[1]. Est-ce un guide de musée ? Pas tout à fait : l'auteur a sélectionné les tableaux selon son goût, et il s'est plus soucié, souvent, de décrire un paysage ou une ville que l'ordonnance et l'éclairage du lieu précis, le musée, qui était le but de sa visite[2].

Aussi cet ouvrage repose-t-il sur un défi dont on ne saurait décider s'il est avant tout visuel ou littéraire. « Je viens voir Rubens et Rembrandt chez eux » annonce Fromentin – c'est la première phrase de son livre. Mais il sait également qu'il prend le relais de Thoré-Bürger, et de l'ouvrage que celui-ci avait consacré en 1858 aux *Musées de la Hollande*[3]. Le critique avait alors confronté ses analyses à celles de Gautier et de Du Camp, comme Taine devait le faire ensuite des siennes avec celles de Bürger. L'intention de Fromentin, aussi improvisée pouvait-elle être, était de *voir* ce dont d'autres avaient *parlé* avant lui. Aussi ne comptait-il pas rivaliser avec eux par le biais d'une démonstration traditionnelle : il lui fallait l'emporter auprès de ses lecteurs en traduisant « avec sincérité les sensations sans conséquences d'un pur *dilettante* » – c'est-à-dire, au sens que ce mot avait au XIXe siècle, d'un *spécialiste* –, en mettant l'écriture du voyageur accidentel qu'il avait été le temps de quelques semaines au service de sa vision de l'art de la manière la plus efficace.

Ce défi, toutefois, n'est pas perceptible immédiatement dans *Les Maîtres d'autrefois* : il ne l'est que par un détour. Non certes que Fromentin ait voulu dissimuler ses sources[4]. Celles-ci sont fort aisées à découvrir et elles l'étaient davantage encore à son époque. De plus, une comparaison avec elles ne peut que nous rendre mieux sensible l'originalité de l'écrivain. Mais, de même que son esthétique a besoin de s'inspirer de celle des maîtres anciens, l'écriture de Fromentin ne se délie, elle aussi, qu'à partir d'un texte déjà présent, qu'il soit le sien ou, comme c'est le

1. Fromentin cite Manet à deux reprises dans ses notes concernant Frans Hals. Voir *Œuvres complètes*, *op. cit.*, p. 1144 et 1181.

2. Bürger avait procédé de façon tout à fait différente. On comparera par exemple l'évocation d'Amsterdam par Fromentin, où deux lignes sont consacrées au musée (p. 199-201), avec la description minutieuse qui ouvre *Les Musées de la Hollande*.

3. Thoré-Bürger, *Les Musées de la Hollande*, Paris, Vve Renouard, 1858.

4. Fromentin fait référence à Bürger dans son manuscrit : les « *Musées de la Hollande*, petit manuel de critique instructif à lire, pas toujours bon à croire sur parole », écrit-il.

cas ici, celui d'un ou de plusieurs autres[1] – d'un texte, cependant, qu'il absorbera dans le sien propre, qui s'y défera, s'y oubliera, accident générateur plus qu'origine.

Ce détour révélateur, nous le découvrons dans le cinquième chapitre de la seconde partie du livre. Fromentin l'a consacré presque entièrement au *Taureau* de Paul Potter exposé au musée de La Haye. Sans doute la célébrité de ce tableau qui, en Hollande tout au moins, faisait concurrence à celle de la *Ronde de nuit*, justifie-t-elle un développement d'une telle ampleur. Mais, à la différence du long débat qu'il réservera à l'œuvre de Rembrandt, œuvre dont la célébrité servira d'argument à ses critiques, l'écrivain se montre ici d'une surprenante indulgence. « L'opinion ne s'égare jamais tout à fait », dit-il. Et il ne s'arrête pas là. Car, bien que déniant au tableau toute véritable beauté – et la qualité même de tableau (ce n'est qu'une « grande *étude* ») –, développant avec complaisance ses insignifiances et ses laideurs, il ne cesse d'y rechercher malgré tout – et d'affirmer qu'il y voit – les marques d'un génie. Et de quoi est fait ce génie ? D'une capacité que partout ailleurs Fromentin considère comme un défaut, celle de peindre avec minutie, d'imiter « jusqu'au travers » dit-il. Mais c'est parce « qu'en pareil cas », explique-t-il, « l'âme du peintre vaut mieux que l'œuvre ». Étrange explication. Et pourquoi ce grand spectacle taurin mérite-t-il « sans contredit » « l'importance qu'on y attache » ? Parce que « deux seules parties de ce tableau semblent faites pour s'entendre, le grand ciel et le vaste taureau ». Ainsi, cette unité fragmentaire qu'il allait juger condamnable s'agissant de la *Ronde de nuit* devenait une vertu dès lors qu'on la trouvait chez Potter.

Un retour au texte de Bürger permet de comprendre les raisons d'une admiration si imprévue. L'auteur des *Musées de la Hollande* parle en effet lui aussi de ce tableau. Mais il le fait avec une franche ironie, ses deux cibles principales se trouvant être précisément les parties de l'œuvre qui vont servir de support aux éloges de Fromentin, ce « taureau fanfaron,

1. Caractéristique de l'écriture de Fromentin est la difficulté qu'il éprouve à « commencer » un texte : tous ses ouvrages ont été réalisés à partir de récritures successives des mêmes pages. Des ébauches romanesques dues à la plume d'Armand Du Mesnil lui ont servi de point de départ pour passer de la littérature descriptive au roman, qu'il s'agisse d'*Une année dans le Sahel* ou de *Dominique*. Je me permets de renvoyer sur ce point à mon livre sur *Fromentin conteur d'espace*, Paris, Le Sycomore, 1982, « La femme, la littérature et la mort » p. 79-136, et à mon édition de *Dominique*, Paris, Imprimerie nationale, 1988, p. 36-37.

car on voit bien qu'il est en pâte », et ce ciel « en papier gris mat »[1]. Fromentin aurait-il donc voulu s'opposer au critique terme à terme, une fois vérification faite sur place ? C'est possible. Cela ne suffit pas cependant à justifier la vivacité de sa défense, et encore moins qu'elle l'ait amené à adopter un point de vue si évidemment contradictoire avec ses autres propos.

Car le motif réel de la querelle qui oppose Fromentin à Thoré-Bürger n'est pas vraiment le tableau de Paul Potter. Il réside dans les pages qui *suivent* la description qu'en faisait le critique. Ce ciel de « papier gris mat » le conduisait en effet à évoquer les ciels de la Hollande tels qu'il les avait vus lui-même, puis à développer une théorie dont l'auteur des *Maîtres d'autrefois* allait orchestrer, avec ferveur, la version diamétralement opposée.

Certes, disait Thoré, « la Hollande offre souvent cet effet-là », cette « sorte de voile opaque, tendu entre la terre et le soleil, et qui intercepte tout rayonnement [...]. Il est vrai, encore une fois, que la monotonie chromatique est un des caractères du pays hollandais ». Mais Potter avait eu le tort d'y rester simplement fidèle.

> Rembrandt eût inventé ces jeux de lumière, sans trahir l'ingénuité du réalisme hollandais, mais en choisissant un effet original de la nature et en l'interprétant avec poésie.
> Assurément Paul Potter traduit bien la lumière – c'est là un de ses mérites –, mais la lumière *locale*, plutôt que l'ensemble de l'effet lumineux[2].

« Ce défaut », continuait-il, « que de sages connaisseurs considèrent comme une qualité, on peut le remarquer dans la plupart de ses tableaux ». C'est lui aussi qui caractérise

> les autres artistes de l'école, notamment les paysagistes, dont la gamme de couleur est assez bornée. Van Goijen et Salomon Ruijsdael sont gris, Cuijp est blond, Jacob Ruijsdael est brun, les Ostade sont roux, Hobbema est olivâtre, etc. Aucun d'eux ne s'égare jamais dans des accords très-éloignés de leur *dominante*. Et cela faisant, ils obéissent au ciel de leur climat, les bons patriotes[3].

1. W. Bürger, *Les Musées de la Hollande*, *op. cit.*, p. 211-212.
2. *Ibid.*, p. 213.
3. *Ibid.*, p. 214-215.

Tel est le texte, à mon sens, qui commande *Les Maîtres d'autrefois*. Mais on voit de quelle manière : il en est l'agent indirect. C'est de lui qu'a pu naître une écriture combinant avec une hardiesse si nouvelle paysages et œuvres d'art parce qu'il en justifiait par avance l'association, mais aussi, et peut-être surtout, parce qu'ayant tiré de cette association des conclusions qui ne convenaient pas à Fromentin, le critique obligeait son successeur à inventer pour les contester un autre style, un nouveau discours. Défendre la thèse d'une poésie innée de la nature – et de la nature la plus ingrate, la plus vide –, comme celle d'une imagination créatrice qui fût cependant « locale », ne pouvait se faire qu'en amenant le lecteur par la puissance intime de l'écriture à s'en trouver non seulement convaincu mais invinciblement pénétré.

Les théories de Taine rendaient plus nécessaire encore cette mise en scène persuasive. Taine avait établi lui aussi des relations entre réalités matérielles et production artistique. Mais son raisonnement était faux : l'une n'était pas le simple reflet des autres – ou leur « fleur ». L'âge d'or de la peinture hollandaise est celui où la vie sociale est le plus violemment troublée. Tous les peintres de cette « grande et pacifique école [...] sont morts sans avoir cessé presque un seul jour d'entendre le canon » (p. 128) remarque, avec insistance, Fromentin[1]. Quant à la fidélité des tableaux aux lieux où ils étaient apparus, elle ne se justifiait chez Taine que par la pesanteur sans idée d'un réalisme besogneux. En Hollande, affirme-t-il, « l'idéal est étroit ». Le peintre hollandais est différent de « nos peintres, observateurs raffinés, remplis par les livres et les journaux de philosophie et d'esthétique » ; « comparé à nous, c'est un artisan ». « On serait bien et à l'aise dans son tableau. On voit qu'il n'imagine pas au-delà », etc.[2].

L'écriture efficace, – la rhétorique – qui lui était nécessaire pour l'emporter contre de tels préjugés, Fromentin en a puisé le dynamisme à l'intérieur même de la peinture. Car l'art pictural était avant tout pour lui un art de la persuasion : le texte des *Maîtres d'autrefois* nous en donne des preuves multiples.

Tout d'abord, être spectateur d'un tableau, pour Fromentin, c'est s'engager soi-même comme partenaire dans une opération qui n'a rien de statique, c'est être physiquement attentif à l'emplacement où se

1. Voir également p. 281, à propos de Memling : « Dans cet art cependant si humain, pas une trace des vilenies ou des atrocités du temps. »

2. H. Taine, *Philosophie de l'art dans les Pays-Bas*, G. Baillère, 1869, p. 160.

trouve l'œuvre – à terre ou sur une cimaise, dans une église, un musée, une école –, en cherchant la distance d'où mieux la voir, sans négliger ces zones intermédiaires ou excentriques où elle n'est pas exactement elle-même mais révèle pourtant des qualités, ou peut-être des défauts, qui sont essentiels à l'artiste : de trop près comme la *Pêche miraculeuse* de Rubens, à une distance excessive comme sa *Descente de croix*, – la faire enfin se transformer devant soi. Un tableau de Ruysdaël est une peinture « qui paraît obscure de loin, qui se pénètre de lumière quand on s'en approche ».

Etre spectateur d'un tableau, c'est, plus encore, être attiré, repoussé par lui, charmé, brûlé, rendu « sérieux ». Tel est le vocabulaire qu'utilise l'écrivain à propos de Rubens, de Ruysdaël et de Rembrandt. Cette parade du sentiment prépare la description, elle nous avertit également que celle-ci n'est que la partie morte du texte[1], restitution froide d'une expérience qui avait commencé d'abord, et de façon décisive, par un « effet ».

Car cet « effet » n'est ni indifférent ni superflu. L'appel ressenti devant une œuvre est la preuve majeure, pour Fromentin, de la valeur de cette œuvre. Un bon peintre *vise l'effet*, et cela d'autant plus nécessairement que le sujet de son tableau n'a rien de séduisant par lui-même :

> ...Considérez qu'en Hollande un ciel est souvent la moitié du tableau, quelquefois tout le tableau, qu'ici l'intérêt se partage ou se déplace. Il faut que le ciel se meuve et qu'il nous transporte, qu'il s'élève et qu'il nous entraîne ; il faut que le soleil se couche, que la lune se lève, que ce soit bien le jour, le soir et la nuit, qu'il y fasse chaud ou froid, qu'on y frissonne, qu'on s'y délecte, qu'on s'y recueille. [...] Il faut avoir l'ignorance ou la parfaite ingénuité de Paul Potter pour prendre si peu de soin de cette organisation du tableau par l'effet qui paraît être une loi fondamentale dans l'art de son pays.

« L'effet », telle est la clé du goût pictural de Fromentin. Son esthétique n'est pas celle du Beau mais de l'abandon de soi à une puissance qui le dépasse et l'entraîne. Si « Rembrandt [l]'empêche de dormir », comme il l'écrit à sa femme[2], c'est parce que, trop souvent, ses œuvres le repoussent, le refusent. La *Ronde de nuit*

1. Voir par exemple le commentaire de la *Descente de croix* de Rubens, p. 55-58.
2. Lettre du 18 juillet 1875, *Correspondance... op. cit.*, t. II p. 1980.

> étonne, elle déconcerte, elle s'impose, mais elle manque absolument de ce premier attrait insinuant qui nous persuade, et presque toujours elle a commencé par déplaire[1].

L'œuvre entière de Rembrandt, à la vérité, si elle est certainement « émue », « aimante », est « peu aimable » : aussi Fromentin ne l'aime pas.

Il fallait donc écrire pour « l'effet », tâcher d'agir avec la même puissance que Rubens ou Ruysdaël, si l'on voulait à la fois rester fidèle à la dynamique de leur peinture et rendre celle-ci évidente pour le lecteur. Un « vrai » livre s'inscrit dans une clôture, il s'y enferme hors de tout contact. Fromentin a pris le parti d'ouvrir le sien comme une confidence. En étant lui-même, écrivain, ce voyageur amateur d'art qu'il avait été initialement, observant, vivant, sélectif sinon partial. En disant « je » à toute occasion possible – et dès le début.

Mais il fallait aussi que ce « je » n'eût pas l'impérative certitude de la parole ordinaire. C'est pourquoi Fromentin, dans Les *Maîtres d'autrefois*, n'affirme pas : il témoigne.

> Je dirai seulement, devant quelques tableaux, les surprises, les plaisirs, les étonnements, et non moins précisément les dépits qu'ils m'auront causés.

Il relate des promenades, des impressions. Surtout, l'emprunt avoué à des notes préparatoires situe son propos à mi-chemin entre l'exposé des convictions personnelles d'un écrivain et « l'écoute » supposée d'un lecteur libre de leur accorder son crédit :

> Quant au second tableau, le très fameux effet de lune sur la mer, je relève sur mes notes la trace assez succinctement formulée de la surprise et du plaisir d'esprit qu'il m'a causés.

Cette énonciation insolite qui est *le reflet oral d'une vision* ne s'adresse pas à un inconnu qu'il faudrait non seulement convaincre, mais initier à un monde qu'il ignorerait : elle vise un semblable imaginaire. Ecrivain épistolier avant d'être narrateur de voyage ou de fiction, Fromentin avait l'instinct d'un partage de la parole qui, au lieu d'isoler le locuteur face à un autre qui lui serait étranger, prend appui sur la connivence préalable de deux individus. Cet autre, il pourrait s'inscrire ici à la place du sujet

1. Fromentin fait allusion ici à Maxime Du Camp. Ce tableau disait-il « étonne, il éblouit, il écrase, mais il ne charme pas » (*En Hollande, Lettres à un ami*, Paris, Poulet-Malassis et de Broise, 1859, p. 139).

– ou plutôt *à côté de lui* –, en tout cas, jamais complètement *en face*: en face, il y a le tableau. Lorsque Fromentin affirme :

> Je supposerai d'ailleurs que le lecteur à qui je m'adresse est assez semblable à moi pour me suivre sans trop de fatigue, et cependant assez différent pour que j'aie du plaisir à le contredire, et que je mette quelque passion à le convaincre,

il résume les caractéristiques ambiguës de sa parole : elle est à la fois guide – et combat. Mais elle doit d'abord amener le lecteur à voir avec lui, et comme lui, ce qu'il voit : « Arrêtez-vous, regardez de loin, de près, examinez longtemps » – à partager ses propres émotions : « Entrez dans ce tableau profond, étouffé, si bien clos ». Elle compte sur une mémoire commune entre celui qui parle et celui qui écoute, ou lit, pour donner à ses descriptions l'efficacité qui leur manque :

> Vous n'avez pas oublié l'effet de ce grand corps un peu déhanché [...]. Rappelez-vous comme il pèse et comme il est précieux à soutenir ...

Ce qu'il y a de particulièrement émouvant dans ces efforts pour *convaincre en partageant* est que l'on sent que Fromentin s'y engage avec une totale sincérité. On ne peut dénoncer en elle ni feinte ni artifice. Mais ce don gratuit à l'autre prend aussi, dans le contexte des *Maîtres d'autrefois*, une dimension inédite. Sur lui repose en effet une conception de l'art que régit le principe de *contamination*. Car « l'effet », s'il est un étonnement ou une surprise est d'abord une expérience de *proximité transgressive* entre un objet – une image – et le spectateur qui la contemple, celle d'un lien les associant l'un à l'autre de façon inexplicable mais essentielle.

Or c'est ainsi que se crée, selon Fromentin, la grande peinture : en instaurant des rapports de fusion quasi magique entre ses différents éléments. Ce qui légitime l'effet que doit produire un tableau, comme cette communication efficace qu'il instaure avec son spectateur, est que lui-même n'existe, comme objet, qu'une fois créé un équilibre dynamique entre les données ponctuelles qui le composent. « Choisir des couleurs belles en soi et secondairement les combiner dans les relations belles, savantes et justes ». Mais secondairement dans le temps ne signifie pas accessoirement. S'il est en effet une pensée de l'œil, elle se manifeste en premier lieu dans la combinaison que l'artiste sait créer entre ses couleurs : telle est la grande leçon que Fromentin tire de Rubens. Aucun des tons de ce peintre n'est très rare en soi, mais il sait

> exercer aux environs l'action indirecte d'une couleur qui fait changer les autres, et par exemple [...] faire tourner au violet, [...] fleurir en quelque sorte un triste gris fort insignifiant et tout à fait neutre envisagé sur la palette.

Ainsi s'anime la *Pêche miraculeuse :* moins par le pêcheur lui-même que par sa vareuse rouge : « C'est un personnage embrasé qui tempère le reste, agit sur la rétine, et la dispose à voir du vert dans toutes les couleurs avoisinantes ».
Et qu'importe, à la limite, le sujet d'une peinture ! Oubliez que celui du *Martyre de Saint Liévin* est « un meurtre ignoble et sauvage », ne voyez que

> quatre ou cinq noirs, deux toques rouges, les faces ardentes, au poil roux, et tout autour, dans le vaste champ de la toile, le délicieux concert des gris, des azurs, des argents clairs ou sombres, – et vous n'aurez plus que le sentiment d'une harmonie radieuse.

« Harmonie ». Le terme n'est pas utilisé à la légère ou au nom d'un parti-pris littéraire par Fromentin. Il en a déterminé dans *Les Maîtres* les lois strictement matérielles. Loi de l'accord entre les couleurs, comme on vient de le constater : « une couleur n'existe pas en soi [...], sa qualité lui vient de son entourage ». « Bien colorer [...], c'est ou connaître ou bien sentir d'instinct la nécessité de ces rapprochements ».
« Mais bien colorer », continue Fromentin, « c'est en outre et surtout savoir habilement rapprocher les valeurs des tons ». « Ces choses terribles à énoncer en français et dont vraiment l'exposition n'est permise que dans un atelier et à huis clos, à savoir ce qui distingue les aspects de *couleur* et de *valeur* à l'intérieur de la couleur elle-même, nous mènent à « l'élément vital », selon Fromentin, de la peinture. Peu importe que les anciens peintres hollandais aient eu

> un nom pour exprimer ce que les couleurs doivent avoir de nuancé, de relatif, de doux, de suave, de subtil dans leurs rapports. Peut-être le coloris dans son ensemble comportait-il à la fois toutes ces qualités soit positives, soit impalpables. Toujours est-il que la vie de leurs œuvres et la beauté de leur art tiennent précisément à l'emploi savant de ce principe.

On connaît bien cette page où l'écrivain évoque l'évanouissement de toute couleur jusqu'à ce qu'il ne reste plus sur la palette du peintre qu'« un principe neutre, subtil et cependant réel, la valeur pour ainsi dire abstraite des choses disparues ». Le terme de valeur, ici, s'est enrichi de son double sens. Il ne définit plus seulement une qualité matérielle mais une vertu : « c'est avec ce principe négatif, incolore, d'une délicatesse infinie, que se font quelquefois les plus rares tableaux ».

Nous voici au degré ultime, celui où l'élément sensible paraît presque superflu, de cette recherche d'un *accord* qui, de l'effet extérieur de la peinture à ses composantes internes, témoigne de la même dynamique persuasive.

Mais nous voici également devant le *vide*. Ce thème est central chez Fromentin. Les « grands horizons de plaine ou de mer » dans lesquels il reprochait dès sa jeunesse aux « écrivains trop intimes », comme Sainte-Beuve ou Gustave Drouineau, de ne voir qu'une « monotonie d'impressions », hantent son œuvre de leurs échos réversibles d'eau et de sable depuis *Un été dans le Sahara* jusqu'aux *Maîtres d'autrefois* en passant par *Dominique*. La vision du désert à midi est sans doute le spectacle devant lequel son écriture était parvenue pour la première fois à triompher de l'impuissance du peintre, qui pourtant y avait été sensibilisé le premier :

> C'est [...] l'heure, je l'avais remarqué dès le jour de mon arrivée, où le désert se transforme en une plaine obscure. [...] Ce n'est plus ni de la clarté, ni de l'ombre ; la perspective indiquée par les couleurs fuyantes cesse à peu près de mesurer les distances ; tout se couvre d'un ton brun, prolongé sans rayure, sans mélange ; ce sont quinze ou vingt lieues d'un pays uniforme et plat comme un plancher. Il semble que le plus petit objet saillant y devrait apparaître, pourtant on n'y découvre rien ; même, on ne saurait plus dire où il y a du sable, de la terre ou des parties pierreuses, et l'immobilité de cette mer solide devient alors plus frappante que jamais. On se demande, en le voyant commencer à ses pieds, puis s'étendre, s'enfoncer vers le sud, vers l'est, vers l'ouest, sans route tracée, sans inflexion, quel peut être ce pays silencieux, revêtu d'un ton douteux qui semble la couleur du vide[1].

1. E. Fromentin – E. Beltrémieux, *Gustave Drouineau*, B. Wright (éd.), Minard, 1969 p. 102, et E. Fromentin *Un été dans le Sahara*, Paris, Le Sycomore, 1982, p. 186. Voir également *Fromentin conteur d'espace*, *op. cit.*, « Le démon de l'analogie », p. 137-178.

En reprenant ce thème dans *Les Maîtres d'autrefois* Fromentin va en faire le support d'une véritable doctrine esthétique.
Assurément, le terme de « vide » appliqué à un tableau peut être utilisé en plusieurs sens. Le vide laissé sur une toile par une absence de lien ou d'accord entre ses différentes parties n'est qu'un « trou ». Le *Coup de lance* de Rubens « est un tableau décousu avec de grands vides, des aigreurs, de vastes taches un peu arbitraires, belles en soi, mais de rapports douteux ». C'est « une œuvre incohérente ». La peinture de Frans Hals a généralement ce défaut. On y trouve « des trous entre les tons que rien ne relie, des souplesses quand les valeurs et les couleurs naturelles s'appuient l'une sur l'autre au plus près, des duretés quand l'accord est plus distant ». C'est aussi une des raisons qui rendent condamnable la *Ronde de nuit*, cette « composition pleine de trous, d'espaces mal occupés ».
Le *vrai vide* appartient en propre à la peinture de Ruysdaël. Bürger admirait déjà la magie de ses tableaux[1]. Mais il ne le distinguait pas vraiment, on l'a vu, des autres paysagistes hollandais, en raison de leur défaut commun d'imposer à leurs tableaux une « dominante » trop uniforme. « Placez une toile de Ruysdaël à côté des meilleurs paysages de l'école, et vous verrez aussitôt apparaître dans ses voisins des trous, des faiblesses, des écarts », corrige Fromentin. Certes, Cuyp avait inventé une formule qui était proche de celle de Ruysdaël :

> Il a eu cette puissance assez peu commune d'imaginer d'abord une atmosphère et d'en faire non seulement l'élément fuyant, fluide et respirable, mais la loi et pour ainsi dire le principe ordonnateur de ses tableaux.

Transmuer l'harmonie des tons en atmosphère, le lien abstrait des éléments d'une image en l'air même qui circule entre les objets ou dans le ciel était l'acte fondateur de cette émergence de l'espace pur[2].
Mais seul Ruysdaël, aux yeux de Fromentin, a su réaliser pleinement toutes les opérations par lesquelles la représentation simple d'un espace pouvait devenir présence plastique. Ce qui chez les autres paysagistes semblait être réussite accidentelle, résultat presque instinctif d'observations fragmentaires, apparaît pour la première fois chez lui comme un système conscient et cohérent. Tous les Hollandais avaient su voir

1. Voir, par exemple *Les Musées de la Hollande*, *op. cit.*, t. II, 1860, p. 133.
2. Voir aussi, à propos de Cuyp, le commentaire de son *Paysage* du Louvre, p. 169.

– contrairement aux peintres du XIXe siècle (et, bien sûr, Fromentin ici pense à Manet) – que, pour être « la partie la plus vide et la plus insaisissable du tableau », l'atmosphère ne devait pas en être pour autant « la plus nulle ». Dans leurs tableaux, le ciel « joue le rôle de l'aérien, de l'incolore, de l'infini, de l'impalpable ». Pourtant, excepté chez Ruysdaël, « il fait trou dans le tableau ». Car seul de tous Ruysdaël est parvenu à coordonner nécessités de la représentation et conventions picturales, au point qu'il soit impossible désormais de deviner s'il dessinait et peignait directement en plein air, d'après nature, ou après coup :

> Il a considéré l'immense voûte qui s'arrondit au-dessus des campagnes ou de la mer comme le plafond réel, compact, consistant de ses tableaux. Il le courbe, le déploie, le mesure, – il en détermine la valeur par rapport aux accidents de lumière semés dans l'horizon terrestre ; il en nuance les grandes surfaces, les modèle, les exécute en un mot comme un morceau de premier intérêt. Il y découvre des arabesques qui continuent celles du sujet, y dispose des taches, en fait descendre la lumière et ne l'y met qu'en cas de nécessité.

Le vide, pour Ruysdaël, est l'occasion d'évaluations à la fois comparatives et rythmées, d'une pensée plastique qui se modèle sur la nature extérieure mais lui apporte également sa loi :

> Ce grand œil bien ouvert sur tout ce qui vit, cet œil accoutumé à la hauteur des choses comme à leur étendue, va continuellement du sol au zénith, ne regarde jamais un objet sans observer le point correspondant de l'atmosphère et parcourt ainsi sans rien omettre le champ circulaire de la vision. Loin de se perdre en analyses, constamment il synthétise et résume. Ce que la nature dissémine, il le concentre en un total de lignes, de couleurs, de valeurs, d'effets. Il encadre tout cela dans sa pensée comme il veut que cela soit encadré dans les quatre angles de sa toile .

D'où peut venir pareille intuition ? Certes pas d'un esprit que déterminerait simplement une conception « locale » de la peinture comme l'avaient supposé Taine et Bürger. Il est vrai que Fromentin, lui aussi, voit dans la réussite de Ruysdaël un phénomène typiquement « hollandais ». « De tous les peintres hollandais, Ruysdaël est celui qui ressemble le plus noblement à son pays », dit-il. Et certaines autres de ses affirmations semblent relever, apparemment, du même déterminisme un peu sommaire : « Il était dans la destinée de la

Hollande d'aimer *ce qui ressemble*, d'y revenir un jour ou l'autre, de se survivre et de se sauver par le portrait ».

Mais on voit bien que ni la « noblesse » de Ruysdaël, ni la destinée de la Hollande ne sont ici ce qui importe le plus. L'écrivain a mis en italique dans la dernière phrase que je viens de citer « ce qui ressemble », et ce n'est pas par hasard. La ressemblance possède chez lui la spécificité complexe et abstraite d'une véritable notion. Elle hante l'ensemble de son œuvre en association étroite et nécessaire avec celle de « vide », dont elle permet d'établir la transcendance conceptuelle en la dégageant des équivalences physiques du désert et de l'eau observées devant les paysages du Sahara, de l'Aunis, ou de la Hollande. Si elle suffit à justifier la supériorité de Ruysdaël, c'est parce qu'elle fonde *en théorie* les convictions esthétiques de Fromentin.

Cette notion se situe dans les *Maîtres* au terme du mouvement de pensée que nous avons suivi jusqu'ici. Ce qui fait la ressemblance, en effet, c'est d'abord qu'elle soit *proximité*. Mais elle représente aussi l'action la plus énigmatique de cette proximité, celle qui consiste à attirer à soi un élément étranger, à le faire non plus entrer dans une combinaison nouvelle et harmonieuse mais participer de ce qu'il n'est pas, le *devenir*. En même temps qu'elle signifie un contact, et l'effet dynamique de ce contact, la ressemblance est puissance de mutation, elle est conversion analogique.

Serait-elle donc *imitation* ? Il est tout à fait remarquable qu'*imitation* et *ressemblance* soient non seulement distinguées par Fromentin, mais opposées par lui l'une à l'autre de façon catégorique tout au long des *Maîtres d'autrefois*. L'imitation appartient exclusivement, dans ce livre, au monde de la tradition latine, la même qui exalte le « sujet » dans les tableaux et nourrit d'inspiration littéraire ou pieuse la peinture[1]. En se dépouillant de ses références italiennes, en limitant ses spectacles aux seuls paysages ou scènes austères qui se proposaient à ses yeux, l'art hollandais n'a pas seulement changé, selon Fromentin, le regard, mais l'imagination et la pensée : c'est alors qu'est apparue, chez les plus subtils d'entre ses peintres, la « ressemblance ». « A l'heure qu'il est, le thème est plus simple. Il s'agit de rendre à chaque chose son intérêt, de remettre l'homme à sa place et au besoin de se passer de lui ». L'imitation était le fait de l'humanisme latin, la ressemblance appartient

1. Voir p. 127 *sq*.

à celui qu'a inventé à son tour – ou retrouvé – la Hollande. L'une cherchait à s'approprier le réel en en créant un masque identique, par décision autoritaire, et parce qu'elle évoluait continûment dans un « univers humanisé » ; l'autre plie l'orgueil humain à rechercher par un travail d'approches et de différenciations ce qui fait que ce réel est présent hors de tout modèle anthropomorphe. Exercice d'autant plus aigu, et aussi plus exaltant, qu'il s'appuiera sur les différences les plus infimes, celles qui feront vibrer à des niveaux presque imperceptibles les éléments primordiaux de l'univers. « Qui dit un coin de terre septentrionale avec des eaux, des bois, des horizons maritimes, dit par le fait un univers en abrégé ».

C'est aussi pour cette raison qu'une telle notion ne saurait être véritablement *objective* : fondée avant tout en expérience, elle ne témoigne pas d'une certitude qui lui serait antérieure et dont elle constituerait un des codes, elle produit un nouveau modèle de sujet en même temps qu'elle définit le réel. Il n'existe pas de ressemblance sans « idéal » – pour reprendre le vocabulaire qui était familier à Fromentin – mais non pas parce que cet idéal reflèterait l'idéologie d'une culture : parce qu'il émane de l'activité même du regard découvrant ou réinventant son humanité dans ce qu'il voit[1].

Fromentin aurait pu trouver dans la philosophie extrême-orientale une pensée visuelle en accord avec la sienne. La Chine s'appuie elle aussi sur l'observation de la nature pour y inscrire un sujet pensant. Le mot même de « paysage » en chinois, qui se dit « montagne-eau », je viens de le rappeler, combine précisément les deux termes qui servent à désigner, dans l'Empire du Milieu, l'« univers en abrégé ». Et il n'est pas jusqu'à la conception que l'on s'y fait du « vide » qui ne soit tout à fait proche de celle de Fromentin :

> Dans la peinture, on fait grand cas de la notion de vide-plein. C'est par le Vide que le Plein parvient à manifester sa vraie plénitude. Cependant, que de malentendus il convient de dissiper ! On croit en général qu'il suffit de ménager beaucoup d'espace non peint pour créer du vide. Quel intérêt présente ce vide s'il s'agit d'un espace inerte ? il faut en quelque sorte que le vrai Vide soit plus pleinement habité que le Plein. Car c'est lui qui, sous forme de fumées, de brumes, de nuages ou de souffles invisibles, porte toutes les choses, les entraînant dans le processus de

1. Ainsi s'explique la différence que Fromentin établit entre Van Eyck et Memling : « Van Eyck voyait avec son œil, Memling commence à voir avec son esprit », p. 279.

> secrètes mutations. Loin de "diluer" l'espace, il confère au tableau cette unité où toutes choses respirent comme dans une structure organique[1].

Mais Fromentin ignore tout de cette philosophie ; et il ne connaît l'art d'Extrême-Orient qu'à travers l'influence qu'exerce l'estampe japonaise sur la peinture de son temps, autrement dit par ce qu'il déteste le plus : l'aplat pur qui tue l'atmosphère – il parle de « papier japonais » à propos de la peinture de Manet). L'expérience de la ressemblance, il la vit en tant qu'artiste du dix-neuvième siècle français, c'est-à-dire de l'intérieur même de cet humanisme individualiste dont il avait découvert pourtant l'insuffisance et le caractère contestable.

Et tel est bien le paradoxe auquel se heurte la spéculation théorique des *Maîtres d'autrefois*. La démarche conceptuelle de Fromentin est foncièrement incompatible avec le système de pensée qu'il a hérité de sa culture : pourtant, c'est toujours vers lui qu'il se retourne pour assurer, et rassurer, sa pensée[2].

C'est qu'il aurait fallu *rompre des liens* pour penser vraiment la ressemblance. S'il était vrai que cette notion correspondait à un imaginaire social et culturel différent de celui au nom duquel Bürger et Taine avaient critiqué ou mal compris les paysagistes hollandais, il aurait fallu en analyser toutes les implications, en suivre la logique jusqu'au bout.

Il est sûr que l'écrivain l'a tenté, comme le prouvent certaines pages de ses manuscrits. Qu'est-ce que « la nature », « l'idéal », s'interroge-t-il, lorsqu'on les aborde à partir de l'expérience hollandaise[3] ? Ces pages n'ont pas été gardées dans l'édition. Sans doute parce qu'elles aboutissaient à des impasses, mais surtout, me semble-t-il, parce que l'objectif que s'était donné Fromentin en écrivant *Les Maîtres d'autrefois* lui permettait d'éviter de se risquer à traiter de telles questions. Le but du livre était de convaincre par une écriture visuelle de la valeur d'œuvres et de peintres injustement dépréciés, et par des écrivains qui n'étaient pas eux-mêmes des praticiens. L'effet une fois obtenu – ou jugé tel – il n'était pas nécessaire d'aller plus loin. De plus, en montrant que

1. François Cheng, *Vide et plein*, Paris, Seuil, 1979, p. 21. Voir également *Fromentin conteur d'espace*, *op. cit.*, « Le regard et la loi », p. 179-222.

2. C'est ainsi que Fromentin confiera, six mois avant sa mort, à son ami Du Mesnil : « Je voudrais écrire un dernier livre [...] oui, je voudrais écrire un livre, qui montrerait comment se fait la production dans un cerveau » (Journal d'E. de Goncourt, 12 décembre 1876, cité dans *Dominique*, *op. cit.*, p. 297).

3. Fromentin revient par deux fois sur ces questions, dans ses carnets et dans son manuscrit. Voir *Œuvres complètes*, *op. cit.*, p. 1205-1206 et p. 1213-1215.

la « ressemblance » au sens où il l'entendait – une adéquation conjointe au réel et à l'imaginaire – était à l'œuvre dans son appréciation personnelle, les paysages de Ruysdaël *ressemblant* à ceux-là mêmes auxquels sa propre sensibilité était le plus intensément attachée, l'écrivain pouvait penser qu'il avait établi suffisamment la validité de ses hypothèses[1].

Néanmoins restait Rembrandt, Rembrandt et la *Ronde de nuit*. C'était au nom de Rembrandt que Bürger avait discuté, on s'en souvient, l'éclairage de la peinture hollandaise. Celui de la *Ronde de nuit*, tableau qui, par ailleurs, le remplissait d'enthousiasme, lui semblait parfaitement conçu : « Tout est correctement éclairé de gauche à droite, un peu de haut en bas, un peu d'avant en arrière », disait-il, réagissant lui-même aux critiques qu'il avait lues chez Maxime Du Camp[2].

Ce serait une erreur de croire, cette fois encore, que Fromentin ait voulu simplement contredire Thoré-Bürger en écrivant que, tout au contraire, la lumière de la *Ronde de nuit* était, selon lui, « surnaturelle, inquiétante, artificielle ; elle rayonne du dedans au dehors, elle dissout les objets qu'elle éclaire ». A propos de ce tableau comme du *Taureau* de Potter, le vrai motif de la querelle est à rechercher ailleurs. Mais il n'a plus la cohérence qui avait permis à Fromentin de trouver pour y répondre une écriture convaincante. De la théorie esthétique au sentiment, de la notion d'un vide animateur de l'esprit à la thématique toute affective du *lieu*, le glissement s'était fait sans heurts devant Ruysdaël, envoûtant le lecteur charmé par la raison et par le cœur. S'agissant de la peinture de Rembrandt, « vide » et « lieu » étaient inconciliables.

Aucun peintre, certes, mieux que Rembrandt, n'avait su maîtriser cet art suprême de la combinaison des valeurs et de la représentation de l'atmosphère que constitue le *clair-obscur*, et Fromentin lui en rend largement hommage[3] :

> Il aura prouvé qu'il existe en soi, indépendamment de la forme extérieure et du coloris, et qu'il pourra par sa force, la variété de son emploi, la puissance de ses effets, le nombre, la profondeur ou la

1. Voir p. 165 : Ruysdaël « était un rêveur, un de ces hommes comme il en existe beaucoup de notre temps [...] que les lointains horizons inquiètent, que les plates étendues charment, qu'un coup de soleil enchante. »

2. *Les Musées de la Hollande*, *op. cit.*, p. 14. M. Du Camp, que Bürger cite en note, parlait d'une lumière « tout à fait arbitraire ».

3. Fromentin parle à plusieurs reprises du clair-obscur avant d'aborder Rembrandt. Voir p. 155-156, 225-226.

> subtilité des idées qu'il exprime, devenir le principe d'un art nouveau. Il aura prouvé qu'on peut soutenir des comparaisons écrasantes, sans coloris, par la seule action des lumières sur des ombres. Il aura par là formulé plus expressément que personne la loi *des valeurs* et rendu d'incalculables services à notre art moderne.

Mais ce n'est pas la *nouveauté* qui intéresse l'auteur des *Maîtres d'autrefois*, quand bien même elle consisterait, comme ici, dans la synthèse de toutes les qualités picturales dont il est lui-même le promoteur. Il lui faut d'abord dans un tableau « le pays, le lieu, le moment, le sujet, les hommes, les choses ».

> Toute peinture hollandaise, avait-il écrit, est concave, je veux dire qu'elle se compose de courbes décrites autour d'un point déterminé par l'intérêt, d'ombres circulaires autour d'une lumière dominante. Cela se dessine, se colore, s'éclaire en orbe avec une base forte, un plafond fuyant et des coins arrondis, convergeant au centre.

Cette peinture, « on l'habite, on y circule, on y regarde au fond ». C'est ce qui lui plaît, c'est ce qu'il aime. Dans la *Ronde de nuit* on ne peut pas vivre.

Le tableau lui-même est-il vraiment en cause dans les critiques qui lui sont faites ? Je ne le pense pas. Fromentin avait sous les yeux la preuve la plus magistrale de la justesse de sa propre définition de la peinture, qui est, disait-il dans sa préface, « l'art d'exprimer l'invisible par le visible », c'est-à-dire, comme il le précise dans un de ses manuscrits, de « dépasser les apparences », de restituer une nature « telle qu'on l'observe rarement, telle qu'on ne la découvre que quelquefois, et telle aussi probablement qu'on ne l'aperçut jamais »[1].

C'était cette nature jamais vue que montrait la *Ronde de nuit*. Mais aussi elle le faisait – et c'est d'ailleurs pourquoi, sans doute, contrairement à ce que dit Fromentin, Rembrandt est le peintre le plus « hollandais » de tous – en introduisant un décalage absolu *à la fois* dans la réalité des choses et dans la nature du regard qui la transfigurait en tableau. A défaut d'une figure humaine, Fromentin avait besoin d'*un regard* au centre de ses images, le sien, témoin physique mais surtout ordonnateur privilégié, unique, du visible, autant que son observateur dévoué. Telle était la

1. *Œuvres complètes*, *op. cit.*, p. 1214.

loi de sa culture, comme celle de son propre instinct[1]. L'espace ouvert par Rembrandt n'avait plus besoin d'un centre, il proposait des parcours. Le vide, en prenant avec lui possession de la peinture, en éliminait le réel, et il emportait du même mouvement tout repère optique stable, dans les lieux comme les temps. « Son idéal, comme dans un rêve poursuivi les yeux fermés, c'est la lumière », avait écrit Fromentin, dans un élan d'admiration horrifiée. C'était la rhétorique même des *Maîtres d'autrefois* qui dérivait avec la *Ronde de nuit* et son mutisme onirique.

1. La maison que Fromentin occupe à Aïn-Mahdy est décrite par lui dans le *Sahara* comme une de « ces vues de haut [qui lui] plaisent toujours », car elles lui permettent d'embrasser l'ensemble d'un paysage – thème que l'on retrouvera dans le célèbre chapitre XI de *Dominique* consacré à la visite d'un phare – mais dont l'écrivain se plaît également à rappeler les références classiques : « toujours j'ai rêvé, ajoute-t-il en effet, de grandes figures dans une action simple, exposées sur le ciel et dominant un vaste pays » (*Un été dans le Sahara*, *op. cit.*, p. 239). Cet imaginaire de la « possession locale » – si l'on peut le définir ainsi – s'oppose à celui du peintre-poète chinois qui souhaite disparaître, au contraire, dans ses propres paysages, tel Shitao : « Sans cheveux, ni coiffe, je ne possède non plus de refuge où fuir ce monde. Je deviens l'homme dans ce tableau, avec à la main une canne à pêche, au milieu d'eau et de roseaux. Là où, sans limite, Ciel et Terre ne font plus qu'Un. » (Cité par F. Cheng, *Vide et plein*, *op. cit.*, p. 104).

chapitre 8
la mémoire blanche

C'est à la *Rhétorique à Herennius*, traité du Ier siècle avant notre ère dont l'auteur nous est inconnu, que nous devons la répartition des techniques de l'art oratoire en cinq catégories : l'*invention* (en grec *heuresis*, en latin *inventio*), la *disposition* (*taxis* ou *oikonomia* en grec, en latin *dispositio*), l'*élocution* (*lexis*, *hermèneia* ou *phrasis* en grec, *elocutio* en latin), la *mémoire* (*mnèmè* ou *memoria*) et *l'action* (*hupocrisis* ou *actio*) :

> L'invention consiste à trouver les arguments vrais ou vraisemblables propres à rendre la cause convaincante. La disposition ordonne et répartit les arguments : elle montre la place qui doit être assignée à chacun d'eux. Le style adapte à ce que l'invention fournit des mots et des phrases appropriés. La mémoire consiste à bien retenir les idées, les mots et leur disposition. L'action oratoire consiste à discipliner et à rendre agréables la voix, les jeux de physionomie et les gestes[1].

Cette typologie est issue d'une conceptualisation des qualités exigées du bon orateur qui s'était élaborée de façon progressive dans la culture grecque, et qui avait conduit Aristote à y introduire l'*hupocrisis*, puis les rhéteurs hellénistiques la *mnèmè*.

1. *Rhétorique à Herennius*, livre I, 3, Paris, Les Belles Lettres, 1989, p. 3.

Les traités de rhétorique modernes ont réduit ces cinq catégories à quatre, la mémoire en étant désormais exclue, et sa définition résumée dans celle d'une fonction qui, « pla[cée] entre l'élocution et l'action, permettait non seulement de retenir mais surtout d'improviser »[1], sans que l'on s'attarde davantage sur la nature de cette méthode et sur ses procédés – et moins encore sur l'articulation à première vue assez paradoxale qu'elle était censée instaurer entre mémoire et improvisation, archivage et révélation.
Aron Kibédi Varga a observé que cette négligence ne concernait pas seulement la *memoria* mais l'*actio*, l'une et l'autre ayant été, selon lui, également escamotées ou évoquées en quelques pages dans les manuels modernes, en même temps que l'*inventio* et l'*elocutio* s'y voyaient réserver une place de plus en plus conséquente. Il trouve à cette double négligence différents motifs :

> Cette disproportion s'explique, dit-il, si l'on se rend compte que la rhétorique n'est pas une théorie mais un art et une technique qui s'apprennent ; certains aspects, certaines parties de cet enseignement se laissent moins bien et moins explicitement verbaliser que d'autres. Il semble plus facile de définir une figure de style qu'un geste. L'art de bien dire se rétrécit ainsi, dans les manuels, à un art de préparer un texte écrit persuasif ; la *memoria* et *l'actio* interviennent ultérieurement, c'est-à-dire au moment où le texte écrit est déjà achevé[2].

C'est sur le recours à l'écrit que Kibédi Varga fait principalement reposer la désaffection dont sont victimes ces deux sections de la rhétorique, comme il le précise ensuite :

> D'autres considérations plus spécifiques pourraient encore être alléguées. A une époque où la plupart des orateurs se trouvent dans des situations qui leur permettent de se servir, pendant leurs discours, de notes, de brouillons, de textes *écrits*, le rôle de la *memoria* sera nécessairement limité. De même, l'*actio* perd de son importance dans une civilisation de plus en plus dominée par l'écrit ; la voix (débit, intonation), les gestes et l'expression adéquate du visage ne relèvent pas directement du texte, ils s'y ajoutent. Et il est significatif qu'à l'époque classique, l'*actio* intéresse surtout les peintres – puisqu'un tableau ne peut exprimer des émotions que par les gestes et le visage des personnages représentés – et

1. Olivier Reboul, *La Rhétorique*, « Que sais-je ? », Paris, P.U.F., 1984, p. 28.
2. A. Kibédi Varga, *Discours, récit, image*, Paris, Mardaga, 1989, p. 39.

> les acteurs – qui aimeraient disposer d'un système sémiotique clair et efficace pour faire reconnaître les émotions au public et ainsi les lui faire ressentir[1].

Ce que cette analyse souligne à juste titre est que *memoria* et *actio* participent, dans l'économie générale des sections de la rhétorique, d'une même mouvance, que l'on pourrait définir comme *exogène* par rapport aux trois précédentes, même s'il ne fait pas de doute qu'elles doivent être elles-mêmes distinguées l'une de l'autre. L'intervention de l'écrit peut-elle cependant suffire à caractériser cette mouvance – et l'écrit tel qu'il est compris ici, c'est-à-dire comme un conservatoire pur et simple de la parole ? C'est parce qu'elle constituerait une sorte de « mémoire suffisante » que l'écriture aurait rendu caduque une technique supposée lui faire concurrence. Mais comment expliquer en ce cas l'enthousiasme de l'auteur de la *Rhétorique à Herennius* lorsqu'il aborde la partie de son exposé consacrée à la mémoire – enthousiasme dont s'inspirera d'ailleurs saint Augustin – et qui fait apparaître en elle une dimension qui n'est pas seulement de conservation mais aussi de participation active à l'invention ?

> Passons maintenant à la mémoire, trésor qui *rassemble toutes les idées fournies par l'invention* et qui conserve toutes les parties de la rhétorique écrit-il[2].

Ce qui autorise à associer *memoria* et *actio* n'a, en fait, rien de marginal ou de négatif : leur originalité commune est qu'elles constituent l'une et l'autre des interventions directes du visible dans un art qui est par vocation un art de la parole. Mais elles le font en impliquant ce visible d'une manière très différente chacune, et telle que l'une – la mémoire – peut sembler ne pas être « visuelle » de façon aussi légitime que l'autre, parce qu'elle s'inspire en effet d'un médium extérieur au discours – l'image – tandis que l'action prolonge et, en quelque sorte, illustre naturellement, la dynamique première de la parole, qui est celle de l'énonciation. Ce décalage n'a pas été souligné par Kibédi Varga parce que la conviction qui est la sienne qu'un champ commun unit mémoire et action s'accompagne d'un choix de principe le portant à privilégier la seconde, et à ne pas éprouver en conséquence le besoin d'identifier,

1. *Ibid.*
2. *Rhétorique à Herennius*, *op. cit.*, livre III, 28, p. 113.

dans la mémoire, ce qui pourrait constituer en elle sa « part d'iconicité ».

Cette préférence est compréhensible, et on saurait d'autant moins la contester que les recherches menées par Kibédi Varga dans le domaine comparé du texte et de l'image ont été placées par lui sous les auspices de la « narratologie visuelle », c'est-à-dire de la mise en images du récit[1].

Ce que je voudrais montrer ici, pour ma part, est que, si l'on envisage texte et image de façon plus générale, comme deux modes parallèles d'expression de la pensée visuelle, ce n'est pas, dans les sections de la rhétorique, l'action qu'il convient avant tout d'interroger, mais la mémoire.

Je suis convaincue en effet que si la mémoire a fait l'objet d'un ostracisme beaucoup plus précoce et plus radical que l'action de la part des auteurs de traités de rhétorique, ce n'est pas tant en raison du caractère pittoresque de la méthode qu'elle préconisait – sur laquelle je vais revenir – que du refus systématique et profond opposé par la société occidentale à toute définition de la communication et du sujet qui ne soit pas exclusivement déterminée par le verbe. L'art de la mémoire devait en être d'ailleurs la première victime : car c'est bien faute de pouvoir être fondé *en logique* qu'il a fini par prendre cette forme étrange que l'on n'a cessé de lui reprocher, et qui a causé sa disparition.

Mais le vrai scandale ne tenait pas à la nature de la méthode, quelle qu'elle fût : il résidait avant tout dans la démarche dont celle-ci était le produit, et qui consistait à associer mémoire verbale et vision *en soumettant la première à l'autorité de la seconde*. L'action ne pouvait choquer au même degré : elle apportait simplement un complément expressif à la parole, elle n'en remettait pas en cause le système. Comme la parole, elle s'adressait à un allocutaire – et par l'oreille autant que par la vue –, et elle se manifestait également – son nom lui-même le prouve – dans un *acte*. La mémoire procédait à l'inverse : elle nécessitait un retour sur soi du locuteur, et ce retour, si l'on admettait qu'il relevait d'un processus visuel, ne pouvait être que réceptif. Reconnaître l'efficacité de ce processus au même titre que celle de l'action était opposer au sujet du *logos* un concurrent, une sorte de double muet qui penserait et agirait par les yeux avec une autorité et un pouvoir équivalents.

1. Voir *Discours, récit, image*, *op. cit.*, p. 97 : « Comment passer de l'action au récit tout en ne représentant qu'une action ? Voici le problème central de toute la narratologie visuelle. »

La culture occidentale était tout à fait capable d'absorber un tel sujet, ce qui était le meilleur moyen de l'éliminer. C'est ce qu'elle a fait: le *Je* cartésien résulte d'un amalgame entre sujets verbal et visuel, et le *On* de Merleau-Ponty de leur fusion dans un corps. L'absolu individuel, fût-il conçu comme une monade, ne saurait être limitatif. Mais ce qu'il lui est impossible d'intégrer, c'est ce par quoi le visible fait sens pour lui. Car l'ordre qui régit ce processus n'est plus celui de l'individu, âme ou « chair », où se construit la pensée mais *ce à partir de quoi* cette pensée se construit, c'est-à-dire un espace où les objets ont pour fonction, non de surgir du réel comme autant de reflets de soi, mais de proposer un réseau d'indices matériels susceptibles d'éclairer le sujet sur un univers dont le système est foncièrement différent du sien tout en lui demeurant accessible[1].

Mais qu'y a-t-il de commun entre la mémoire au sens d'archivage de souvenirs et d'informations où nous l'entendons ordinairement, et *l'art de la mémoire* de la rhétorique hellénistique ? De quelle nouveauté cet art était-il porteur, et quel en était l'intérêt ? Pour tenter de le comprendre il importe de situer d'abord l'apparition de la rhétorique dans le contexte historique précis où elle s'est produite.

Ce contexte est très particulier car il est celui d'une civilisation orale qui venait de découvrir l'écriture, mais qui savait également que l'écriture ne se limitait pas au seul système qu'elle pratiquait elle-même. L'écriture, pour les Grecs, ce n'était pas seulement en effet l'alphabet, c'était aussi celle de leurs proches voisins égyptiens, avec lesquels ils étaient en relations régulières depuis le VIe siècle par leur colonie de Naucratis. Or ces écritures se situaient aux deux pôles extrêmes de leur histoire commune. Les hiéroglyphes égyptiens, idéographiques et figuratifs, dataient de plusieurs millénaires. Le système dont s'étaient dotés les Grecs au VIIIe siècle représentait, par rapport à eux, une sorte de sublimation, mais aussi un reniement. L'idéogramme – sous la forme de son avatar phénicien sémantico-consonantique – s'était mué par leur intermédiaire en « alphabet » au sens le plus pur et abstrait du terme, c'est-à-dire phonologique. La nécessité de prendre appui sur l'image qui caractérisait l'écriture depuis toujours était devenue sans objet.

1. Voir sur ce point *L'Image écrite ou la déraison graphique*, *op. cit.*, en particulier, p. 71-108 : « Le partenaire silencieux ».

La rhétorique est donc née au VIe siècle dans un contexte paradoxal. En tant qu'art écrit de la parole, elle s'inscrivait dans un grand mouvement novateur et moderniste – dont le domaine principal est l'art théâtral – fondé sur l'idée que l'imbrication de la parole dans ce processus de communication inédit, à la fois intellectuel et sensible, que constituait l'écriture ne pouvait que l'enrichir de ressources inconnues jusqu'alors. Mais elle apparaissait au moment même où cette écriture se trouvait, pour la première fois de son histoire, symboliquement dépossédée de ses ressources visuelles initiales, tandis que chez les voisins égyptiens, la combinaison hiéroglyphique de la langue avec les figures et l'espace confirmait au contraire, par sa longévité, l'efficacité de leur système.

Aussi est-il impossible de croire que la présence du visible dans les traités de rhétorique ait été accidentelle. La référence à l'image est étroitement liée à l'ancrage de la technique oratoire dans l'écriture. Elles se servaient mutuellement de caution : en portant témoignage de la continuité culturelle qui unissait jusque dans l'écriture – et à travers elle – verbe et visible ; en tentant de proposer, au-delà d'un système alphabétique visuellement appauvri, une forme d'écriture non pas nouvelle mais *renouvelée*, dont le modèle serait emprunté aux anciens idéogrammes mais qui pourrait également s'adapter aux exigences contemporaines du monde grec.

Je reviendrai un peu plus tard sur le système hiéroglyphique et sur l'incompréhension tenace qui devait le poursuivre en Occident pendant près de deux mille ans[1]. Ce qui nous importe ici est que l'invention de l'art de la mémoire se soit réalisée dans son voisinage immédiat, ce que confirme le fait que l'inventeur supposé de cet art au VIe siècle, le poète Simonide de Céos, soit également celui auquel la tradition a imputé le premier parallèle qui ait été fait entre poésie et peinture :

> Simonide, écrit Plutarque, appela la peinture une poésie silencieuse et la poésie une peinture qui parle ; car la peinture peint les actions pendant qu'elles s'accomplissent, les mots les décrivent une fois qu'elles sont achevées[2].

Ceci éclaire en effet cela : dans cette civilisation qui, en inventant l'alphabet, semblait avoir dissocié verbe et image, dire et voir, de

1. Voir plus loin *Ecriture et multimédia*, en particulier p. 181.

2. Plutarque, *De Gloria Atheniensium* 3, cité par F. Yates, *L'Art de la mémoire*, trad. fr. par D. Arasse, Paris, Gallimard, 1975, p. 40.

manière rédhibitoire, l'union primitive des deux media n'avait pas été vraiment perdue et suscitait au contraire une nostalgie vigilante. On la recherchait dans le passé ; on tentait de la faire renaître sous une forme et dans une perspective nouvelles afin d'en greffer les bénéfices sur un modèle de communication qui était en train de se construire.

Intuition fondamentale et précieuse. Lui était-il néanmoins possible de s'exprimer pleinement, sans se trahir ? Pouvait-elle se dégager d'une emprise du *logos* qui était si puissante en Grèce que l'on y faisait parler aux dieux mêmes la langue des hommes ? Autrement dit, était-ce bien *l'image* comme telle, dans sa dualité spécifique d'étendue spatiale et de figures s'y regroupant en réseaux – cela même qui la rendait créatrice – dont on tenait à s'inspirer ? Malentendus, approximations, réajustements se sont succédé à ce sujet dans l'antiquité gréco-latine, qui nous apportent des éclairages très utiles sur l'univers parallèle que constituait pour ces sociétés le monde de la mémoire.

L'histoire de l'art de la mémoire commence par une légende dont Simonide aurait été le héros. La salle d'un banquet auquel le poète participait s'étant effondrée sur les convives alors que lui-même venait d'être attiré au dehors par les dieux, Simonide aurait été le seul à pouvoir identifier les corps dans la mesure où il se serait souvenu de la place qu'occupait à table chaque invité.

Cette légende nous est connue par le *De Oratore* de Cicéron, qui conclut :

> Aussi, pour exercer cette faculté du cerveau, doit-on, selon le conseil de Simonide, choisir en pensée des lieux distincts, se former des images des choses qu'on veut retenir, puis ranger ces images dans les divers lieux. Alors l'ordre des lieux conserve l'ordre des choses ; les images rappellent les choses elles-mêmes. Les lieux sont les tablettes de cire sur lesquelles on écrit ; les images sont les lettres qu'on y trace.

Et il souligne l'origine visuelle du procédé :

> Simonide (ou l'inventeur, quel qu'il fut, de la mémoire artificielle) vit fort bien que, de toutes nos impressions, celles qui se fixent le plus profondément dans l'esprit sont celles qui nous ont été transmises et communiquées par les sens ; or, de tous nos sens, le plus subtil est la vue. Il en conclut que le souvenir de ce que perçoit l'oreille ou conçoit la

> pensée se conserverait de la façon la plus sûre, si les yeux concouraient à le transmettre au cerveau[1].

L'histoire de Simonide, et les commentaires qu'en donne Cicéron, ne peuvent nous en faire douter : c'est bien la contemplation d'un spectacle – ou plutôt d'une image ou d'une carte, ce que suggèrent la fixité et l'étroitesse de la scène, le poète ayant gardé le souvenir de ce qui s'était trouvé à portée directe de son regard – qui a servi de modèle à la mnémotechnie oratoire. Il y a loin toutefois de l'image telle que l'évoque le récit légendaire à l'analyse qu'en propose Cicéron. L'espace d'une table de banquet est nécessairement sériel, mais il peut être observé sous plusieurs angles, et c'est cette liberté d'errance du regard et la diversité des points de vue par lesquels il peut aborder un même ensemble qui facilitent sa mémorisation. Or cet espace multidirectionnel a disparu du texte de Cicéron : seules y sont présentes des figures. Ce qui est conçu comme « lieu » dans ce texte est en effet l'emplacement spécifique réservé à une « figure » – conformément à la définition du « lieu » que l'on doit à Aristote –, et l'ordre qui relie ces figures celui de leur succession linéaire, c'est-à-dire un ordre discursif. Il en va de même de la

métaphore de l'écriture à laquelle Cicéron a recours, laquelle, si elle reflète bien l'équivalence entre l'image et l'écrit qui fonde l'art de la mémoire, n'est traitée, cette fois encore, que du seul point de vue figural. Ce sur quoi Cicéron insiste en effet n'est pas la surface du support qui leur est commun à toutes deux mais la possibilité qu'offre la cire de fixer une figure en son « lieu » comme l'on peut y graver une lettre.

Cicéron devait dire dans les *Tusculanes* qu'il méprisait une telle mémoire, et son inventeur[2]. Mais ce n'est pas exactement de l'invention de Simonide qu'il traite dans le *De Oratore*. Le poète grec amateur d'images n'envisageait pas le visible en théoricien du discours. L'intuition que lui attribue la légende était celle d'un créateur, d'un artiste. L'art de la mémoire auquel Cicéron fait référence avait acquis la raideur d'une méthode standardisée. Elle s'était élaborée à partir d'un ensemble de données dont aucune ne témoignait plus de la pensée spatiale égyptienne. Logique rationnelle du discours, alignement lettre à lettre de l'écriture alphabétique, optique centrée sur le seul problème de l'identi-

1. Cicéron, *De Oratore*, livre II, 352-354 et 357, cité par F. Yates, *L'Art de la mémoire*, *op. cit.*, p. 14 et p. 16. L'histoire de Simonide est également rapportée par Quintilien, *Institution oratoire*, livre XI, 2, 11-13, Paris, Les Belles Lettres, t. VI, 1979, p. 209-210.

2. Cicéron, *Tusculanes*, livre I, XXIV, 59.

fication des objets et le souci de leur vérité : rien ne subsistait plus, dans cette définition de la mémoire, de l'équilibre énigmatique que celle-ci avait dû jadis à ses ascendances hiéroglyphiques, et de l'efficacité particulière que l'on attendait d'elle.

Mais sans doute faut-il faire intervenir dans le débat une distinction présente dans le *De Oratore*, et qui prend chez l'auteur de la *Rhétorique à Herennius*, contemporain de Cicéron, une dimension particulière :

> Il y a [...] deux mémoires, écrit-il : l'une naturelle, l'autre fruit de l'art. La mémoire naturelle est celle qui est innée dans notre esprit et qui a pris naissance en même temps que notre pensée. La mémoire artificielle est celle que renforcent une espèce d'apprentissage et des règles méthodiques. [...] Il en est ici ni plus ni moins comme dans les autres arts : la formation réussit avec éclat grâce à un talent inné et les dons naturels grâce à l'apprentissage[1].

Il existerait donc deux mémoires. Mais en quoi diffèrent-elles vraiment l'une de l'autre ? La distinction n'est ni très claire ni très convaincante. Il semblerait qu'elle serve en fait de prétexte pour introduire et légitimer, à côté de la définition canonique de la mémoire, une version moderne et plus ou moins hérétique, celle d'une *mémoire visuelle-écrite*, alors que la « mémoire naturelle » relève de *l'oral*.

Car le fait est que la mémoire, pour les sociétés antiques, est demeurée de façon constante ce qu'elle était avant l'invention de l'écriture : le domaine réservé de l'oral, de la parole humaine, seule garante de la permanence d'une société et de la transmission de ses traditions, de son histoire et de ses rites d'une génération à la suivante. Parallèle et étrangère au monde du visible et de l'image, elle l'était restée à celui de l'écriture, dont le métissage pouvait même apparaître d'autant plus suspect dans le cas de l'alphabet que l'image s'y trouvait dépossédée de son pouvoir ancestral de révélation. On le constate à travers l'assimilation que fait Platon – qui connaissait pourtant l'Egypte et y avait séjourné – entre alphabet et système hiéroglyphique, et dans la condamnation qu'il porte sur l'un et l'autre, confondus en une unique « écriture », au nom de la mémoire. « L'écriture produira l'oubli dans les âmes en leur faisant négliger la mémoire : confiants dans l'écriture, c'est du dehors, par des caractères étrangers, et non plus du dedans, du fond d'eux-mêmes, qu'ils chercheront à susciter leurs souvenirs » déclare

1. *Rhétorique à Herennius*, livre III, 28-29, *op. cit.*, p. 114.

Socrate dans le *Phèdre*[1]. Ce propos n'a rien d'exceptionnel. On trouve une formule similaire dans un proverbe hindou : « Le savoir placé dans un livre est une richesse passée dans une main étrangère »[2]. Et il en allait aussi de même en Mésopotamie si l'on en croit Dominique Charpin :

> [...] la transmission du savoir dans la civilisation mésopotamienne était avant tout une affaire orale : ce n'est pas un hasard si les rituels n'ont été que très rarement mis par écrit avant le premier millénaire, les textes les plus explicites datant seulement de l'époque séleucide. C'est alors seulement qu'apparaît l'idée qu'on sauvera ainsi ces textes du danger de l'oubli. Auparavant, même les écrits qui ont explicitement le souci du futur ne visent pas à cela : les hymnes et les inscriptions commémoratives veulent conserver le nom du roi[3].

Ce que les rhéteurs grecs – ou Simonide avant eux – avaient découvert grâce à l'exemple égyptien était que, parallèlement à cette mémoire orale, dite « naturelle », qui consistait dans l'accumulation homogène et passive d'un savoir, il en existait une seconde, qui avait l'originalité d'être *active*, étant fondée sur des exercices de perception visuelle – ce pourquoi ils la nomment « artificielle » – et qui était susceptible de créer elle-même de nouveaux éléments de savoir, lesquels pourraient être conservés et utilisés à leur tour par la mémoire « naturelle ».

L'auteur du *Ad Herennium* a décrit l'art de la mémoire en ayant pour modèle, comme Cicéron, ce que l'écriture alphabétique lui permettait de transposer d'une telle méthode dans un contexte plus familier à ses lecteurs latins :

> Ceux qui savent les lettres peuvent grâce à elles écrire ce qu'on leur dicte et lire à haute voix ce qu'ils ont écrit. De même ceux qui ont appris la mnémotechnie peuvent mettre dans des emplacements ce qu'ils ont entendu et grâce à eux le dire de mémoire. En effet les emplacements sont tout à fait comparables à une tablette de cire ou à un papyrus,

1. *Phèdre*, 275 c, Paris, Flammarion, 1964, p. 165.
2. Cité par Georges-Jean Pinault, « Écritures de l'Inde continentale », Anne-Marie Christin (dir.), *Histoire de l'écriture, de l'idéogramme au multimédia*, Paris, Flammarion, 2001, p. 97.
3. Dominique Charpin, « Lire et écrire en Mésopotamie : une affaire de spécialistes ? » Actes du Forum international d'inscriptions, de calligraphies et d'écritures dans le monde à travers les âges, 24-27 avril 2003, Bibliotheca Alexandrina, 2007, p. 60-61, www.ceei.univ-paris7.fr/04_bibliotheque/index.htlm. J'ai développé ce sujet dans mon article « Espace et mémoire : les leçons de l'idéogramme », *Protée*, vol. 32, n° 2, 2004, p. 19-28.

> les images aux lettres, la disposition et la localisation des images à l'écriture ; et prononcer le discours c'est comme lire[1].

Il existe cependant, entre l'analyse de Cicéron et celle-ci, une différence considérable : cire et papyrus ne sont pas mentionnés ici comme le moyen d'imprimer ou de conserver les figures que l'on doit mémoriser ; ils témoignent de la reconnaissance du support de l'écriture comme facteur de mémorisation indépendant du signe linguistique – mot ou lettre –, avec lequel il combine ses effets dans la lecture. Est-ce parce que l'auteur du *Ad Herennium* se sentait plus proche, pour une raison quelconque, des origines historiques de cette méthode, ou parce qu'il en comprenait mieux les motivations, – ou parce qu'il était moins soucieux que Cicéron d'imposer les structures modernes de l'alphabet à une technique dont l'archaïsme était devenu évident à son époque ? Toujours est-il qu'il accorde à l'agencement spatial des figures dans l'art de la mémoire une valeur qui, en même temps qu'elle le dégage de la logique discursive, en justifie – et nous en fait aussi mieux comprendre – la pertinence et l'utilité pour la pratique oratoire :

> Nous devons [...], si nous voulons retenir beaucoup de choses, prévoir de nombreux emplacements pour pouvoir y placer de nombreuses images. Nous pensons aussi qu'il faut donner à ces emplacements un ordre, pour que la confusion ne nous empêche pas de suivre les images – en commençant à l'endroit qui nous plaira, au début ou à la fin – et de voir puis de dire ce qui a été mis dans les emplacements. Si nous avions plusieurs personnes de notre connaissance debout devant nous, rangées en ordre, il importerait peu que nous commencions à les nommer à partir de la première, de la dernière ou de celle du milieu. De même si les emplacements sont ordonnés, nous pourrons, guidés par les images, dire, en commençant dans n'importe quel sens, où nous le voudrons, ce que nous avons mis dans les emplacements[2].

Tel est le premier intérêt de l'art de la mémoire : il doit permettre à la mémoire verbale de combiner la rationalité spatiale du parcours à l'enchaînement linéairement orienté de la parole, comme à sa logique démonstrative. Il est un ordre pour les lieux qui n'est pas celui des mots. C'est pourquoi il est régi lui-même par des contraintes qui lui sont

1. *Rhétorique à Herennius*, livre III, 30, *op. cit.*, p. 115. Le traducteur (Guy Achard) a préféré à juste titre le terme d'« emplacement » à celui de « lieu ».
2. *Ibid.*

propres. Celles, d'abord, qui permettront à ces lieux de s'imprimer dans notre esprit – ce qui n'est pas indispensable aux figures, contrairement à ce qu'affirme Cicéron, puisque les figures doivent se renouveler en fonction de chaque discours, tandis que les lieux où on les place restent leur support permanent : « En effet les images, comme les lettres, s'effacent quand on ne les emploie plus. Mais les emplacements, comme la cire, doivent subsister »[1]. Réflexion qui part d'une observation fort perspicace quant à la faculté qu'a la cire d'autoriser l'effacement de ce que l'on y écrit.

L'auteur du *Ad Herennium* ne poussera cependant pas plus avant ses investigations dans ce sens : il a beaucoup plus à faire à définir les conditions requises pour assurer à l'espace local dans lequel doivent être placées fictivement les figures les qualités nécessaires à son fonctionnement mémoriel : y numéroter visuellement les emplacements, choisir un espace désert plutôt que trop fréquenté, et de telle sorte que l'on puisse y distinguer clairement des emplacements différents, se soucier des intervalles séparant ces mêmes emplacements :

> Les intervalles entre les emplacements doivent être de dimension moyenne, un peu plus ou un peu moins de trente pieds. En effet l'esprit, comme la vue, saisit moins bien les objets à discerner quand on les éloigne ou quand on les rapproche trop[2].

Ainsi, l'espace de la mémoire artificielle ne se donne-t-il pas comme un *fond* à la manière de celui des trompe-l'œil, qui ne sert que de faire-valoir à une figure censée donner l'illusion qu'elle s'est métamorphosée en objet : il est premier, au contraire. Mais ce n'est pas à la manière du tissu de soie blanche que les peintres chinois du XIIe siècle suggèreront à leurs disciples d'étendre sur un mur pour y voir apparaître un paysage. Nous sommes ici encore très près de cet aménagement concerté de lieux privilégiés – temples et tombes – où les anciens Egyptiens faisaient se relayer figures et signes en fonction du parcours de leur « lecteur » afin de l'initier à un *texte*. Espace premier, espace fondateur, pur de toute intention narrative mais cependant étroitement ancré dans un schéma spirituel, qu'on le juge abstrait – il conduit à l'écriture – ou propre à l'imaginaire :

1. *Rhétorique à Herennius*, livre III, 31.
2. *Ibid.*, livre III, 32, p. 117-118.

> En effet, précise l'auteur du *Ad Herennium*, l'imagination peut concevoir n'importe quelle étendue et y façonner, y construire à son gré un emplacement. Donc si nous ne voulons pas des ressources dont nous disposons, nous pourrons mentalement déterminer, pour notre usage, une étendue et y ménager des emplacements convenables[1].

Virtuel, donc, non pas au sens où il n'impliquerait aucune matière – elle est ici, même de façon fictive, omniprésente – mais parce qu'il constitue *l'espace d'accueil préalable* de toute formulation, ce lieu visuel, intimement présent à chacun et, de ce fait, indéfiniment modifiable, tient à la fois de l'écran, du rêve, et du jardin. De la « page », pour utiliser un terme moderne, pas encore – ou pas tout à fait. Si le vide *y* joue un rôle certain – comme le prouvent les intervalles dont l'auteur du *Ad Herennium* a un si fort souci – il y est en effet moins important pour lui que *l'assemblage*. Choix tout à fait visuel, lui aussi et, comme celui du parcours, profondément étranger de ce fait à la démarche alphabétique, mais qui témoigne aussi d'une attention au texte écrit principalement centrée sur son lexique – conséquence sans doute de cette affectation nécessaire de la « figure » à un « lieu » (ou un « emplacement ») qui fait tout l'embarras de la méthode, et dont l'origine alphabétique est, elle, tout à fait certaine.

La distinction entre images de « mots » et de « choses » par laquelle l'auteur ouvre la section consacrée aux « images » (c'est-à-dire aux figures) est, de même que celle qui lui faisait opposer mémoires « naturelle » et « artificielle », plus conventionnelle et formelle que réellement fondée. « L' image de chose » reflète la conception de la figure comme représentation liée à l'invention de l'alphabet, et que l'on retrouve dans le trompe-l'œil. « L'image de mot » s'inspire toujours du modèle – mais désormais très lointain – de l'écriture figurative des hiéroglyphes égyptiens.

Car le fait est que ces images, bien qu'elles doivent être « ressemblantes », ne sont pas conçues chacune comme une unité close sur soi, sur le modèle de la lettre, mais comme une petite scène composite, mêlant personnages réels, allégories et symboles au gré de l'intuition de chacun. Ce principe de construction est comparable à celui du rébus tel qu'on le pratiquera en Europe au Moyen Âge – c'est-à-dire de façon fort différente de notre rébus moderne qui se déchiffre comme une suite

1. *Ibid.*

d'équivalences phonétiques[1] – et qui n'est pas sans affinités en effet avec le mode de composition des hiéroglyphes. Ce qui préoccupe cependant avant tout l'auteur du *Ad Herennium*, c'est que ces images soient « frappantes » c'est-à-dire qu'elles *créent* des souvenirs et non qu'elles les reproduisent : « Les choses ordinaires s'échappent aisément de la mémoire, mais les choses remarquables et nouvelles restent plus longtemps dans l'esprit » observe-t-il[2].

> Il nous faudra donc former des images du genre de celles qui peuvent être conservées très longtemps en mémoire. Ce sera le cas si nous établissons des similitudes aussi frappantes que possible ; si nous employons des images qui ne soient ni muettes ni floues mais qui soient en action ; si nous leur conférons une beauté exceptionnelle ou une laideur singulière…[3].

Ainsi est parvenu jusqu'au monde latin cette « mémoire » paradoxale qui avait tenté de réintroduire l'image d'où était née l'écriture dans une culture qui venait de la renier. L'art de la mémoire n'était-il d'ailleurs pas lui-même une écriture à sa manière, du type de ces *écritures de voisinage* dont on a de nombreux exemples dans l'histoire, apparues dans les marges des écritures constituées par un effet d'imprégnation lié au désir de reproduire un métissage de l'oral et du visible dont la clé semblait cachée – ou perdue ? Même s'il avait réduit à l'état de caricature certains aspects de l'écriture hiéroglyphique, l'art de la mémoire en avait préservé et même enrichi la principale intuition, selon laquelle l'écriture, si elle était mémoire et conservation, avait d'abord pour vocation de *dire le neuf* et de le révéler, et que c'était à l'image et à sa prégnance qu'elle le devait. Le but premier de la mémoire artificielle – et ce qui justifiait sa présence dans les traités de rhétorique – était qu'elle permettait à l'orateur moins de se souvenir d'un discours que de l'alimenter d'arguments nouveaux et efficaces au moment où il le prononcerait. Aussi voit-on apparaître dans le *Ad Herennium* l'idée, d'une étrange modernité, que des choix personnels voire intimes doivent intervenir dans la sélection des figures : « nous oublions habituellement ce qui est en train de se passer ou de se dire devant nous, observe l'auteur, mais les

1. Voir sur ce sujet Jean Céard, « Une écriture figurée : les rébus, à l'aube de la Renaissance », *Écritures II*, Paris, Le Sycomore, 1985, p. 169-195.
2. *Rhétorique à Herennius*, livre III, 35, *op. cit.*, p. 121.
3. *Ibid.*, livre III, 37, p. 122.

événements de notre enfance sont ceux dont nous nous souvenons souvent le mieux »[1].

C'est à Quintilien que l'on doit d'avoir su réajuster et adapter cette forme *d'écriture mentale* à une civilisation de l'alphabet elle-même désormais pacifiée. Lorsqu'il s'y intéresse à son tour, au premier siècle de notre ère, c'est pour rechercher d'emblée en elle sa part de *vérité visuelle*, conduit sans doute par une sensibilité plus aiguë à ce que l'écriture alphabétique impliquait nécessairement elle-même de visuel dans sa pratique, et que la nature de son système avait contribué à occulter.

De toute évidence, les notions d'images de « choses » ou de « mots » ont perdu aux yeux de Quintilien tout crédit. Mais il en a gardé l'idée d'images « frappante », qu'il reprend en utilisant à leur propos le terme de « signe », *signum*, qui en latin a toujours gardé sa valeur divinatoire et efficace par opposition à *imago* ou *littera*. Quant à leur utilisation proprement mnémotechnique, il l'expose avec une objectivité fortement empreinte de scepticisme, expliquant de façon très brève qu'il s'agit :

> ... de marquer ce que l'on a écrit ou préparé mentalement d'un signe particulier qui serve à orienter ; ce signe peut se référer, soit à un sujet considéré dans son ensemble, comme la navigation, le service militaire, ou un mot donné ; car, même en cas d'oubli d'une idée, un seul mot suffit à la remettre en mémoire. Pour la navigation, le signe pourrait être par exemple une ancre, pour l'art militaire une arme quelconque[2].

Le raisonnement de Quintilien à l'égard de l'art de la mémoire ne vise pas, comme c'était le cas de Cicéron, à en stigmatiser la vanité, et à faire prévaloir l'ordre verbal au détriment de celui du visible. Au contraire. Il montre que le raisonnement visuel dont cet art est une des expressions, et qui reposait auparavant sur un ensemble de données purement figuratives – puisque issues de la tradition égyptienne – avait profondément évolué à cette époque – ou du fait de Quintilien lui même –, et qu'à sa « modalité figurale » s'en substituait peu à peu une autre que l'on pourrait qualifier d'« optique », ou plus justement encore, car telle en est la réelle nouveauté, de *modalité du regard*. Cicéron avait remarqué, mais sans peut-être y prêter trop d'attention, que « de tous nos sens le plus subtil est la vue ». Quintilien a fait de ce constat le fondement de sa conception de l'art de la mémoire, en en explorant les conséquences

1. *Ibid.*, 35, p. 120.
2. Quintilien, *Institution oratoire*, livre XI, 2, 19, *op. cit.*, p. 211.

dans un domaine qui n'était plus celui de la *perception des objets* mais de la *lecture des textes* et qui, du fait même que cette lecture s'appliquait à une écriture qui s'était dégagée dans son principe de toute dépendance nécessaire envers le visible, devait conduire à des propositions particulièrement novatrices. C'est ainsi que la superposition de deux niveaux d'expression visuelle sans lien l'un avec l'autre – l'un syntaxico-spatial, l'autre lexical-figural – qui caractérise la mnémotechnie du *Ad Herennium*, fait place dans l'*Institution oratoire* à l'ébauche d'un système tout à fait cohérent au contraire, celui de l'articulation immédiate et réciproque de l'imaginaire avec les mots. D'un point de vue purement linguistique, un tel système est aberrant. Il s'appuie en effet sur la pétition de principe – qui est, en fait, pour Quintilien, une vérité d'expérience – selon laquelle l'espace visuel, et l'ordre qui lui est propre, peuvent intervenir directement dans l'élaboration de la pensée verbale, alors qu'ils lui sont foncièrement étrangers : « Si l'agencement est bien ordonné, le seul enchaînement guidera la mémoire » affirme-t-il[1]. Mais c'est que nous sommes ici pleinement dans l'univers de *l'espace écrit*, un univers que découvre et ausculte avec une patience minutieuse – dont l'austérité ne doit pas nous dissimuler la passion dont elle est également porteuse – l'auteur de l'*Institution oratoire*. C'est pourquoi celui-ci ne se fait pas faute de reprendre Platon doutant de l'efficacité de l'écriture en matière de mémoire, après avoir montré lui-même l'importance de l'exercice écrit pour la soutenir :

> Je trouve pourtant chez Platon que la pratique de l'écriture est un obstacle pour la mémoire, sans doute parce qu'ayant confié une chose à l'écriture, nous cessons en quelque sorte de la garder, et cette sécurité même fait qu'elle nous échappe. Et il n'est pas douteux que l'attention joue un rôle très important en cette matière, et qu'elle est, si j'ose dire, comme l'acuité du regard, qui ne se détourne pas des objets qu'il considère ; il en résulte que, si nous écrivons pendant plusieurs jours un texte pour le savoir par cœur, notre effort mental suffit à lui seul pour le conserver[2].

Si la mémoire spécifique inaugurée par l'écriture – ou plutôt exaltée par elle, puisqu'elle était déjà à l'œuvre dans les images – est affaire de *regard*, c'est assurément parce qu'elle exige de ce regard, ou suscite en

1. Quintilien, *Institution oratoire*, livre XI, 2, 39, *op. cit.*, p. 218.
2. *Ibid.*, 2, 9-10, p. 209.

lui, une vigilance qui n'est pas de même nature, et n'a pas le même objet, que celle que l'on exerce à l'oral. Alors que le *Théétète* opposait l'élément-lettre à l'unité syllabique pour en tirer des leçons quant à la nature du savoir, Quintilien leur attribue deux modèles d'apprentissage différents. La lettre s'apprend à travers sa forme visuelle :

> Je n'approuve pas du tout, en effet, ce que je vois faire dans de très nombreux cas : faire apprendre aux tout petits le nom et la suite des lettres avant leur forme. Avec cette pratique, il leur est difficile de reconnaître les lettres, les enfants n'appliquant pas dès lors leur attention au tracé lui-même [...]. Aussi, lorsque les maîtres croient avoir suffisamment fixé ces lettres dans l'esprit des élèves, en les écrivant dans l'ordre régulier, conforme à la coutume graphique, les tracent-ils dans l'ordre inverse, et ils les bouleversent ensuite par diverses permutations, jusqu'à ce que les enfants qu'ils instruisent reconnaissent les lettres d'après leur forme, non d'après leur ordre[1].

L'apprentissage des syllabes se fera en revanche par un apprentissage oral répété. Quant à la lecture finale, Quintilien est conscient de sa difficulté :

> Regarder en avant, à droite, comme le conseillent les maîtres, et observer à l'avance ce qui est écrit, c'est affaire de méthode, mais aussi de pratique, car, tout en portant les yeux vers ce qui suit, il faut dire ce qui précède et, ce qui est très difficile, partager l'attention de l'esprit en faisant une chose avec la voix, une autre avec les yeux[2].

Ces conseils trouvent leur écho dans ceux que Quintilien prodigue à l'adolescent qui se destine à la carrière d'avocat. C'est ainsi qu'il lui recommande de ne pas s'abandonner à « ce raffinement à la mode qu'est la dictée »[3] mais à écrire lui-même. Ce sujet est à l'origine, dans le livre X de l'*Institution oratoire*, d'un développement d'une rare précision, dont le but principal est de prouver la nécessité qu'il y a à disposer de son regard en étant seul pour écrire, et en fuyant même le spectacle de la nature : « Démosthène était plus sage, lui, qui s'enfermait dans un lieu d'où il ne pût rien entendre ni regarder, de peur que ses yeux ne le contraignent à penser autre chose[4] ».

1. *Ibid.*, livre I, 1, 24-25 ; t. I, p. 62.
2. *Ibid.*, livre, I, 1, 34, p. 34.
3. *Ibid.*, livre X, 3, 18, p. 120.
4. *Ibid.*, livre X, 3, 22-25, p. 121.

Aussi l'attention doit-elle se concentrer sur ce qui se trouve sous les yeux de l'écrivain ou de l'orateur, et qui n'est pas seulement la suite des lignes qu'il trace, mais l'espace où elles s'inscrivent. Le conseil était déjà suggéré par l'auteur du *Ad Herennium* ; Quintilien en développe avec minutie les aspects les plus concrets :

> Un procédé qui ne sera pas sans avantages pour tous, c'est d'apprendre sur les tablettes mêmes où l'on aura écrit. La mémoire en effet suit certaines traces et elle voit comme avec les yeux non seulement les pages, mais presque les lignes mêmes, et quand on parle, c'est comme si on lisait. Et s'il y a une rature ou une addition et, par suite, un changement, ce sont des signes tels qu'en les voyant nous ne pouvons nous tromper[1].

Il en va de même lorsqu'il observe à son tour : « Il est très bien d'écrire sur la cire où il est très facile d'effacer », prolongeant cette observation par des précisions relatives à l'usage du parchemin, « nécessaire si la vue est un peu faible » : « tout en aidant le regard, le dernier procédé a pour contrepartie que le fréquent report de la plume dans l'encre retarde la main et brise *l'élan de la pensée* »[2].

Mais c'est à l'espace même du support que Quintilien attache le plus

d'importance, parce que ce n'est pas seulement la mémoire qui le préoccupe mais la *création écrite*, où l'évaluation des blancs, c'est-à-dire l'intervention d'une *lecture* dans le processus même d'élaboration du discours, constitue un facteur essentiel :

> Qu'on se serve de tablettes ou de parchemin, il faudra laisser en face de ce que l'on écrit des blancs, où l'on pourra faire librement des additions. Car, parfois, le manque de place incite à la paresse pour corriger, ou, du moins, l'insertion de nouvelles idées peut brouiller le premier jet. Je voudrais aussi que les tablettes ne soient pas démesurément larges, car j'ai connu le cas d'un jeune homme, d'ailleurs studieux, qui faisait des discours trop longs, parce qu'il les mesurait au nombre de lignes, et ce défaut, dont il n'avait pu se corriger malgré de nombreux avertissements, disparut avec le changement de tablettes.
>
> Il faut aussi réserver un espace libre pour noter les idées qui, lorsque l'on écrit, se présentent habituellement en désordre, c'est-à-dire qui se rapportent à des points différents de ceux qu'on a sous la main dans le

1. Quintilien, *Institution oratoire*, livre XI, 2, 32, p. 216. « Cette méthode, précise Quintilien, n'est pas différente de celle que j'ai mentionnée en premier lieu, mais si mes expériences m'ont appris quelque chose, elle est à la fois plus rapide et plus efficace » (XI, 2, 33).
2. *Ibid.*, livre X, 3, 31, p. 123. C'est moi qui souligne.

> moment même. Parfois, en effet, surgissent à l'improviste des idées excellentes, qu'il ne faut pas insérer et qu'il n'est pas sans risque de laisser de côté, car parfois on les oublie et parfois lorsqu'on s'applique à les garder en mémoire, elles détournent d'en trouver d'autres et il est donc très opportun de les garder en dépôt[1].

Ainsi, c'est par l'écrit que l'espace est venu à l'art de la mémoire, mais de manière détournée et quasi fortuite : lorsque cet écrit ne fut plus considéré seulement comme un moyen de transcription et de diffusion mais comme une forme nouvelle de *spectacle*, c'est-à-dire à une époque où l'alphabet, ayant perdu son caractère prodigieux d'écriture exposant pour la première fois aux yeux de tous, au cœur même de la cité, les lois d'une neuve démocratie[2], devenue héritage et habitude, a commencé à se répandre à travers la ville en adoptant des formes multiples et quotidiennes :

> A qui l'aurait parcourue avec l'état d'esprit et l'attention d'un touriste libre de son temps, n'importe quelle ville de l'empire romain, entre le Ier et le IIIe siècle après J.-C., ne se serait pas seulement ni principalement caractérisée par ses statues, ses temples, ses lieux de sociabilité publique, ses couleurs et son trafic ; mais plutôt par les inscriptions partout présentes, sur les places et dans les rues, sur les murs et dans les cours, peintes, dessinées ou gravées, apposées sur des plaques de bois ou tracées sur des cadres blancs[3].

L'apparition de l'imprimerie devait offrir à ce blanc de l'espace écrit éveilleur de mémoire et de paroles une autre forme de renaissance. De vacance aléatoire et subjective il allait se faire cette fois *objet textuel*, plage de plomb intimement imbriquée à l'architecture des lettres et assurant, à leur revers muet, l'équilibre et la cohérence du sens. Etait-ce une coïncidence ? On redécouvrait dans le même temps les larges cartouches de marbre des inscriptions de l'antiquité comme autant d'espaces de mémoire.

Nulle image ne témoigne mieux de cette coïncidence, et des effets réciproques qu'elle devait entraîner entre arts plastiques et arts de l'écriture, que le portrait d'Erasme que Dürer a gravé en 1526. Si la pose

1. *Ibid.*, livre X, 3, 32-33, p. 123-124.

2. Voir sur ce sujet Marcel Detienne (éd.), *Les savoirs de l'écriture. En Grèce ancienne*, Presses universitaires de Lille, 1988.

3. Armando Petrucci, *Jeux de lettres. Formes et usages de l'inscription en Italie, XIe-XXe siècles*, trad. fr., Paris, Éditions de l'EHESS, 1993, p. 15.

de l'humaniste montré en train d'écrire est manifestement symbolique – on la retrouve chez la plupart de ses portraitistes, par exemple chez Quentin Metsys, lequel avait représenté au fond de son tableau de 1517 les rayonnages d'une bibliothèque – il n'en va plus du tout de même en effet des objets qui l'entourent. Ni fenêtre ni bibliothèque n'ont été placées par Dürer à côté du visage d'Erasme. Les remplace un large cartouche blanc semblable à une plaque de marbre, portant gravées des inscriptions en latin et en grec, et s'imposant dans l'image non comme un élément de décor à la manière des paysages qu'il convenait à l'époque de représenter à cette même place dans les portraits, encadrés par une fenêtre, mais comme une figure parallèle et complémentaire à celle du savant. Cette association doublement provocatrice met d'autant plus fortement en valeur les deux aspects de l'humanisme qui constituent le sujet réel de la gravure : l'ampleur nouvelle du savoir érudit – dont la culture européenne commençait à être bouleversée – et l'apparition du livre imprimé. La découverte de la *page* telle que l'imprimerie en avait repris le modèle aux lapicides de l'antiquité, si elle avait fasciné, et fascinait encore, les peintres – en particulier ceux de Venise, haut lieu de l'édition, que Dürer avait eu précisément l'occasion de rencontrer au tournant du siècle – reflétait pour un graveur comme lui-même, issu d'une famille d'orfèvres devenus imprimeurs à Nuremberg, une importance bien plus grande encore. Cette surface plane dont la fonction n'était pas de restituer par une fiction géométrique la profondeur du réel mais de donner naissance à un texte qui ne serait plus seulement livré au déchiffrement mais à une lecture véritable – c'est-à-dire, comme un tableau, à travers une contemplation – était d'ailleurs un de ses sujets de réflexion les plus chers : l'*Instruction sur la manière de mesurer* qu'il avait publiée l'année précédente, en 1525, est consacrée pour une partie conséquente à la gravure de lettres.

Aussi est-ce à un jeu visuel complexe que l'artiste invite ici le spectateur, placé sous le signe unique de l'écriture, mais comprise à la fois selon ses deux acceptions les plus modernes, celle de la création textuelle – symbolisée par Erasme lui-même et la diversité des documents qui l'entourent – et celle de l'espace graphique, qu'il s'agisse de la gravure monumentale affichée en haut de l'image ou du livre qui, ouvert dans le même axe au premier plan, semble se donner à nous comme son reflet. A l'« imago » physique d'Erasme – le terme latin reste celui qui désigne traditionnellement le personnage représenté – est associée une formule grecque nous renvoyant à son œuvre écrite comme à son meilleur portrait. Mais cette formule nous incite aussi à comprendre que le meilleur autoportrait que Dürer pouvait nous donner de lui-même réside précisément dans la gravure qu'il vient de réaliser, et que s'il est vrai que cette gravure constitue bien le symbole d'une modernité devenue conjointement textuelle et graphique par la grâce d'un même tracé, de même que la calligraphie chinoise avait incité les lettrés à pénétrer de poésie l'art du paysage, l'« imago » ultime de l'artiste est à voir dans son monogramme, placé ici au cœur de la composition, aligné à la fois aux inscriptions qui le surplombent dans le large espace de blancheur éclairant l'ensemble de l'image, et au livre ouvert au bas de la gravure dans son prolongement exact, comme son reflet et sa projection dans le futur.

Armando Petrucci a analysé les incidences de cette redécouverte de l'espace écrit sur la peinture et l'architecture italiennes, en signalant qu'elles avaient conduit Michel-Ange à introduire dans ses fresques des inscriptions anépigraphes[1]. Faut-il interpréter le choix du peintre comme un refus de l'écriture, ainsi qu'il le suggère ? Il me semble que, si elle traduit en effet le rejet d'un certain style épigraphique à la mode à son époque, cette initiative prouve surtout que la forme seule de son support, pure d'aucune trace, pouvait s'affirmer enfin, dans la civilisation de l'alphabet, comme un indice suffisant de l'écriture. Les conceptions les plus modernes et les plus archaïques de l'écrit se rejoignaient ainsi, à travers elle, dans une même et paradoxale innocence du regard. Près de trois mille ans avant notre ère, au nord de la Mésopotamie, à Mari, le rite sumérien de fondation d'un temple, qui consistait à insérer une tablette comportant une formule sacrée à l'intérieur de l'un de ses murs, avait été remplacé par l'enfouissement dans ce mur de deux petites pierres taillées en forme de tablettes, l'une d'albâtre l'autre de lapis-lazuli, vierges de toute inscription. Le vide même, originel, de *l'écran*, concentré dans l'étroite mesure humaine qui avait fait de lui un porteur de noms et de textes, devait suffire à garantir, sans doute, la lecture bienveillante des dieux, et leur absolue mémoire[2].

1. *Ibid.*, p. 59-66.
2. Ce rite de fondation m'a été signalé par Jean-Marie Durand, que je remercie. Voir *Syrie, mémoire et civilisation*, catalogue d'exposition, Paris, IMA-Flammarion, 1993, p. 130-131.

chapitre 9
de l'image au texte: l'expérience du *Coup de dés*

En juillet 1898, Mallarmé montrait à Paul Valéry les épreuves du *Coup de dés* tel qu'il pensait le voir bientôt paraître sous les presses de l'imprimerie Firmin-Didot : un mince volume de 24 pages mais de très ample format – 38 sur 29 cm – et composé pour le texte en doubles pages, ce qui en portait la largeur effective de 29 à 58 cm. La version qu'il avait donnée de son poème à la revue *Cosmopolis* en mai 1897, concentrée en 9 pages recto-verso, n'en représentait, selon son expression, qu'un « état », et réalisé de telle manière qu'il « ne rompe pas de tous points avec la tradition ». Le poète s'en était expliqué dans sa préface : « Il ne m'appartient pas [...] dans un Périodique, même valeureux, gracieux et invitant qu'il se montre aux belles libertés, d'agir par trop contrairement à l'usage ». Aussi la mise en page de cette version avait-elle été envisagée par lui « en maint sens aussi avant qu'elle n'offusque personne : suffisamment pour ouvrir des yeux ». Le poète devait mourir en septembre 1898 sans avoir pu voir aboutir l'édition qu'il avait en projet, et les jeux d'épreuves qu'il avait corrigés se sont trouvés dispersés dans différentes collections. C'est seulement en 1914 que le gendre du poète, Edmond Bonniot, fit paraître à la NRF la première édition du poème telle – ou à peu près – que l'avait souhaitée Mallarmé. C'est elle que reproduisent, dans un format très réduit, les éditions de la Pléiade de 1945 et 1998. Une édition en fac-simile en a été réalisée par Gallimard en 1998.

L'événement que représente le *Coup de dés* dans l'histoire de la littérature occidentale est que, pour la première fois, la poésie y a emprunté directement ses pouvoirs et ses effets à l'image. Ambroise Vollard, qui souhaitait accompagner cette édition de dessins d'Odilon Redon, s'était d'ailleurs étonné auprès du peintre de la réponse que lui avait faite Mallarmé, un jour où il évoquait son projet d'illustration devant lui : « ... pour les planches que Redon fera pour mon ouvrage, avait-il dit, il importe qu'il y ait un fond dessiné : sinon, si le dessin se présente sur un fond blanc [...] cela fera double emploi avec le dessin de mon texte qui est noir et blanc »[1]. Envoyant à Camille Mauclair un jeu d'épreuves du *Coup de dés* en octobre 1897, le poète s'était exprimé de façon encore plus explicite : « Au fond, des estampes : je crois que toute phrase ou pensée, si elle a un rythme, doit le modeler sur l'objet qu'elle vise et reproduire [...] un peu de l'attitude de cet objet quant à tout. La littérature fait ainsi *sa preuve* : pas d'autre raison d'écrire sur du papier »[2].

« Pour moi, avait confié Vollard à Redon en lui rapportant les propos de Mallarmé, je vous avouerai que je n'y voyais pas tant de malice »[3]. Le peintre s'y était montré au contraire immédiatement sensible, de sorte que le débat des deux « imagiers » engagés dans cette édition – celui du texte et celui de l'estampe – ne devait pas porter sur des problèmes d'interprétation, mais sur le choix du support qui serait le mieux adapté à leur objectif commun. En témoigne une lettre du peintre d'avril 1898 : « [...] Vollard m'a montré des papiers superbes, écrit-il à Mallarmé ; je crois que, pour l'unité, nous pourrions tenter l'impression des lithographies sur papier blanc, c'est-à-dire sur celui du texte, bien que séparément placées ; je me propose de dessiner blond et pâle, afin de ne pas contrarier l'effet des caractères, ni leur variété nouvelle »[4].

Paul Valéry devait retrouver quant à lui, pour traduire son émerveillement en découvrant le « dispositif » du *Coup de dés*, les termes mêmes qui avaient été ceux des anciens Chinois pour évoquer l'origine légendaire de l'écriture :

1. Lettre d'Ambroise Vollard à Odilon Redon du 5 juillet 1897 citée par Bertrand Marchal, Mallarmé *Œuvres complètes* t. I, « Bibliothèque de la Pléiade », Paris, Gallimard, 1998, p. 1319.

2. A Camille Mauclair, 8 octobre 1897, *op. cit.*, p. 818.

3. Lettre citée n. 1, *op. cit.*

4. Lettre d'Odilon Redon du 20 avril 1898, citée, p. 1320.

> Il me sembla de voir la figure d'une pensée, pour la première fois placée dans notre espace... Ici, véritablement, l'étendue parlait, songeait, enfantait des formes temporelles. L'attente, le doute, la concentration étaient *choses visibles*. Ma vue avait affaire à des silences qui auraient pris corps. [...] C'était, murmure, insinuations, tonnerre pour les yeux, toute une tempête spirituelle menée de page en page jusqu'à l'extrême de la pensée, jusqu'à un point d'ineffable rupture : là, le prestige se produisait ; là, sur le papier même, je ne sais quelle scintillation de derniers astres tremblait infiniment pure dans le même vide interconscient où, comme une matière de nouvelle espèce, distribuée en amas, en traînées, en systèmes, *coexistait* la Parole ! [...] – Il a essayé, pensai-je, *d'élever enfin une page à la puissance du ciel étoilé !*[1].

« Tu remarquas, on n'écrit pas, lumineusement, sur champ obscur, l'alphabet des astres, seul, ainsi s'indique, ébauché ou interrompu ; l'homme poursuit noir sur blanc » avait observé de son côté Mallarmé, associant, par une intuition dont la justesse ne manque pas d'être troublante, l'espace du livre moderne aux supports de la divination d'où était née la notion même de signe écrit, en évoquant « l'homme chargé de voir divinement, en raison que le lien, à volonté, limpide, n'a d'expression qu'au parallélisme, devant son regard, de feuillets »[2].

J'ai déjà tenté de montrer que c'est à travers l'inspiration iconique et spatiale du *Coup de dés* que la culture occidentale a pu se libérer pleinement, pour la première fois de son histoire, de la dépendance formelle et idéologique qui la liait à l'alphabet depuis près de deux mille ans, et réaliser ainsi à sa façon un « retour aux idéogrammes »[3]. Je voudrais revenir ici sur cette démonstration, pour l'enrichir et la compléter, mais aussi lui apporter quelques nuances, en insistant davantage encore sur le rôle déterminant qu'a joué le *blanc* dans l'expérience tentée par Mallarmé.

L'étonnement causé par le *Coup de dés*, lorsqu'il a été permis de le découvrir sous une forme qui correspondait, pour l'essentiel en tout cas, aux vœux de son auteur, dans l'édition de 1914, a dû être considérable. Certes, le format choisi par Gallimard était un peu plus étroit que celui qui avait été prévu par Vollard – 32,5 sur 25 cm, ce qui portait la largeur

1. Paul Valéry, *Lettre au Directeur des* Marges, 1920, *Variété* II, *Œuvres complètes* t. I, « Bibliothèque de la Pléiade », Paris, Gallimard, 1957, p. 624-626. Souligné par l'auteur.

2. *Quant au livre* dans Mallarmé, *Igitur, Divagations, Un Coup de dés*, Paris, Poésie-Gallimard, 1976, p. 255 et 267.

3. Voir dans *L'Image écrite* le chapitre « Espace et alphabet », *op. cit.*, p. 111-123.

des doubles pages à 50 cm. On avait rogné sur les marges. Mais le spectacle en restait impressionnant, et il rompait de manière radicale avec les habitudes de lecture de la poésie traditionnelle – fût-elle symboliste ou « vers-libriste » – sans être pour autant assimilable aux jeux de l'avant-garde futuriste dont Marinetti venait de lancer en 1913 le « manifeste-synthèse » sous la bannière des « mots en liberté », avec la complicité d'Apollinaire. Aussi est-on d'autant plus surpris de constater les réticences qui n'ont cessé d'accompagner ce texte, et cela jusqu'à nos jours.

Ces réticences concernent d'abord, globalement, tout ce qui relève dans le poème de « l'effet typographique ». Elles auraient pu se comprendre de la part de littéraires habitués à considérer les techniques du livre comme secondaires, et étrangères à la création textuelle. Mais les commentateurs qui ont voulu intégrer à leur analyse cette dimension du poème sont demeurés eux-mêmes, dans leur approche, d'une timidité singulière. Pour les rédacteurs de *Cosmopolis*, encouragés il est vrai par le poète lui-même, qui leur avait prêté sa plume et se voulait conciliant, Mallarmé s'est inspiré de l'écriture musicale : « Dans cette œuvre d'un

caractère entièrement nouveau, le poète s'est efforcé de faire de la musique avec des mots. [...] La nature des caractères employés et la position des blancs suppléent aux notes et aux intervalles musicaux » expliquent-ils[1]. Selon le docteur Bonniot, « l'innovation principale établie par [Mallarmé] dans ce dernier « état » de son œuvre [son édition par la NRF] [...] nous semble consister en ceci qu'il n'existe pas de page recto ou verso, mais que la lecture se fait sur les deux pages à la fois, en tenant compte simplement de la descente ordinaire des lignes »[2]. Voilà qui est bien court. Dans l'édition de la Pléiade de 1945, dont il a rédigé les commentaires, Henri Mondor ne présentait pas quant à lui le *Coup de dés* comme un poème mais comme la « dernière des œuvres en prose de Stéphane Mallarmé »[3].

Mais il y a plus étrange encore. Force est en effet de constater que la nouveauté la plus flagrante et magistrale que l'on doive à cette édition, et qui réside dans l'importance quasi monstrueuse que Mallarmé y a réservée au blanc, est demeurée obstinément *invisible* aux yeux de tous

1. « Observation relative au poème *Un Coup de Dés jamais n'abolira le Hasard* », *Cosmopolis*, n° XVII (t. VI), avril-mai-juin 1897, p. 417.
2. « Note de l'éditeur », Mallarmé, *Œuvres complètes*, « Bibliothèque de la Pléiade », Paris, Gallimard, 1945, p. 456.
3. *Ibid.*, p. 1581.

ses commentateurs, et cela jusqu'à nos jours. Si l'on excepte en effet Paul Valéry – mais qui en avait vu naître le spectacle entre les mains de Mallarmé, et qui devait y être aussi d'autant plus naturellement sensible qu'il était lui-même un peintre autant qu'un poète – seul Pierre Reverdy a compris quelle révolution le *Coup de dés*, tel que le donnait à lire la version de la NRF, introduisait non seulement dans l'expression poétique mais dans la conception même que la civilisation de l'alphabet s'était faite depuis des siècles de la communication écrite[1].

L'analyse du projet mallarméen à laquelle s'est livré Roland Barthes dans *Le degré zéro de l'écriture* donne à cet aveuglement une dimension voisine de la caricature, mais qui nous permet aussi d'en appréhender les motifs. « [...] L'agraphie typographique de Mallarmé, écrit Barthes, veut créer autour de mots raréfiés une zone de vide dans laquelle la parole, libérée de ses harmonies sociales et coupables, ne résonne heureusement plus. [...] Cet art a la structure même du suicide : le silence y est un temps poétique homogène qui coince entre deux couches et fait éclater le mot moins comme le lambeau d'un cryptogramme que comme une lumière, un vide, un meurtre, une liberté »[2].

Si les blancs typographiques du *Coup de dés* ont pu être pris pour emblèmes du suicide supposé du « mythe bourgeois » de la littérature à la fin du XIXe siècle – alors qu'ils redonnaient, en fait, vie et pouvoir à la littérature en la faisant participer de la substance des images – c'est parce qu'ils ne pouvaient être interprétés, dans une culture dont la sémiologie saussurienne venait d'accentuer encore les fondements linguistiques, qu'en tant que refus de la parole et, dès lors, comme un exil dans l'*in-signifiant* : « [...] il n'y a de sens que nommé, et le monde des signifiés n'est autre que celui du langage » devait d'ailleurs écrire Barthes dix ans plus tard dans ses *Eléments de sémiologie*[3].

En 1980, la revue *Change* et le groupe *d'atelier* réalisaient une édition du *Coup de dés* placée sous les auspices de Paul Valéry et de la définition que celui-ci avait donnée du poème en 1920, disant qu'il était une « figure en qui devaient se composer le simultané de la vision avec le successif de la parole ». Elle doit être considérée pour cette raison comme la première qui ait tenté d'être réellement fidèle aux intentions de

1. Voir à ce sujet ici même notre prochain chapitre.
2. Roland Barthes, *Le Degré zéro de l'écriture*, suivi d'*Eléments de sémiologie*, Paris, Points-Seuil, 1972, p. 66.
3. *Ibid.*, p. 80-81.

Mallarmé en prenant en compte à la fois les aspects littéraires et graphiques de son poème[1].

Il n'est pas sûr, néanmoins, que les présupposés théoriques qui ont guidé cette édition, et qui sont exposés dans sa préface par Mitsou Ronat, aient été très différents de ceux de Barthes, en dépit des apparences. Ils reposent sur deux postulats. Le premier combine préoccupations thématiques et structurales. Il consiste à affirmer que le *Coup de dés* « raconterait [...] sa propre construction », que le poème « "narre la catastrophe littéraire" que constitue la mort de l'alexandrin et l'avènement du vers libre »[2]. Le second tire argument des réflexions de Mallarmé relatives aux normes idéales du Livre pour en déduire qu'une « contrainte formelle » aurait été dissimulée par lui sous la surface visible du poème, laquelle reposerait sur le chiffre 12, qui est le nombre de syllabes que comporte l'alexandrin. Analysés à l'aune de tels postulats, les blancs aménagés dans le poème ne peuvent y avoir d'autre fonction que celle de substituts linguistiques : « A un habile tissage syntaxique, à des entrelacs extraordinaires d'incises et d'inversions, Mallarmé ajoute un art nouveau : l'art de la coupe, l'art d'insuffler le silence dans la langue » écrit Mitsou Ronat, proposition qu'elle résume en une « règle que l'on peut appeler *la règle d'insertion du blanc* [...] : Insérer du blanc uniquement là où la langue a "surdéterminé" le lien entre les éléments disjoints ».

La première conséquence concrète que les éditeurs ont tirée de ces postulats a été de restituer au poème son format originel et ses marges, tels qu'on les connaissait par les épreuves du projet de 1898. La seconde a été de choisir le Didot pour composer le texte de Mallarmé plutôt que le Garamond adopté par la NRF. Ce choix était justifié : du Garamond et de ses subtilités orfévrées étaient issus les « Elzévirs » aux qualités assez médiocres qui avaient envahi l'édition française au milieu du XIXe siècle, et dont on sait que Mallarmé les tenait en piètre estime. Les connotations humanistes de cette famille de caractères étaient également contradictoires avec la vocation « moderniste » du *Coup de dés*. Mais le Didot n'était-il pas lui-même trop théorique, trop *logique* pour convenir

1. *Un Coup de dés jamais n'abolira le hasard*, édition mise en œuvre et présentée par Mitsou Ronat, réalisée par Tibor Papp, Paris, Change errant/d'atelier, 1980.

2. Mitsou Ronat cite ici Jacques Roubaud, dont elle confirme ensuite la thèse en précisant : « Quand la littérature fait naufrage, il naît un nouveau genre littéraire pour en faire le récit ». Dans « Cette architecture spontanée et magique », *ibid.*, p. 2.

à cette édition ? Il semble d'ailleurs difficile de décider, au vu des épreuves du poème, lequel de ces deux styles de lettres – du Garamond ou du Didot – est effectivement le plus proche de celui qu'avait élu Mallarmé. Le caractère que l'on y observe, bien qu'il ait été fourni par l'imprimerie Firmin-Didot, ne possède pas la raideur froide et brutalement contrastée du Didot proprement dit. Le choix de Mallarmé avait dû porter en fait sur un Bodoni, caractère très proche du Didot – dont il est contemporain – par l'égale volonté dont il témoigne de rationaliser les formes graphiques, mais qui a su préserver cependant un certain moelleux dans les contrastes des pleins et des déliés propre à des styles plus anciens, de même que la structure triangulaire qui caractérise leurs empattements, et qui est présente ici sous la forme de rappels décoratifs. Et le fait est que ce qui se joue à la surface du *Coup de dés* ne peut qu'échapper à tout modèle d'analyse textuelle fondé sur les lois catégoriques du formalisme linguistique. En réunissant dans une même phrase « le simultané de la vision » et « le successif de la parole », Valéry ne s'était pas borné à associer deux concepts : il avait voulu souligner surtout que l'innovation majeure et profonde de Mallarmé était d'être parvenu à combiner l'un avec l'autre deux modes d'expression et de création que leur hétérogénéité initiale, tant matérielle qu'affective, rendait en principe incompatibles. A l'image l'espace du spectacle, ses parcours mais aussi ses énigmes pour le regard ; à la parole la continuité du discours et sa linéarité oraculaire : la réussite du *Coup de dés* consistait à être parvenu à en opérer le syncrétisme. L'interprétation structuraliste suggérée par l'édition *Change errant / d'atelier* les soumet au contraire d'autorité l'une et l'autre à une homogénéité factice et arbitraire qui ne profite qu'à la seule parole – une parole elle-même réduite d'ailleurs à sa pure abstraction. Elle exclut l'espace ou le renie, en dépit du beau travail d'imprimeur qui s'était efforcé de le révéler.

L'intention de Mallarmé était tout à fait différente. Sa préface de 1897 est très claire à ce sujet. Si le poète y reconnaît « aisément que la tentative participe, *avec imprévu*, de poursuites particulières et chères à notre temps, le vers libre et le poème en prose », il n'en affirme pas moins avec fermeté que sa recherche doit être distinguée de celles qui concernent le vers. Cette recherche s'appuie, dit-il, sur « la Page [...] prise pour unité comme l'est *autre part* le Vers ou ligne parfaite », dans la mesure où celle-ci, étant régie par une « vision simultanée » – la formule est de Mallarmé – non par la continuité de la parole, autorise

« l'emploi à nu de la pensée avec retraits, prolongements, fuites, ou son dessin même »[1], lequel est interdit au vers.

La première conclusion à laquelle conduisait un choix semblable devait être d'éliminer du poème tout effet de narration - fût-ce celle, bien entendu, de « la mort de l'alexandrin » : « La fiction affleurera et se dissipera, vite, d'après la mobilité de l'écrit, autour des arrêts fragmentaires d'une phrase capitale dès le titre introduite et continuée. Tout se passe, par raccourci, en hypothèse ; *on évite le récit* »[2]. La seconde était que la poésie ainsi créée en dehors du vers ne pouvait que se donner un objectif tout à fait *autre*, et qui lui serait spécifique :

> Le genre, que c'en devienne un comme la symphonie, peu à peu, à côté du chant personnel, laisse intact l'antique vers, auquel je garde un culte et attribue l'empire de la passion et des rêveries ; tandis que ce serait le cas de traiter, de préférence (ainsi qu'il suit) tels sujets d'imagination pure et complexe ou intellect : que ne reste aucune raison d'exclure de la Poésie – unique source.

Ce choix impliquait donc conjointement l'invention d'une forme *matérielle* inédite offerte à la poésie – forme qui serait avant tout spatiale, et non plus seulement fragmentaire –, mais également l'émergence d'une thématique nouvelle : « Il ne s'agit pas, ainsi que toujours, de traits sonores réguliers ou vers – plutôt, de subdivisions prismatiques de l'Idée » précise Mallarmé[3].

C'est en fonction d'un tel contexte que doit se comprendre le rôle que le poète a attribué aux « blancs » dans son poème. Ce rôle n'a rien de substitutif. En premier lieu, parce que le blanc du papier participe désormais à part entière de la page écrite elle-même, de façon beaucoup plus essentielle que la typographie qu'elle accueille :

> Les "blancs", note Mallarmé dans sa préface pour *Cosmopolis*, [...] assument l'importance, frappent d'abord ; la versification en exigea, comme silence alentour, ordinairement, au point qu'un morceau, lyrique ou de peu de pieds, occupe, au milieu, le tiers environ du feuillet : je ne transgresse cette mesure, seulement la disperse. Le papier intervient chaque fois qu'une image, d'elle-même, cesse ou rentre, acceptant la succession d'autres [...], l'instant de paraître et que dure leur concours, dans quelque mise en scène spirituelle exacte.

1. « Observation relative au poème... », *Cosmopolis*, *op. cit.*, p. 418. C'est moi qui souligne.
2. *Ibid.*, C'est moi qui souligne.
3. *Ibid.*

Aux yeux du poète – ce « *lettré qui mise à ce que le texte fasse corps avec le papier même* », comme se définissait lui-même Mallarmé auprès d'Edmond Deman en avril 1888[1] – l'expression typographique ne consiste pas à utiliser un simple code formel mais à jouer d'un espace et de sa lumière. Evoquant en 1897 « l'ordonnance du livre de vers », le poète avait précisé :

> … des motifs de même jeu s'équilibreront, balancés, à distance, ni le sublime incohérent de la mise en page romantique ni cette unité artificielle, jadis, mesurée en bloc au livre. Tout devient suspens, disposition fragmentaire avec alternance et vis-à-vis, concourant au rythme total, lequel serait le poème tu, aux blancs ; seulement traduit, en une manière, pour chaque pendentif[2].

Nul lyrisme, donc, dans « l'espace spirituel » d'une telle mise en page poétique – et encore moins le projet d'une structure qu'il s'agirait de construire ou de déconstruire. Le but réel du *Coup de dés*, et qui en faisait une entreprise profondément différente de celle de la simple mise en recueil de poèmes envisagée par le poète dans le texte que je viens de citer, était de susciter la création d'une *syntaxe visuelle* capable de « copier » « cette distance […] qui mentalement sépare des groupes de mots ou les mots entre eux ». Au-delà de la poésie, c'était *la langue même*, et son usage, qui étaient visés.

« … C'est là tout le point de vue (qu'il me fallut omettre dans un "périodique") » écrivait Mallarmé à André Gide, dans une lettre que cite Valéry, en lui annonçant l'envoi des épreuves de sa grande édition alors en projet[3]. C'est donc en comparant la version de *Cosmopolis* avec celle que suggèrent les épreuves dont nous disposons que les intentions du poète peuvent le plus sûrement s'approcher. Leur dissimilitude est seule à même de nous révéler quel système d'écriture nouveau, ou son ébauche, avait conçu Mallarmé en composant son ultime poème.

Que cette écriture soit avant tout une affaire de mise en page nous apparaît d'abord par le fait que le texte proprement dit, si l'on excepte quelques très rares modifications de termes, est identique dans les deux

1. Lettre de Mallarmé à Edmond Deman du 28 avril 1888 citée dans *Edmond Deman, éditeur de Mallarmé*, livret de l'exposition du Musée Mallarmé rédigé par Adrienne Fontainas et Marie-Anne Sarda, 1999, p. 5. C'est moi qui souligne.

2. *Divagations*, 1897, dans *Igitur… op. cit.*, p. 249.

3. Lettre de Mallarmé à André Gide du 14 mai 1897, Mallarmé, *Œuvres complètes* 1998, *op. cit.*, p. 816, et citée par Paul Valéry, *Variété II*, *op. cit.*, p. 627.

versions. Pour ce qui est de sa typographie, les différents niveaux de contrastes que l'on observe en 1897 – entre capitales et bas de casse, caractères droits (romains) ou italiques, corps plus ou moins grands des lettres, graisses plus ou moins accentuées – sont maintenus en 1898, on en tout cas transposés selon des proportions relatives assez semblables. Le style des caractères est tout à fait différent, mais Mallarmé avait dû évidemment se contenter, pour la version de *Cosmopolis*, des casses dont disposait la revue. La comparaison des deux versions révèle cependant de l'une à l'autre une modification d'une particulière importance. Mallarmé a éliminé en effet du deuxième état de son texte une variante d'italique de type « manuscrit » (ou « scripte ») qui apparaissait dans la revue à la faveur de la composition du fragment de phrase réparti alors sur deux pages : « *Si c'était le nombre ce serait* ». Cette scripte était d'autant plus remarquable qu'elle était en caractère gras, et, mis à part l'initiale (elle-même de fantaisie) du premier mot, en bas de casse, contrairement à toutes les lettres du texte ayant un corps ou une graisse comparables. Le fait que Mallarmé lui ait substitué par la suite une italique capitale du même style que celui qu'il avait utilisé dans le reste du volume n'est certainement pas accidentel. Cette substitution, qui interdit toute référence possible à l'écriture manuscrite, s'accompagne en effet de la disparition des seuls signes de ponctuation que le poète avait préservés dans la revue, des parenthèses – placées d'ailleurs dans le contexte immédiat de cette même phrase – et qui donnaient aux passages ainsi « mis en réserve », de la même manière que la scripte, une connotation d'*a-parte*, d'intervention intime et personnelle de l'auteur. Ces deux phénomènes conjoints nous signifient qu'une décision essentielle avait été prise par Mallarmé dès lors qu'il avait pu disposer d'un espace à sa convenance : celle de *faire disparaître le locuteur* dans la « mise en scène spirituelle exacte » qu'il lui était enfin loisible d'orchestrer selon ses désirs[1].

1. *Cosmopolis*, *op. cit.*, p. 417. Mallarmé avait écrit à Edmond Deman le 7 avril 1891, alors que celui-ci préparait l'édition de ses *Poésies* : « Trouver un des beaux types romains qui soient et faire graver (je dis romain, le vers m'y semblant plus définitif que dans l'italique laquelle se rapproche encore de l'écriture) », *Œuvres complètes*, 1998, *op. cit.*, p. 804. On connaît d'autre part la réponse que le poète avait faite à une enquête relative à la graphologie en 1894, et qui dénie au manuscrit toute valeur d'information quant à la genèse littéraire d'une œuvre : « Oui je crois l'écriture un indice : vous dites, comme le geste et la physionomie, rien que de très sûr. Toutefois, l'écrivain de profession ou par goût, lui, *recopie* ou voit d'abord en le miroir de sa pensée, puis transcrit dans une écriture une fois faite pour toujours, comme invariable. L'effet immédiat de ses émotions n'est donc pas visible en son manuscrit : mais on y jugera sa personnalité en bloc. », *Œuvres complètes*, 1945, *op. cit.*, p. 878. Souligné par l'auteur.

C'est le *lecteur* en effet qui, dans la version définitive du *Coup de dés*, est le seul maître du texte. Les motifs de la délégation que Mallarmé lui a faite de ses pouvoirs ont des origines différentes. Les premières tiennent au lecteur qu'il était lui-même, sensible aux effets de spectacle que l'affiche et la typographie de son temps venaient d'inscrire dans l'espace textuel. « L'affiche, lapidaire, envahissant le journal – souvent elle me fit songer comme devant un parler nouveau et l'originalité de la Presse » avait-il observé, en marge d'une réflexion plus ancienne sur le vers libre. « Les articles, dits premier-Paris, admirables et la seule forme contemporaine parce que de toute éternité, sont des poèmes, voilà, plus ou moins bien simplement »[1]. Le poète avait été éveillé quant à lui à la nécessité d'inventer une forme nouvelle de poésie par la découverte qu'il avait faite que l'on avait, selon son expression, « touché au vers » en substituant au rythme oral et descriptif de l'alexandrin traditionnel une fragmentation du discours – le « vers libre [...] ou prose à coupe méditée »[2] – qui, ne procédant plus que par allusions ou contrepoints, rendait ainsi nécessaire l'intervention de *l'imaginaire de l'autre* – lecteur ou auditeur – à l'intérieur du projet poétique lui-même.

Un projet de préface du *Coup de dés* nous montre que Mallarmé avait analysé enfin en linguiste la mutation qui s'opère dans le passage de la parole à l'écrit :

> Voici un *poème* conçu puis exécuté selon des habitudes en vérité tout à fait différentes d'autres qui défraient notre tradition. La parole se profère en tant que sons à l'intelligence, dans l'air, pour ainsi dire et musicalement ; or que dans un cas elle requière la blancheur du papier, dépossédé celui-ci de sa fonction de surface où présenter uniquement à l'œil des images, alors la parole ne doit-elle pas remplacer celles-ci à sa façon, moins tangiblement, par un texte ou littérairement...[3].

« Lire – Cette pratique – Appuyer, selon la page, au blanc, qui l'inaugure son ingénuité, à soi, oublieuse même du titre qui parlerait trop haut : et quand s'aligna, dans une brisure, la moindre disséminée, le hasard

1. *La Musique et les Lettres*, dans *Igitur... op. cit.*, p. 367.
2. *Ibid.*
3. *Brouillons du « Coup de dés »* dans *Œuvres complètes*, 1998, *op. cit.*, p. 403. On retrouve ce même souci de distinguer l'écriture de la parole, et de souligner les imperfections de cette dernière du point de vue de la création littéraire, dans *Crise de vers* : « Les langues imparfaites en cela que plusieurs, manque la suprême : penser étant écrire sans accessoires, ni chuchotement mais tacite encore l'immortelle parole, la diversité, sur terre, des idiomes empêche personne de proférer les mots qui, sinon se trouveraient, par une frappe unique, elle-même matériellement la vérité. », *Igitur...*, *op. cit.*, p. 244.

vaincu mot par mot, indéfectiblement le blanc revient, tout à l'heure gratuit, certain maintenant, pour conclure que rien au delà et authentiquer le silence[1] » : un des buts que s'était donnés Mallarmé en composant le *Coup de dés* était de prendre à sa propre charge, par avance, le silence du lecteur, d'aménager ces vides de la page qui leur étaient communs à tous deux, et par lesquels se trouvaient également ébranlés leurs imaginaires. Mais ce n'était pas la seule blancheur du papier qui avait suscité en lui le désir de faire d'un espace vacant le support privilégié de tels échanges. Le « sortilège qu'opère la Loïe Fuller, par instinct, avec l'exagération, les retraits, de jupe ou d'aile, instituant un lieu [...] enchanteresse [qui] fait l'ambiance, la tire de soi et l'y rentre, par un silence palpité de crêpes de Chine » avait ravivé et confirmé récemment en lui les leçons qu'il devait aux spectacles du mime Paul Margueritte, si proches, à ses yeux, de l'écriture :

> Ainsi ce *Pierrot assassin de sa femme* composé et rédigé par lui-même, soliloque muet que, tout du long à son âme tient et du visage et des gestes le fantôme blanc comme une page pas encore écrite. [...] "La scène n'illustre que l'idée, pas une action effective [...] ici devançant, là remémorant, au futur, au passé, *sous une apparence fausse de présent*. Tel opère le Mime, dont le jeu se borne à une allusion perpétuelle sans briser la glace : il installe, ainsi, un milieu, pur, de fiction." [...] Surprise, accompagnant l'artifice d'une notation de sentiments par phrases point proférées – que, dans le seul cas, peut-être, avec authenticité, entre les feuillets et le regard règne un silence encore, condition et délice de la lecture[2].

On est surpris de constater, lorsque l'on cherche à en cerner les principes, que la méthode utilisée par Mallarmé dans son agencement prévisionnel des blancs de la lecture, et qui devait entraîner la littérature occidentale à des bouleversements si profonds, est, en fait, d'une extrême économie.

Le premier procédé auquel le poète a eu recours – celui qui lui faisait dire, lorsqu'il écrivait à Gide, qu'il était « repris par les Lettres à

1. *Le mystère dans les lettres*, *Igitur...*, *op. cit.*, p. 279-280. Voir également cette remarque de *Quant au livre* : « Un solitaire tacite concert se donne, par la lecture, à l'esprit qui regagne, sur une sonorité moindre, la signification : aucun moyen mental exaltant la symphonie ne manquera, raréfié et c'est tout – du fait de la pensée » (p. 270).
2. *Autre étude de danse*, 1893, *Œuvres complètes*, 1945, *op. cit.*, p. 308, et *Mimique*, 1886, p. 310. Souligné par l'auteur.

l'estampe originelle »[1] – est tout à fait semblable à celui dont Alberti donnait le conseil aux jeunes peintres : « Je trace d'abord sur la surface à peindre un quadrilatère de la grandeur que je veux, expliquait-il, fait d'angles droits, et qui pour moi est une fenêtre ouverte par laquelle on puisse regarder l'histoire »[2]. Mallarmé s'est donné pour fenêtre le cadre de la double page d'un livre. Mais ce n'est pas une « histoire » qu'il nous y fait contempler, ce sont des mots, et de telle sorte que leur situation variable dans l'espace oblige le regard, intrigué par ces variations, à reconstruire, de son premier mot jusqu'au dernier – entraînant de ce fait aussi la main, qui doit feuilleter le livre, à multiplier l'une par l'autre chacune de ses doubles pages – cette phrase-titre, « *Un coup de dés jamais n'abolira le hasard* » qui en est le message unique. Simple mise en page spectacle, qui peut prendre en certains endroits une valeur purement mimétique, – c'est le cas de cette « plume solitaire éperdue » suspendue au-dessus du vide et que retient seulement au texte un « sauf » la renvoyant à la page qui lui fait face – mais qui saisit surtout le lecteur par un *effet textuel* à la fois puissant et absolu, puisqu'il conjugue en une seule et même expérience observation iconique et acte langagier.

Ainsi doublement enchanté, le lecteur est introduit à la trame intime du poème par deux autres procédés également inhabituels. Le premier consiste dans la diffusion à travers le double espace des pages de ce qui, selon la conception fragmentaire du vers libre, toujours tenu en lisière par la linéarité de l'alphabet, ne conduisait guère qu'à un étroit jeu de zigzag du bord à l'autre d'un même feuillet, ainsi qu'en témoigne encore la version de *Cosmopolis*. Exploitant la « simultanéité de la vision », réflexions annexes, *a parte*, digressions, associations d'idées, n'apparaissent plus, dans le *Coup de dés*, comme dictés par une voix extérieure, ils s'offrent à des rencontres du regard, à des évaluations optiques comparées dont il est possible au lecteur de les enrichir lui-même selon qu'il choisit de considérer les fragments de phrases ainsi isolés à l'intérieur de l'ensemble qu'on lui propose ou, au contraire, de les intégrer à des ensembles nouveaux à partir de similitudes graphiques permettant de les associer virtuellement à des phrases plus ou moins lointaines.

C'est avec la syntaxe elle-même – c'est-à-dire la structure verbale qui *crée le sens* – que rivalise le dernier procédé d'*écriture-lecture* inventé par

1. Mallarmé, *Œuvres complètes*, 1998, *op. cit.*, p. 816. Valéry avait lu « lecture » là où l'édition de la Pléiade propose « Lettres », *Variété II*, *op. cit.*, p. 627.

2. L. B. Alberti, *De la peinture*, *op. cit.*, p. 115.

Mallarmé. Cette fois, « on a touché » non seulement au vers ou à la ligne, mais à la phrase. La double page qui permet le mieux de constater l'originalité d'une telle démarche est la quatrième, qui correspond à la troisième page du poème dans *Cosmopolis*[1]. La structure initiale du texte s'y trouve en effet coupée en deux, divisée par une brisure médiane qui n'est pas vraiment régulière mais qui interrompt la plupart des phrases avec une particulière brutalité, le poète ayant ménagé entre les deux éléments ainsi disjoints une double marge centrale dont on voit bien, dans ses corrections d'épreuves, qu'il importe pour lui qu'elle demeure présente *à l'intérieur de la ligne*. Cette démarche correspond à un choix thématique précis : c'est ainsi que la partie gauche du texte met en valeur « LE MAITRE », « le Nombre » (désormais pourvu d'une majuscule, comme le sera, à droite, le mot « Esprit »)[2], de même que le vocabulaire de la catastrophe devenu d'autant plus visible qu'il semble s'y trouver dispersé : « conflagration », « menace », « cadavre », « naufrage ». Mais le plus admirable est que, contraint (car cette fois il y a contrainte) d'aller d'une page à l'autre, le regard du lecteur n'est pas simplement requis de partir à la recherche, en passant de gauche à droite, de la suite – ou de la solution – d'une phrase interrompue, mais d'accomplir l'expérience même, par l'effort inhabituel qu'il doit faire d'un tel franchissement, de la fracture que suggère le texte à la fois par sa fragmentation et par les termes qu'elle met en valeur. La coupe des phrases n'obéit pas, en effet, à une logique linguistique – qu'elle soit de surface ou de structure –, elle est, comme l'était la césure de ces alexandrins contrariant le rythme de la langue dont ils étaient pourtant le produit, *enjambante*, c'est-à-dire fondant son dynamisme sur l'intervalle qui lui fait obstacle : « cette conflagration » – « à ses pieds », « que se » – « prépare », « cadavre par le bras » – « écarté du secret qu'il détient », « un » – « envahit le chef », « naufrage cela » – « direct de l'homme ».

Sans doute une telle déconstruction de la phrase convenait-elle par principe à la poésie, dont on n'attend pas qu'elle soit « comprise » mais qu'elle introduise son lecteur à la rêverie ou, comme ici, à la méditation. Mais, à travers ce cas extrême, Mallarmé nous montre aussi d'autant mieux que l'acte de la lecture ne se résoud pas, comme l'écriture alpha-

1. *Cosmopolis*, *op. cit.*, p. 421.

2. On notera que la phrase introduite par ce mot est modifiée elle aussi de façon significative, « le nombre unique qui ne peut pas en être un autre » étant devenu : « l'unique Nombre qui ne peut pas / être un autre ».

bétique nous l'avait laissé supposer, à chercher à reconstituer un discours dont la voix se serait perdue, mais à s'aventurer dans un texte avec les moyens visuels qui lui sont propres – simultanéité spatiale, figures graphiques, expérience tactile d'un support qui fait intervenir non seulement le toucher même du papier mais la pliure des feuillets et leur succession en doubles pages, comme la durée intime et variable de ce spectacle où le livre se trouve ainsi presque « refait par soi » – tous moyens étrangers aux conventions et aux rythmes de la parole et sur lesquels elle n'a pas de prise : « Oui, sans le reploiement du papier et les dessous qu'il installe, l'ombre éparse en noirs caractères, ne présenterait une raison de se répandre comme un bris de mystère, à la surface, dans l'écartement levé par le doigt »[1]. Valéry insistait encore, des années après la mort du poète, sur la nécessité de s'attacher à la matière du texte pour toute édition du *Coup de dés* qui se voudrait fidèle à son auteur : « L'essentiel dans ce poème est la distribution du texte sur la page. Il consiste surtout dans l'expérience profonde et singulière de rendre inséparable l'écrit et les blancs qui le pénètrent, l'entourent, suivant une proportion ou arrière-pensée, disparue. Toute reproduction ou publication qui ne comporterait pas *l'aspect physique voulu par l'auteur* serait donc nulle et nuisible »[2].

Cette conversion du support textuel en véritable *inducteur de sens*, Mallarmé en devait certainement pour une grande part l'incitation et l'inspiration au Japon. Ce que la civilisation japonaise avait révélé à l'Occident en cette fin du XIXe siècle concernait en effet également poètes et peintres : des estampes dont les figures semblaient n'apparaître sur le papier qu'afin de lui rendre hommage en le rehaussant de lignes et de couleurs, estampes où pouvaient se *lire* – plus qu'on ne les y *voyait* – une passante, un acteur, le triangle blanc du mont Fuji ; une écriture dont le système multiple se déployait dans des mises en scène énigmatiques – sur des paravents, des éventails – où elle se mêlait aux figures sans jamais dépendre d'elles.

Les poèmes pour éventails semblent avoir été pour Mallarmé des relais entre poésie du Vers et poésie de la page. Sur l'éventail de Mademoiselle Mallarmé, l'écriture du poète ne renvoie plus à une parole d'auteur : elle

1. *Quant au livre*, dans *Igitur...*, *op. cit.*, p. 269.

2. Lettre de Paul Valéry s.d. (vraisemblablement 1901-1902) conservée à la Bibliothèque littéraire J. Doucet, citée par Luce Abélès dans « Mallarmé et le livre illustré », catalogue *Mallarmé 1842-1898*, Paris, Gallimard-RMN, p. 113. C'est moi qui souligne.

s'est muée en calligraphie, à la manière de Bashô qui ne répugnait pas à inscrire ses haïkaï sur les feuilles d'un éventail qu'il avait décoré lui-même. Mais pour un support identique et une mise en scène comparable, que de différences qui étaient autant de découvertes. Différences de tradition écrite : l'horizontalité du vers occidental s'adapte mal à la verticalité de l'éventail, au contraire du japonais qui s'y glisse naturellement ; au Japon, la calligraphie participe d'une histoire immémoriale qui concerne toute l'Asie, en symbiose avec la peinture, tandis qu'elle n'est jamais en Occident qu'une prouesse de maître-écrivain – différences de cultures plus encore, la calligraphie japonaise ne relevant pas de la catégorie du « beau » mais de « l'écrit » en ce qui le distingue essentiellement de « l'oral ». C'est de cette tentative de transfert d'une civilisation de l'écriture à l'autre que Mallarmé a tiré les leçons les plus insolites mais aussi les plus novatrices. La mise à distance de la valeur proprement énonciative – « élocutoire » aurait écrit Mallarmé – du manuscrit par l'acte calligraphique l'a conduit à déplacer sur le feuilleté de l'éventail la portée intime de son texte, censé être désormais une confidence adressée par l'éventail à sa dédicataire, comme si le poème glissait ainsi d'une main en une autre main, de l'expérience de l'écriture à celle d'un objet solaire soumis à des aléas tout aussi personnels et capricieux. Ou plutôt encore, comme si le texte naissait au moment même, et au lieu même, où il lui était possible d'être lu par celle qui en disposait. C'est ainsi que la lecture de la première strophe, sur le bord gauche de l'éventail, nécessite qu'il soit déployé pour que l'on puisse accéder à son dernier vers :

> Ô rêveuse, pour que je plonge
> Au pur délice sans chemin,
> Sache, par un subtil mensonge,
> Garder mon aile dans ta main.

Quant au dernier quatrain du poème, le vers qui le conclut est le seul qui reste encore lisible quand l'éventail est presque refermé :

> Le sceptre des rivages roses
> Stagnants sur les soirs d'or, ce l'est,
> Ce blanc vol fermé que tu poses
> Contre le feu d'un bracelet.

Il est impossible de décider, devant cet éventail, si les vers qui en composent le texte ne font qu'illustrer successivement le geste qui en écarte les plis l'un après l'autre pour y dissimuler un visage, jusqu'à le faire reposer, clos à nouveau, sur un poignet – ou s'ils ont pour mission de nous délivrer un art poétique inédit que révèlerait, strophe après strophe, la calligraphie progressivement déployée d'un éphémère arc-en-ciel couleur de nacre rose. Support et texte sont ici indissociables : ils *parlent ensemble*. Par ce poème – aussi modeste et apparemment ludique qu'en fût le support – Mallarmé ne tentait pas seulement de réinventer l'écriture : il y ébauchait l'exploration d'une langue *autre*, aussi distincte physiquement de la parole que vouée pourtant comme elle par nature a la communication partagée[1].

Car le souci de la langue n'est nullement exclu de ces jeux graphiques, bien au contraire : l'invention de toute lecture s'engage nécessairement au nom d'une langue, et en rapport direct avec elle. Mallarmé était convaincu qu'il n'avait pu se lancer dans l'expérience du *Coup de dés* que parce qu'il l'avait faite en français – idiome « strictement imaginatif et abstrait, donc poétique » disait-il, et où il avait cru percevoir

> une extraordinaire appropriation de la structure, limpide, aux primitives foudres de la logique. Un balbutiement, que semble la phrase, ici refoulé dans l'emploi d'incidentes multiple, se compose et s'enlève en quelque équilibre supérieur, à balancement prévu d'inversions[2].

Le *Coup de dés* est en vérité, si on l'envisage du point de vue de l'histoire de l'écriture, à la fois révolutionnaire et exemplaire. Dans la préface de *Cosmopolis*, Mallarmé avouait ne pouvoir « présumer de l'avenir qui sortira[it] d'ici, rien ou presque un art ». « Le poète [...] n'a [...] autre chose à faire qu'à travailler avec mystère en vue de plus tard ou de jamais » avait-il d'ailleurs confié à Verlaine dix ans plus tôt, en 1885[3]. Mais il était aussi le premier à avoir utilisé les ressources de *l'espace typographique* comme une véritable « langue écrite », ouvrant ainsi à la lecture occidentale des possibilités qui lui étaient demeurées jusqu'alors inaccessibles. La « disparition élocutoire du poète » qui devait caractériser selon lui « l'œuvre pure » – et qui correspondait à sa propre ambition poétique : « Mon travail personnel [...] je crois, sera anonyme, le Texte y parlant de lui-même et sans voix d'auteur » avait-il écrit à Verlaine dans cette même lettre de novembre 1885 – allait en effet de

1. Composées en 1884, les strophes de cet *Autre éventail* – qui est en réalité chronologiquement le premier – ont été reprises dans *Poésies*. L'éventail sur lequel Mallarmé les avait calligraphiées est conservé au Musée Mallarmé.
2. Voir *Richard Wagner*, dans *Igitur...*, *op. cit.*, p. 173, et *Le mystère dans les lettres*, *ibid.*, p. 278.
3. A Paul Verlaine, 16 novembre 1885, *Œuvres complètes*, *op. cit.*, p. 789.

pair, à ses yeux, avec une généralisation de la création à ceux qui étaient censés ne devoir en être, *a priori*, que les récepteurs admiratifs et passifs[1]. « Le Poète [...] éveille, par l'écrit, l'ordonnateur de fêtes en chacun »[2] : telle était la fonction nouvelle et éminemment subversive – car elle remettait en cause des siècles d'impérialisme logocentriste – que venaient de révéler l'écriture, et, plus encore, l'imprimé, à ce passeur inspiré des mots qu'est le lettré.

Le *Coup de dés* a la même valeur étrange *d'origine par contrebande* que les fresques de la préhistoire peintes sur les parois de grottes ou de falaises dont nous ne savons toujours pas à quels rites elles étaient consacrées – et où nous avons pu même les oublier pendant des dizaines de millénaires – alors qu'elles venaient d'inventer l'image. C'est seulement aujourd'hui, en effet, où le texte naît typographié, où l'on peut écrire en utilisant les « touches » de l'alphabet (l'expression est de Mallarmé) et non plus – ou non plus seulement – en maîtrisant un tracé, où les valeurs visuelles de l'écrit sont devenues, avec l'émergence des nouvelles technologies, indissociables de l'image, où, enfin, l'écran de la page s'est animé de mémoire et de profondeur, que ce poème insolite – mais jeune encore, si l'on veut bien y songer, d'à peine un siècle – semble pouvoir commencer à trouver sa juste actualité.

1. « L'œuvre pure implique la disparition élocutoire du poète, qui cède l'initiative aux mots, par le heurt de leur inégalité mobilisés ; ils s'allument de reflets réciproques comme une virtuelle traînée de feux sur des pierreries, remplaçant la respiration perceptible en l'ancien souffle lyrique ou la direction personnelle de la phrase » *Crise de vers*, dans *Igitur...*, *op. cit.*, p. 248-249. Il est nécessaire de rappeler ici que cette conception "objective" de la création poétique a sa source, chez Mallarmé, dans la découverte qu'il avait faite de la peinture de Manet et, à sa suite, de celle de Berthe Morisot : « Poétiser, par art plastique, moyen de prestiges directs, semble, sans intervention, le fait de l'ambiance éveillant aux surfaces leur lumineux secret » *Quelques médaillons et portraits en pied : Berthe Morisot*, *ibid.*, p. 166.

2. *Crayonné au théâtre*, dans *Igitur...*, *op. cit.*, p. 230. Voir également dans *Crise de vers*, ces observations, qui sont comme l'ébauche d'un programme : « Une ordonnance du livre de vers point innée ou partout, élimine le hasard ; encore la faut-il, pour omettre l'auteur [...]. Quelque symétrie, parallèlement, qui, de la situation des vers en la pièce se lie à l'authenticité de la pièce dans le volume, vole, outre le volume, à plusieurs inscrivant, eux, sur l'espace spirituel, le paraphe amplifié du génie, anonyme et parfait comme une existence d'art. » *ibid.*, p. 249.

chapitre 10

énonciation et typographie chez Pierre Reverdy

Il n'y a pas de poésie sans *nouveauté*. Non pas la simple nouveauté des formes : celle-ci n'est qu'une conséquence, l'aboutissement matériel d'une certaine modification dans les habitudes d'une culture ou dans la vie d'une langue, qui fait que des moules rythmiques inédits sont un jour indispensables aux poètes pour que leur langue continue d'agir et leur parole d'être séductrice. L'alexandrin est né ainsi, par défaut du décasyllabe, et la poésie vers-libriste n'a pas eu elle-même d'autre origine que le défaut de l'alexandrin. La nouveauté véritable est de l'ordre de la « surprise », pour reprendre le mot de Reverdy, elle relève de l'expérience imtime. Ce qui doit changer par le poème n'est pas la poésie mais le lecteur. C'est pour qu'il soit surpris, ému, *enchanté*, qu'il ne lise, ne dise pas le poème sans que son étonnement ne le tienne en suspens hors du réel, vivant une autre vie que la sienne ou la même, mais bouleversée, qu'existe la poésie. Le poème est cette merveille qui introduit l'origine dans la durée du discours.

Quel rôle la peinture – l'image – peut-elle jouer dans l'invention de cette nouveauté ? Elle devrait lui être étrangère puisque sa technique est différente et que les objets qu'elle propose, tableaux et figures, non seulement sont muets par principe mais charment d'une autre façon, par la vue et non par l'ouïe, par la permanence, non par le rythme. Pourtant il n'est pas de société qui n'ait perçu un lien nécessaire entre le visible et le verbal, comme si leur différence ne pouvait s'accomplir pleinement qu'à travers leur ouverture réciproque, comme s'ils ne devenaient actifs qu'à la condition expresse que l'un pût demeurer toujours en regard de l'autre ou dans sa très proche mémoire.

Que de poètes ont puisé dans les images! *Décrire* était en Grèce ancienne l'exercice fascinant par excellence : recréer des peintures avec les mots, les suggérer de façon si convaincante et si forte que, comme ce devait être le cas à la Renaissance pour les œuvres d'art imaginaires contemplées par Poliphile, on confiât ensuite à des peintres et à des sculpteurs le soin de les inscrire dans la matière. N'a-t-on pas été persuadé longtemps que la langue était née elle-même de la métaphore – cette *figure* – qui était censée avoir brisé, sous la pression d'un visible donné pour inexprimable, les structures monolithiques de la désignation primitive ? La poésie est plus intimement voisine de la description que de la narration : son lyrisme même, qui pourtant n'a trait qu'à soi et au « cœur », prend son élan sur cette altérité mentale réclamant d'être formulée précisément parce que rien ne la rattache par avance à un dire.

L'image, pour les poètes, participe de ce même pré-verbal qui est leur souffrance et leur désir tant qu'ils ne s'en sont pas faits maîtres par les mots.

Au milieu du XIXe siècle, la peinture occidentale avait commencé à se libérer de ses antécédents littéraires – narratifs ou allégoriques – pour inventer une esthétique qui ne ferait plus référence qu'à elle-même : des figures conçues et assemblées de manière purement artificielle – une surface. Mallarmé ne s'y était pas trompé, ce que Manet avait mis au jour en rompant avec la tradition illusionniste de son art était la dualité même dont devait se former le Livre : des mots dégagés de leur référence – ou plutôt la portant en eux comme un accessoire privilégié, mais qui ne devait pas en supplanter d'autres, bien plus précieux et mystérieux : l'équivocité sémantique de leur structure, le hasard de leur couleur sonore – et surtout l'espace de la page, blancheur d'attente et d'origine à la fois. Dans le jeu inédit des mots suscité par le modèle pictural, l'espace constituait la pièce maîtresse.

C'est autre chose que Reverdy a découvert à travers la peinture cubiste : une *méthode*. Celle qui permet d'atteindre à la nouveauté poétique en faisant en sorte que l'œuvre se substitue au réel. Ne pas simplement renouveler la langue et la rendre plus exacte, mais en fausser sciemment et *justement* la pente naturelle :

> Quand une image, tout d'abord surprenante, est usée, c'est qu'elle s'est trop identifiée au réel qu'elle évoquait tout d'abord avec quelque précarité. Ainsi le langage poétique, pour garder sa vigueur et sa puissance comme facteur d'émotion, est-il constamment obligé de se renouveler et de conserver une certaine distance entre ses termes propres et les objets de la réalité. C'est exactement là ce que ces peintres [Les cubistes], pour la première fois dans l'histoire, ont l'insurpassable mérite d'avoir fait[1].

C'est afin de mieux définir cette méthode et d'en rappeler la discipline exigeante à un public, ou à des suiveurs, qui en avaient perdu de vue les mobiles initiaux, que le poète avait créé *Nord-Sud*, en mars 1917.
Dans le premier numéro de cette revue-manifeste, Reverdy exposait comment le cubisme avait remplacé l'esthétique de la représentation des objets par l'utilisation de ces objets comme des éléments, ou des signes, destinés à créer le seul objet, le seul réel concevable : un tableau.

> Le cubisme est un art éminemment plastique ; mais un art de création et non de reproduction et d'interprétation.
> Or que peut-on créer en peinture si ce n'est le tableau ; et cette création à l'aide de moyens nouveaux appropriés ? Les premiers peintres cubistes ont trouvé des moyens propres dont ne se sont pas assez préoccupés ceux qui ont marché sur leurs traces. [...] Avec cette désastreuse façon de juger on n'a vu qu'incohérence là où il y eut, dès le début même, recherche de discipline.
> [...]
> Nous sommes à une époque de création artistique où l'on ne raconte plus des histoires plus ou moins agréablement mais où l'on crée des œuvres qui, en se détachant de la vie, y rentrent parce qu'elles ont une existence propre, en dehors de l'évocation ou de la reproduction des choses de la vie. Par là, l'Art d'aujourd'hui est un art de grande réalité. Mais il faut entendre réalité artistique et non réalisme ; c'est le genre qui nous est le plus opposé[2].

1. Pierre Reverdy, *La Nature aux abois*, dans *Note éternelle du présent*, Paris, Flammarion, 1973, p. 89-90.
2. *Nord-Sud* n°1, 15 mars 1917 dans *Nord-Sud, revue littéraire*, Paris, Jean-Michel Place, 1980, p. 5. Voir également cette déclaration plus tardive de Reverdy : « Car pour la première fois dans l'histoire ici, on vous met sous les yeux le tableau comme objet – non plus un objet artificiellement lumineux et jouant sa partie à faux dans un coin de la réalité, mais un objet réel, délimité, à plat et coloré, qui ne craint pas de recevoir sur la peau les rayons de la lumière réelle », *Georges Braque*, *ibid.*, p. 76-77.

Braque lui-même devait apporter sa caution à cette analyse dans le numéro de décembre : « Le but n'est pas le souci de *reconstituer* un fait anecdotique mais de *constituer* un fait pictural[1] ». Le praticien de la casse typographique, l'amateur éclairé du *Coup de dés* – il avait bien compris, à la différence d'Apollinaire, que le vide, dans ce livre, était syntaxe – le revendiquait à la surface même de la page, entre ses blancs et ses noirs, et dans leur jeu[2].

Il n'est pas indifférent, enfin, que l'annonce de la publication du *Voleur de Talan*, « roman poétique », dans le numéro 8 de *Nord-Sud*, ait été précédée par une « note » consacrée à la ponctuation :

> On a assez parlé de la suppression de la ponctuation. Il a été aussi question des dispositions typographiques nouvelles. Pourquoi n'est-il venu à l'esprit de personne d'expliquer la disparition de celle-là par les raisons qui ont amené l'emploi de celle-ci ?
> N'est-il pas naturel en effet que dans la création d'œuvres d'une structure nouvelle on se serve de moyens nouveaux appropriés ?
> La ponctuation est un moyen infiniment utile pour guider le lecteur et rendre plus facile la lecture des œuvres de forme ancienne et de composition compacte. Aujourd'hui chaque œuvre porte, liées à sa forme spéciale, toutes les indications utiles à l'esprit du lecteur.
> Chaque chose est à sa place et aucune confusion n'est possible qui exigerait l'emploi d'un signe quelconque pour la dissiper. Chaque élément ainsi placé prend plus rapidement et même plus nettement dans l'esprit du lecteur l'importance que lui a donnée l'esprit de l'auteur.
> Ce n'est donc pas une liberté c'est au contraire un ordre supérieur qui apporte une clarté nouvelle et ne peut se concilier qu'à des œuvres simples et d'une grande pureté[3].

En avril 1918, après la publication des *Ardoises du toit*, le poète allait se faire plus catégorique encore, et plus précis : la structure typographique devait être considérée comme l'équivalent exact de la syntaxe : « Pour un art nouveau une syntaxe nouvelle était à prévoir ; elle devait

1. Georges Braque, « Pensées et réflexions sur la peinture », *Nord-Sud* n° 10, décembre 1917, p. 3-4.

2. « Apollinaire fait cette objection inouïe : le *Coup de dés* n'est pas des plus agréables à voir, et ce que Mallarmé voulait faire n'apparaît pas, il manque une explication. Pour P. R., la situation est nette : Apollinaire retient ce qui plaît à l'œil, alors que le *Coup de dés* s'adresse à l'esprit : sa disposition typographique est une syntaxe, sans comparaison plus intéressante que celle des *Divagations* », Maurice Saillet, « Chronique du *Voleur de Talan* » publiée en postface de la réédition du roman en 1967, Paris, Flammarion, p. 157.

3. « Ponctuation », *Nord-Sud* n° 8, octobre 1917, p. 2.

fatalement venir mettre dans le nouvel ordre les mots dont nous devions nous servir. [...] Mais si on ne veut pas comprendre qu'une disposition typographique nouvelle soit parallèle d'une syntaxe différente et que cette syntaxe soit en rapport avec l'œuvre nouvelle, qu'on s'en tienne à la très digne incompréhension[1] ».

Dans la livraison suivante de *Nord-Sud* en mai, toujours à propos des *Ardoises du toit*, Reverdy reprenait à son compte la formule qui avait été celle de Braque six mois plus tôt : « Chaque poème est ici un fait poétique *présenté*, au lieu d'être une anecdote *représentée* »[2].

La poésie visuelle de Reverdy a connu deux étapes successives et assez espacées dans le temps : la création des poèmes à l'époque « cubiste » puis leur remaniement en vue de l'édition de *Plupart du temps* en 1945. Ces remaniements correspondent au mûrissement d'une technique qui, inventée dans l'exaltation d'une fraternité avec les peintres ressentie de manière jubilatoire et impulsive, ne se trouvait pas alors totalement, ni, surtout, immédiatement adaptée à des besoins poétiques qui pouvaient être eux-même très divers. Il s'agissait pour Reverdy de se libérer des embarras logiques et sentimentaux du lyrisme en en limitant l'expression à quelques mots essentiels, et de rendre ce lyrisme *efficace*. La nouveauté du procédé l'avait d'abord grisé pour elle-même, sans qu'il se soucie vraiment d'efficacité ou de justesse, pour l'audace de voler à la peinture son bien, ce « merveilleux dépouillement de formes simples dans la clarté » surgi dans les œuvres cubistes des années 1911 à 1913 : « Les termes clairs sont isolés du grognement animal informe, les mots nouveaux sont détachés, la ligne des objets de la nouvelle langue se précise. La maîtrise de l'expression nouvelle est atteinte. Un art tout neuf, puissant et merveilleusement plastique est instauré[3] ».

Mais la nécessité de son écriture ne conduisait pas le poète à utiliser les blancs de la page comme un simple allégement spatial, c'est-à-dire comme un décor. L'enjeu du sens s'y serait perdu, et l'unité de son projet. Elle s'accordait plus à la recherche – elle-même d'ailleurs plus essentielle au cubisme – de l'objet-tableau, sur le modèle duquel on pouvait imaginer construire un *objet-poème* vraiment – c'est-à-dire

1. « Syntaxe », *Nord-Sud* n° 14, avril 1918, p. 3.
2. « Chroniques » (sous le nom de S. Laforêt), *Nord-Sud* n° 15, mai 1918, p. 7. En italique dans le texte.
3. Pierre Reverdy, *Georges Braque, Note éternelle... op. cit.*, p. 76-77.

profondément – nouveau, et qui avait son origine dans l'opacité de la nature morte : « Immobile et impassible, la nature morte est le noyau de l'art statique. Comme la poésie la plus dense et la plus isolée, elle émerge très peu au-dessus des efforts sans nom de la mer démontée. Mais c'est de ce côté qu'on s'abrite du courant perfide du ressac qui entraîne au lyrisme enfantin du dessin animé » devait-il écrire dans ce même texte sur Braque de 1950.

Cet objet-poème, dont l'intention devait demeurer lyrique – à la différence de l'entreprise mallarméenne du *Coup de dés*, qui consistait dans la « mise en scène spirituelle » des « subdivisions prismatiques de l'Idée » –, la version définitive des poèmes des *Ardoises du toit* et de *La Guitare endormie* en rend les principes évidents. Le blanc y est utilisé avec la même précision et la même opacité que les mots. Il est, quoique indéfinissable en tant que tel, et cela jusque dans ses contours, un élément linguistique du texte. Sa fonction est d'inscrire dans ce texte le présent de la lecture. L'usage du présent verbal et le lexique des objets induisent pour l'imaginaire l'existence d'objets fictifs : le blanc du texte participe de l'actualité même où on le contemple ; il ne suggère pas, *il est*. Le parcours de l'œil sur la ligne et dans l'espace du poème le fait se heurter à des pauses, les mêmes que celles qui apparaissent dans les tableaux et en modifient optiquement la couleur. Mais celles du texte en modifient le sens. Là réside le paradoxe, le scandale du blanc – où Mallarmé avait découvert les affinités stellaires de l'écriture, son retour toujours possible à ses origines divinatoires – : de pur identifiant visuel il se fait – il est d'emblée – proposition sémantique. De présence palpable il se transforme, devant les yeux du lecteur, dans l'acte même que constitue l'attente de sa lecture, en élément capital (et d'autant plus capital qu'il n'est pas dit mais reste à deviner au moment même) du message où il est inclus.

C'est à l'exploitation raisonnée et systématique de cette valeur que s'est attaché Reverdy lorsqu'il a remanié ses poèmes. A donner à chacun des blancs, dans l'économie lyrique du texte, une nécessité incontestable, – autant que sa non moins incontestable ambiguïté pouvait l'y autoriser et l'y porter.

ROUTE

Sur le seuil personne
Ou ton ombre
Un souvenir qui resterait
La route passe
Et les arbres parlent plus près
Qu'y a-t-il derrière
Un mur
des voix
Les nuages qui s élevèrent
Au moment où je passais là
Et tout le long une barrière
Où sont ceux qui n'entreront pas[1].

Il fallait être simple pour agir juste. Partir de ce qui était l'évidence élémentaire du blanc : son emplacement dans le vers. Car le texte qu'il interrompait ou dont il annonçait le fragment y gagnait étrangement un *lieu* tout aussi physique que celui où se manifestaient les êtres ou les choses qu'il désignait, de sorte que l'émotion qui venait au lecteur en le lisant se révélait être la même que celle qu'il aurait connue en faisant l'expérience de ces choses et de ces êtres « dans la vie ». Présence aveuglante – tantôt douce tantôt pesante – d'une affirmation ouvrant la ligne et suivie par un silence : « Sur le seuil personne ». Fuite, désespoir, fragilité de celle qui la conclut après un blanc : « des voix ». Equilibre – sérénité ou menace, triomphe ou solitude – de celle qui en occupe le centre : « Un mur ». Tout un jeu métonymique de l'espace est inscrit dans ces poèmes, qui en confirme l'immédiateté mais qui, aussi, en en suggérant un commentaire implicite, – cette sorte de *pose affective* s'emparant irrésistiblement du lecteur – en rend évidente dans le même temps l'intention significative.

C'est en raison de ce dualisme essentiel de l'effet produit, de cette participation du sentiment à l'intérieur du repérage des faits, que le blanc peut opérer également à un autre niveau de l'expérience, plus littéraire, plus verbal que le premier, celui de la temporalité.

1. *Les Ardoises du toit, Plupart du temps*, Paris, Flammarion, 1967, p. 182.

Toute image est au présent, puisqu'elle est toujours une présence, celle-ci fût-elle rêvée. Le blanc pouvait donc permettre de fonder la concordance mentale des temps, celle du passé et du futur, du souvenir et de l'espoir, autour de ce présent sensible où se trouvait le lecteur, situé, par la magie visuelle du texte, à la place même de l'auteur. Et quelle force y gagnait aussi ce privilège réservé au seul langage – celui de la *négation* – dans lequel Reverdy voyait l'équivalence du noir pour la peinture cubiste :

> Il revient peut-être aux peintres qui marqueront certainement notre époque d'avoir les premiers utilisé le noir pur sur la toile – d'en avoir fait une couleur dont la force avait effrayé tous les peintres d'antan. Ils ont vu là, je suppose, l'équivalent de la phrase négative et je ne le leur reprocherai pas. On sait bien que cette phrase négative et ce noir ont une puissance d'expression sourde dont personne aujourd'hui ne se passe sans se priver[1].

Non, la nouveauté de la forme n'a rien ici de gratuit ni de hasardeux. Elle est purement naturelle. Parce que Reverdy a conçu la poésie dans ces textes en tant qu'écrite, et, plus encore *imprimée*. Mais il ne s'agissait pas simplement de perfectionner un instrument, d'inventer un nouveau jeu. Les moyens offerts par l'écriture à la langue poétique étaient les mieux appropriés à l'expression d'un sentiment de soi que ne pouvait que trahir une forme lyrique traditionnelle. Car le mal de vivre ne se situait pas pour Reverdy dans le cœur ou dans l'esprit, il était dans le regard. Le regard, non la vision. Reverdy n'aborde pas en effet le visible à la manière des peintres (autre différence qui le sépare d'eux) ou des cultures extrême-orientales, comme un *pensable-non verbal*. Il l'aborde à travers un *je*, au nom d'un *je*, dans le besoin passionné de l'affirmer et de l'imposer. Nul plus que lui, dans ses poèmes, n'est à la fois aussi proche et aussi lointain de Verlaine[2]. *Voir* est pour lui une expérience essentielle, mais elle l'est de façon tragique. A l'effusion du sensible où se résoud et s'apaise la séparation des êtres comme celle du monde et de soi, il oppose l'obstinée et douloureuse conscience du toujours lointain, de l'inaccessible, de l'irrémédiablement intouchable. La contradiction est évidente : comment extraire du réel, justifier par le réel, l'essence la

1. *Juan Gris, Note éternelle... op. cit.*, p. 122.
2. Voir à ce sujet mon article sur « Le sujet de l'apparence : voir et dire dans *Romances sans paroles* », M. Bercot (dir.), *Verlaine 1896-1996*, Paris, Klincksieck, 1998, p. 43-56.

plus abstraite et la plus individuelle de l'âme ? Mais c'est justement pourquoi il importait tant d'entraîner le lecteur dans le poème, de le lui faire non pas lire comme une confidence que l'on peut juger étrangère mais vivre, et vivre en le contemplant comme on contemple un tableau : pour faire en sorte qu'il soit contraint d'adhérer à cette solitude muette et possessive, à ce visible paradoxal qui ne vaut que par ce qui le fuit.
Dans l'intervalle séparant la publication de *La Lucarne ovale* de celle des *Ardoises du toit*, Reverdy avait tenté une expérience d'un autre type, et sur laquelle, à la différence des deux recueils, il ne devait pas revenir ultérieurement : celle du *Voleur de Talan*. Il en envoyait en 1948 un exemplaire à Adrienne Monnier, laquelle semblait avoir oublié qu'elle l'avait reçu en dépôt lors de sa publication en 1917, avec la dédicace suivante :

> Très chère Adrienne,
> Je mets ce livre entre vos mains avec une émotion difficile à justifier par des mots. Mais ce livre maladroit, éclos parmi les arbres, sous le soleil et au milieu des nuages de poussière de Provence, est peut-être le portrait le plus fidèle de ce que j'étais à cette époque et il reste encore un des signes les plus particuliers de mon signalement. Signe caché, tellement caché – sur la gauche. Gardez-le bien.
> Je vous embrasse. P. R. 1[1]

En écrivant *Le Voleur de Talan*, Reverdy s'était apparemment lancé le défi d'intégrer à la poésie le roman dans ce qu'il avait de plus spécifique – l'anecdote –, de faire de la forme romanesque un art de Création au sens cubiste du terme en inventant un genre qui serait en quelque sorte le *roman présenté*, le roman devenu poésie parce qu'il reposerait sur la succession visuelle des pages d'un livre et non sur la narration. Il allait ramener presque aussitôt cet essai aux dimensions relativement restreintes du poème. Est-ce la preuve d'un échec ? Je crois que c'est moins le procédé lui-même qu'il faut mettre ici en cause que la manière toute personnelle dont Reverdy l'a exploité. Car il est sûr que la combinaison de l'espace typographique conçu selon sa structure la plus vaste, celle du livre, et d'éléments anecdotiques prélevés de façon arbitraire sur le réel – c'est-à-dire privés dans leur principe même de ce qui pouvait constituer leur valeur d'anecdote – était une proposition beaucoup plus hardie, et plus puissante, que celle des conversations-collages déroulées comme sur un *Exultet* que l'on doit à l'Apollinaire des *Calligrammes*.

1. Cité par Maurice Saillet dans sa « Chronique du *Voleur de Talan* », *op. cit.*, p. 157.

Reverdy avait déclaré dans *Nord-Sud* à propos de « l'esthétique littéraire » : « Nous voulons avec la connaissance de tous les sentiments, comme éléments, *créer* une émotion neuve et purement poétique ». Sa théorie peut se résumer en trois points : puiser les éléments de l'œuvre littéraire – romanesque ou poétique – dans le réel (et non dans l'imaginaire) ; susciter par l'œuvre produite une émotion – « une émotion purement artistique et non pas du même ordre que celle qui nous agite si un accident violent survient dans la rue sous nos yeux »[1] – ; et pour cela utiliser les moyens littéraires appropriés, lesquels ne peuvent être ceux, purement oraux, de la narration ou de la conversation.

La théorie romanesque ébauchée par le poète dans son article sur « l'émotion » de ce même numéro d'octobre 1917 de *Nord-Sud* où il annonçait la parution du *Voleur* peut être interprétée comme un relais entre ses analyses de la peinture cubiste et sa définition de l'image littéraire. Mais ce qu'elle doit surtout nous faire découvrir est le fait que c'est à partir de réflexions sur le roman, elles-mêmes déterminées par l'observation de la peinture, que l'écrivain a formulé ses intuitions poétiques les plus originales. Si la phrase doit être rompue, brisée de

blancs, dans l'œuvre de Création, la raison en est que cette œuvre relève de l'écrit, non du discours. Née d'un constat qui concernait strictement les œuvres romanesques, la thèse apparaît d'autant plus perturbatrice que celles-ci en deviennent également la cible : « N'importe quel de ces romans, dit Reverdy à propos des feuilletons, pourrait faire l'objet d'une histoire racontée de vive voix *et le propre d'une œuvre d'art littéraire est de ne pouvoir être conçue et réalisée autrement qu'écrite* »[2].

C'est pourquoi l'anecdote – qui correspond à l'objet-signe du peintre – ne doit plus avoir dans de telles œuvres de fonction autre que celle d'« élément qualitatif »[3]. Mais c'est pourquoi aussi – et l'on voit apparaître ici cette conception de l'image littéraire contrôlée par un mystérieux sentiment de « justesse » que Reverdy développera un peu plus tard[4] – « l'émotion » doit demeurer attachée à la production littéraire. Elle seule prouve que l'écrivain a su dégager ses anecdotes des émotions qu'elles suscitaient dans la vie et qui n'avaient rien de poétique : leur en

1. « Essai d'esthétique littéraire », *Nord-Sud* n° 4-5, juin-juillet 1917, p. 4 et 6.
2. « Chroniques », *op. cit.*, p. 3. (en italique dans le texte).
3. *Ibid.*, p. 4.
4. Voir « L'image », *Nord-Sud* n° 13, mars 1918, p. 3-7.

substituer une autre, née de l'association purement « écrite » de ces anecdotes entre elles lui est tout à fait indispensable.
Mais dès lors, doit-on partir, pour faire œuvre de Création, du *réel* ou de *l'émotion* ? Des choses et des anecdotes, ou des sentiments que celles-ci ont provoqués et qui doivent se transmuer en émotion poétique ? Reverdy ne s'est pas posé la question : c'est l'émotion, et seulement elle, qui occupe, dans *Le Voleur de Talan*, le blanc de ses pages.
Car tout explose, dans *Le Voleur de Talan*, et c'est pourquoi l'éclatement des normes typographiques y apparaît si mystérieusement adapté, et si nécessaire. Tout y explose, et d'abord la vie : la comparaison de l'œuvre éditée avec ses manuscrits le montre bien. Les premières pages qu'avait écrites Reverdy, en prose, relataient de façon minutieuse les vexations qu'il avait subies de la part de ses amis poètes après s'être installé à Paris. La nouvelle écriture – romanesque ou poétique, peu importe – s'est dégagée de la prose en même temps qu'elle en dispersait les références biographiques, au point que, si l'on cherche encore des clés dans cet *autre* texte (autre dans tous les sens du terme), il est impossible de les trouver. Il n'y a plus ni vol ni voleur dans *Le Voleur de Talan* (il ne reste de l'anecdote qui lui a servi de prétexte que la vision du Mage Abel-Max Jacob rangeant précipitamment des papiers à l'arrivée de son visiteur – le Voleur – et celle d'une malle dont on ne sait trop si elle est réellement pillée ou non)[1]. Le titre de ce « roman » ne résume pas une histoire, c'est un surnom, le nom quasi totémique d'un être dont le destin ne saurait se réduire à l'aventure qui le lui a fait donner mais tient à la fatalité à laquelle ce nom semble l'avoir condamné[2]. Quant au « vol », le seul dont il soit fait désormais mention dans ce récit, et avec insistance, est celui des anges.
Dans le manuscrit, le recours à la prose sert de support à une narration mais aussi, et en parallèle, à une énonciation personnelle : « J'ai voulu partir. Je me suis levé. Il y avait quelqu'un sur le seuil de la porte qui attendait. En arrivant son ombre m'a fait peur. Et le ruisseau qui descendait la rue avait l'air de pleurer »[3]. La dernière phrase du paragraphe amorce ce déplacement des sentiments du sujet vers le monde environ-

1. Voir p. 37 et p. 93.
2. « Quelle consolation pour ce pauvre paria qui n'a jamais été admis par personne, même ceux qui me voulaient le plus de bien » écrit P. Reverdy à M. Saillet qui venait de découvrir que ce roman était son portrait. Appendice du *Voleur de Talan*, *op. cit.*, p. 161.
3. *Ibid.*, p. 150.

nant qui dominera le texte définitif – il est d'ailleurs suivi de deux lignes isolées au cœur du blanc :

Enfin une clarté
dans les nuages

lignes qui seront reprises telles quelles et en pleine page dans le volume[1]. Dans l'édition, le poète n'apparaît plus de manière explicite qu'à l'occasion d'une longue parenthèse constituée précisément de deux morceaux de prose – les seuls du livre –, l'un en romain, l'autre en italique[2]. Le premier est une sorte de méditation triste rédigée à la troisième personne : « La consolation qui eût pu lui venir de sa grande jeunesse laissait la place au désespoir que lui inspirait l'éternité du monde et la cruauté de notre passage éphémère. Jeune, il se sentait vieux et savait qu'il ne jouirait pas de la renommée qu'il peinait à atteindre »[3]. Le second s'ouvre sur un *je* : « pour une bande de ciel clair à l'horizon, j'ai donné mon âme à qui ? »[4].

Une autre forme que la prose est présente dans les ébauches du *Voleur de Talan*, cette composition « en carré » que Reverdy avait commencé à pratiquer dans *La Lucarne ovale* et dont l'origine est assurément picturale. Elle allait s'avérer incompatible avec l'émotion qui devait s'y dire :

> Il y a tellement de choses
> que le tableau déborde le
> cadre. Le cadre ce sont les
> murs et les plafonds et le
> tableau une vie intense
> et inutile où des centaines
> de gens prennent part[5].

Ce texte ne sera pas repris dans l'édition, tandis que la forme en carré, isolée du reste du livre par sa typographie en pleine page et son caractère

1. *Le Voleur de Talan*, *op. cit.*, p. 95.
2. *Ibid.*, p. 65-66 et p. 67-68.
3. *Ibid.*, p. 65.
4. *Ibid.*, p. 67.
5. *Ibid.*, p. 153.

gras et de grand corps sera utilisée de façon rythmique et, systématiquement, à contre-emploi, comme pour exhiber l'éclatement du sujet :

> On tourne souvent la tête
> et derrière quelque chose
> fuit beaucoup plus vite
> que nous-mêmes
> J'ai voulu remonter
> après être descendu pour
> toujours[1]

> La chambre où je suis entré
> pour la première fois s'est
> refermée comme une cage
> Et depuis
> quelqu'un frappe à la porte
> que personne ne vient ouvrir[2]

Tous ces pavés ont été conçus comme des blocs d'énonciation noire et trouée (noire de ce noir dont Reverdy a observé qu'il était particulier à la peinture cubiste) à l'exception d'une seule, la première, dont l'apparition comme épigraphe dans l'état du manuscrit qui semble le plus abouti ne peut nous laisser douter qu'elle désigne le Mage Abel, et qui se trouve désormais en tête du second chapitre :

> Il était plus grand que
> les autres
> En naissant
> un éclair avait nimbé
> sa tête
> Et la lumière
> avait continué à luire[3]

1. *Ibid.*, p. 25.
2. *Ibid.*, p. 33.
3. *Ibid.*, p. 11.

Il est un *Autre*, parce que lui seul a le pouvoir de *dire* «*Je*», telle est la hantise qui circule dans ce texte dont la structure n'est pas éclairée par ses blancs mais piégée par eux comme par une toile d'araignée muette et tenace[1].

C'est sans doute à travers ce déplacement, cette appropriation de l'écrit par une énonciation frustrée, que s'explique l'incompréhension de Reverdy à l'égard de Valéry admirant que Mallarmé ait essayé avec le *Coup de dés* d'« élever enfin une page à la puissance du ciel étoilé »[2]. Pour Reverdy, qui associe cette formule au refus également exprimé par Valéry dans ce même texte que le *Coup de dés* soit porté au théâtre, « cela aussi, c'est de la représentation »[3]. La motivation de Mallarmé n'est pas la sienne. Il ne revendique pas la syntaxe typographique comme le moyen de restituer à l'écrit cette fonction de medium de l'au-delà d'où était né l'idéogramme, mais pour pouvoir *s'affirmer comme sujet dans un objet*.

L'entreprise était contradictoire dans les termes : un objet s'impose par lui-même et non par son auteur. Il n'en va pas autrement de l'objet-livre : le texte écrit – Jean-François Lyotard et Jacques Derrida ont suffisamment insisté sur ce point – se caractérise principalement par l'absence du locuteur. Le cas du « roman » est toutefois un peu différent. L'objet-livre auquel se soumet le lecteur d'un roman est constitué d'une série d'événements enchaînés les uns aux autres sur le modèle du discours – et qui sont en fait du discours, le produit d'une énonciation, quand bien même aucune oralisation ne s'y trouve effectivement engagée. Dans une civilisation comme la Chine, qui n'est pas fondée sur la parole, où il n'existe ni mythe ni épopée, la littérature romanesque est apparue, mais assez tard, et précisément à l'époque où le phonétisme pénétrait l'écriture, rendant possible la rédaction de ce type d'ouvrage – s'il ne l'a pas suscitée.

La trouvaille de Reverdy est d'avoir su combiner son désir de *faire lire de soi* (comme on dit « faire parler de soi ») avec la préoccupation qui était alors la sienne de changer l'écriture romanesque – peut-être, d'ailleurs,

1. On trouve d'ailleurs une allusion à la toile d'araignée dans *Le Voleur* : « Vous alliez sortir mais ce trou vous tient la tête et vous êtes pris / Une araignée autour tisse sa toile » (p. 84).
2. P. Valéry, *Variété II*, *op. cit.*, p. 624-626. Voir le chapitre précédent, p. 143.
3. *Le Voleur de Talan*, *op. cit.*, p. 168.

à la suite d'un ultime défi lancé par Max Jacob[1]. Dans *Le Voleur de Talan* le roman fait fonction de leurre. Il permet à Reverdy d'amorcer un effet d'attente chez son lecteur puis, lorsque cette attente se métamorphose en « émotion », d'interrompre le jeu brutalement, laissant le lecteur en suspens entre vie et littérature, mais de telle sorte que désormais il les associe irrésistiblement l'un à l'autre au point de pouvoir les confondre. La première page du livre est exemplaire à cet égard :

Une bête venait de remuer
On entendit un sabot gratter le pavé sous la paille

Puis un cri

Attendez-vous à ce qui va se passer

Quelqu'un mit un œil à la lucarne
et regarda

C'était encore la nuit mais la pendule balançait son battant sans sonner les heures et on dut attendre le jour pour savoir de quoi il s'agissait

Les années passent vite dans la
tête obscure d'un enfant

1. « Les premiers livres de P. R. sont des répliques à Max Jacob, qui n'arrête pas de l'embêter. Quand il apprend qu'il écrit des vers, Max Jacob dit : "Les vers, c'est très bien, mais il y a le poème en prose". Et P. R. publie *Poèmes en prose*. Alors Max Jacob : "Tes petites histoires, c'est très bien, mais il y a le roman". La réponse de P. R. est l'*Imperméable* [...]. "Combien de pages, ton roman ?", lui demande Max Jacob. Il n'a qu'une vingtaine de feuillets. "Alors ce n'est pas un roman, c'est un conte" ». (M. Saillet, *op. cit.*, p. 174-175).

Rien n'advient, rien n'adviendra jamais dans ce livre que le retour obstiné du narrateur sur soi, mais toujours introduit de façon brutale : par un cri – par quelqu'un qui serait mort sur un trottoir mais dont on ne sait ni qui il est, ni s'il a existé vraiment – par une fuite[1]. Ruptures en cascades d'anecdotes qui elles-mêmes sont des ruptures, et que viennent accentuer encore celles des lieux et des temps verbaux :

> Sous le ciel gris qui descendait jusqu'aux toits Paris s'éveillait à peine
>
> Les monuments publics ne bougeaient pas
>
> Un jeune homme court entre les automobiles qui soufflent
>
> Il a peur[2]

> Entre deux barreaux on pouvait voir passer la rue
>
> En bas
>
> Tous ceux qui marchent font du bruit
>
> La ville vit
>
> Et si l'on se retourne c'est un mur[1]

1. Voir p. 7, 44, 76, 84, 115, 120 et p. 5, 15.
2. *Ibid.*, p. 13.

Mais aussi, quel est ce « on » ? Et quels sont les acteurs de ce récit ? Surgissant on ne sait d'où –

> Une ombre passe
>
> Tout à coup le silence devient plus grand
>
> Il se gonfle jusqu'aux quatre coins
>
> Il y a un homme de plus [2]

incertain de ne pas être *l'autre* :

> Au fond d'un bois deux hommes qui venaient de loin se rencontrèrent
>
> Quand ils furent tout près l'un de l'autre
> ils n'en formaient plus qu'un [3]

flottant comme une tête prise dans les arbres – le thème réapparait à plusieurs reprises dans *Le Voleur* – :

> Entre tous les objets il y avait un vide qu'il aurait voulu combler et sa tête flottait de l'un à l'autre
>
> Le vent l'aurait emporté au-dessus
> des arbres s'il avait voulu [4]

« Au fond de soi il y a toujours un pauvre enfant qui pleure »[5]. La division de soi-même s'est faite visible dans la division des mots : du roman, le lecteur a glissé vers la souffrance, celle de cette *vie textuelle*

1. *Ibid.*, p. 59.
2. *Ibid.*, p. 61.
3. *Ibid.*, p. 92. Voir aussi p. 8, 98, 121, 123.
4. *Ibid.*, p. 9. Voir aussi p. 72, 76, 89, 103, 115.
5. *Ibid.*, p. 10.

impossible et dont la fin est aussi fausse que l'avait été son commencement :

> Dans une petite maison perdue entre les arbres
> la traversée s'achève
> Il n'a jamais vécu
>
> Les oiseaux du matin chantent
> Il est 4 heures
> Un vent plus frais se lève chargé de souvenirs
> Quelque chose devait bientôt finir
> Il était temps
>
> Le Voleur de Talan qui avait voulu
> vivre vient de mourir[1]

Il n'y a de présence que de l'image : telle est la leçon du *Voleur de Talan*. Et son lecteur, à la fois déçu et envoûté, doit reconnaître que ce personnage fictif dont il attendait de connaître l'histoire lui a, en fait, imposé une réalité – celle de l'auteur – d'une manière imprévue : par un *voir*, mais qui était aussi fraternité, la seule possible et la plus étroite puisqu'elle se tient entre les pages d'un livre. Voir salvateur et désespérant. C'est lui qui tue le temps romanesque : « si l'on regardait attentivement le même point on s'apercevrait qu'il n'a pas bougé »[2]. C'est lui aussi qui dissipe les personnages de roman : « Maintenant il n'y a plus que des silhouettes sans épaisseur qui s'agitent sur un fond noir où l'on voit parfois briller des trous »[3], ou les condamne à la solitude : « Ceux qui sont dans la glace nous regardent » – « On aurait pu passer par là sans être vu »[4]. Mais c'est également en lui qu'existe ce sujet douloureux qui ne se reconnaît pas dans un *je* :

1. *Le Voleur de Talan*, *op. cit.*, p. 127.
2. *Ibid.*, p. 8.
3. *Ibid.*, p. 74.
4. *Ibid.*, p. 76 et 82.

La pluie
La lumière éteinte
Le bruit
Tout ce qui vibre
dans ma tête

En regardant

écrit-il, dans cette marge de gauche qui peut nous faire supposer qu'il s'agit là du « signe caché » dont il parlera plus tard à Adrienne Monnier[1].

En passant plus près de ce trou
j'ai regardé au fond

mon image

Et malgré les injures et les cris
les coups et les menaces
je ne suis pas
tombé plus bas [2]

Étrange Narcisse. Ce n'est pas de se confondre en soi-même qui le comble mais simplement *d'apparaître à la surface*. Ni rencontre mortelle ni amour : le seul charme de l'apparence, ce qui demeure du visible dans la distance qui le rend insaisissable. Le poète et l'homme, ici, ont fait l'épreuve de ce qui leur revient en propre : non pas les objets du monde, ni leurs couleurs – grâce auxquelles un peintre peut prétendre construire aussi un objet réel – mais l'exaltation sensible de leur absence.
Poétiser le roman... Peut-être Reverdy s'est-il également surpris lui même à cet accomplissement singulier de soi à quoi l'avait conduit la métamorphose des anecdotes de sa vie en émotions d'art, comme il

1. *Ibid.*, p. 81.
2. *Ibid.*, p. 71.

devait en surprendre son lecteur. Il en fait implicitement l'aveu dans la DÉDICACE-PRÉFACE du *Voleur* :

L'Arme qui lui perça le flanc
Sa plume
Et le sang qui coulait
noir
de l'encre

O vie factice et délicieuse plus réelle

En bas c'est un abîme familier
qui s'ouvre [1]

C'était bien son propre portrait qu'il avait composé dans ce roman en même temps qu'il l'avait arraché à sa vie. Parce que ce portrait était celui d'un fantôme (le seul qui soit possible et légitime, dira-t-il plus tard)[2], mais surtout parce que, tel Braque dont il ne reconnaîtra les traits véritables que dans ses tableaux[3], c'était, au fur et à mesure qu'il élaborait l'œuvre nouvelle, *son visage même* qui y était apparu.

1. *Le Voleur de Talan*, *op. cit.*, p. 5.
2. « Un portrait même, sans les mains, ce n'est plus qu'une tête et dans une tête ce qui reste, ôtés les yeux, un assez humiliant rappel de la tête de veau, ma foi, quoi qu'on en dise. C'est pourquoi, de nos jours, si l'on veut faire les honneurs de la toile au personnage humain on ne peut plus y introduire qu'un fantôme. Et c'est avec un de ces fantômes-là – étroitement serré entre les barreaux de la rampe, le cercle du bocal et la grille du parc – que je m'entretenais certain matin, fort préoccupé que j'étais, depuis pas mal de temps déjà, de doutes assez corrosifs sur les preuves que je pourrais, le cas échéant, fournir, s'il plaisait à quelqu'un de me les demander, sur mon existence particulière ». (« Une aventure méthodique », 1946, dans *Note éternelle du présent*, *op. cit.*, p. 82-83).
3. « L'esprit, L'âme de Braque ? Trop grand pour moi. Des perspectives infinies. Le grand secret. Le destin particulier et insondable de tout homme. Mais ce visage familier et rudement sculpté, que je retrouve à présent sur chaque toile, il arrête mon œil, il séduit ma pensée, il rejoint mon propre ciel dans le silence. [...] un homme qui a projeté son être dans son œuvre à tel point que les traits et l'aspect de cette œuvre ne se différencient presque plus en rien des traits et des aspects de son visage. Ce visage qui, dès lors, me tient si chaudement compagnie pourvu que j'aie sous les yeux quelque œuvre où s'est si fortement empreinte son image », *ibid.*, p. 63-65.

chapitre 11
écriture et multimédia

« Ceci tuera cela », « le livre tuera l'édifice ». Cet avertissement plein d'amertume que profère Claude Frollo dans *Notre-Dame de Paris*, levant les yeux d'un livre récemment sorti des presses de Nuremberg qui se trouve sur sa table – nous sommes en 1482 – pour contempler la cathédrale dont il vient d'évoquer avec ferveur « les lettres de marbre » et « les pages de granit », semble avoir pris aujourd'hui une actualité nouvelle. « Ceci » – en l'occurrence le dispositif multimédia – menacerait en effet, une fois encore, de « tuer cela » – c'est-à-dire l'imprimé, considéré à son tour comme un art inefficace et désuet[1].

Victor Hugo précise les enjeux qui soutiennent les déclarations de son personnage dans le chapitre du roman qui suit. La question qu'il veut poser en effet n'est pas : « Une nouvelle technique de communication étant apparue, les principes de la communication eux-mêmes s'en trouvent-ils remis en cause ? » mais celle-ci : « L'apparition d'un nouveau support de communication n'a-t-elle pas pour conséquence de condamner ceux qui l'ont précédé ? » C'est le *support* de l'écrit qui en rend possible la diffusion, et c'est sur ce support que l'écrivain entend

1. Victor Hugo, *Notre-Dame de Paris*, Paris, Folio-Gallimard, 1974, p. 235-236.

attirer l'attention. La fonction civilisatrice qu'il reconnaît à la cathédrale est d'avoir permis à l'homme de préserver et de transmettre sa pensée en l'inscrivant dans la pierre :

> Durant les six mille premières années du monde, explique-t-il, depuis la pagode la plus immémoriale de l'Hindoustan jusqu'à la cathédrale de Cologne, l'architecture a été la grande écriture du genre humain. Et cela est tellement vrai que non seulement tout symbole religieux, mais encore toute pensée humaine a sa page dans ce livre immense et son monument[1].

Le recours au manuscrit, sur papyrus, sur parchemin, sur vélin ou sur papier, n'a pas introduit dans cette histoire une mutation significative : « quelle immortalité précaire que celle du manuscrit », en effet, au regard de celle de la cathédrale ! Mais tout change lorsque apparaît l'imprimerie : cette fois-ci, le mode de diffusion de la pensée se trouve radicalement bouleversé.

> L'invention de l'imprimerie est le plus grand événement de l'histoire. C'est la révolution mère. C'est le mode d'expression de l'humanité qui se renouvelle totalement, c'est la pensée humaine qui dépouille une forme et en revêt une autre, c'est le complet et définitif changement de peau de ce serpent symbolique qui, depuis Adam, représente l'intelligence.
> Sous la forme imprimerie, la pensée est plus impérissable que jamais ; elle est volatile, insaisissable, indestructible. Elle se mêle à l'air. Du temps de l'architecture, elle se faisait montagne et s'emparait puissamment d'un siècle et d'un lieu. Maintenant elle se fait troupe d'oiseaux, s'éparpille aux quatre vents, et occupe à la fois tous les points de l'air et de l'espace.
> [...] On peut démolir une masse, comment extirper l'ubiquité ? Vienne un déluge, la montagne aura disparu depuis longtemps sous les flots que les oiseaux voleront encore ; et qu'une seule arche flotte à la surface du cataclysme, ils s'y poseront, surnageront avec elle, assisteront avec elle à la décrue des eaux, et le nouveau monde qui sortira de ce chaos verra en s'éveillant planer au-dessus de lui, ailée et vivante, la pensée du monde englouti[2].

Démonstration assez singulière en vérité. Mais elle est aussi d'un grand intérêt. Elle nous permet d'abord de constater que Victor Hugo, quoi

1. *Ibid.*, p. 240.
2. *Ibid.*, p. 246-247.

qu'il puisse en sembler de prime abord, n'identifie pas le support de l'écrit à sa *matière* : il ne tient compte de cette matière que dans la mesure où elle joue un rôle dans le schéma de communication impliqué par le message écrit. Si le manuscrit ne peut entrer en concurrence avec la pierre, c'est parce que « toute pensée, soit religieuse, soit philosophique, est intéressée à se perpétuer, c'est que l'idée qui a remué une génération veut en remuer d'autres, et laisser trace[1] ». La technique de l'imprimerie, pourtant si spécifique, et si lourde, lui est indifférente : c'est la *virtualité du message* que cette technique autorise et qu'elle a, de fait, inaugurée, qui lui paraît essentielle et qu'il prend seule en considération. La raison de ce choix – et c'est ici que se situe sans doute l'intuition la plus subtile du poète – est que l'écriture elle-même, cette forme de communication verbale qui s'est déplacée du monde oral pour s'adapter à des pratiques visuelles qui lui étaient, en principe, très étrangères, ne lui apparaît pas simplement comme indissociable de son support : il est évident pour lui qu'elle en est, d'abord, le produit.
Cette hypothèse a-t-elle été cependant conduite aussi loin qu'elle devait l'être ? La définition de l'écriture à laquelle s'est tenu Victor Hugo l'a empêché de s'y aventurer. L'auteur de *Notre-Dame de Paris* a conçu en effet cette écriture qui serait née de son support comme il la rêvait dans ses peintures, où l'on voit souvent apparaître, ébauchées en lavis sombres, baroques ou monumentaux, les initiales de son nom : toute originelle qu'elle prétende être, elle a pour unique référence son système le plus tardif, et qui lui est le plus opposé : l'alphabet.

> L'architecture commença comme toute écriture. Elle fut d'abord alphabet, affirme-t-il. On plantait une pierre debout, et c'était une lettre, et chaque lettre était un hiéroglyphe, et sur chaque hiéroglyphe reposait un groupe d'idées comme le chapiteau sur la colonne.

Suivent alors les syllabes, puis les mots, puis la phrase, – et enfin le livre-cathédrale.

> Plus tard on fit des mots. On superposa la pierre à la pierre, on accoupla ces syllabes de granit, le verbe essaya quelques combinaisons. Le dolmen et le comlech celtes, le tumulus étrusque, le galgal hébreu, sont des mots. Quelques-uns, le tumulus surtout, sont des noms propres. Quelquefois même, quand on avait beaucoup de pierre et une vaste plage, on écrivait

1. *Ibid.*

> une phrase. L'immense entassement de Karnac est déjà une formule tout entière[1].

Emporté par la fougue de sa démonstration, le poète a imaginé la genèse de l'écriture à la manière dont s'enchaînent les unes aux autres les lettres de l'alphabet : par séries successives d'additions.

Une telle erreur était sans doute en partie inévitable. La confusion que fait Hugo entre la lettre et le hiéroglyphe s'appuie sur un amalgame dont l'origine est à chercher dans le *Phèdre* de Platon, et qui pouvait donc passer, à l'époque où il écrivait son roman, pour une vérité historique[2]. Elle est aussi la conséquence d'une forme de syncrétisme propre au premier tiers du XIXe siècle, à travers lequel la culture occidentale, brusquement éveillée à des aspects tout à fait insolites pour elle de la lisibilité de l'écrit car ils étaient purement visuels, avait tenté de les concilier de manière plus ou moins artificielle avec son logocentrisme foncier.

Ce syncrétisme avait sa source dans deux événements majeurs et parallèles. Le premier concernait l'écriture hiéroglyphique. Champollion, en parvenant à déchiffrer les hiéroglyphes égyptiens, dont le secret s'était perdu depuis plus de deux mille ans, avait ouvert l'accès à des textes et à une civilisation que l'on croyait définitivement impénétrables. Mais ce faisant, il avait apporté à l'assimilation de l'idéogramme à la lettre alphabétique un crédit nouveau, et d'autant plus important qu'il semblait désormais scientifiquement fondé. Sa principale découverte consistait à avoir compris que les hiéroglyphes pouvaient n'être pas seulement des logogrammes, des signes-mots, mais aussi, pour beaucoup d'entre eux, des signes phonétiques. Cette découverte était considérable et bouleversante, puisque l'on s'était obstiné pendant des siècles à ne voir dans les hiéroglyphes que des symboles ésotériques ou des figures réalistes. Mais elle contribuait également à renforcer le préjugé puissamment ancré en Occident selon lequel l'alphabet, conçu comme une représentation littérale de la parole, était supérieur aux autres formes d'écriture quelles qu'elles fussent, et qu'il en constituait même l'archétype, c'est-à-dire le seul modèle légitime. C'est du reste par un éloge de la philologie, et non de l'ingéniosité visuelle dont témoigne pourtant avec éclat la complexité

1. Victor Hugo, *Notre-Dame de Paris*, *op. cit.*, p. 238-239.
2. Voir Platon, *Phèdre* 274d-275c.

même du système hiéroglyphique, que Champollion devait introduire sa *Grammaire égyptienne* :

> Bientôt, écrit-il, s'élevant dans sa marche, cette science constate les rapports ou les différences du langage d'un peuple avec les idiomes de ses voisins, compare les mots, reconnaît les principes qui président à leurs combinaisons dans chaque famille de langues ou dans chaque langue en particulier, et nous conduisant ainsi à l'intelligence complète des *monuments écrits* des vieilles nations, nous initie dans le secret de leurs idées sociales, de leurs opinions religieuses ou philosophiques [...] puisque ce sont en effet les anciens hommes qui nous parlent alors d'eux-mêmes, directement et sans intermédiaires, au moyen des signes tracés jadis par leurs propres mains[1].

L'intention était claire : au-delà du déchiffrement des textes, et au-delà de ces textes mêmes, c'était la restitution d'une *parole* que Champollion tenait à mettre en lumière, parole censée se refléter dans la graphie des scribes égyptiens de même que l'écriture manuscrite d'un poète ou d'un romancier de son temps – celle de Victor Hugo, par exemple – pouvait donner l'illusion de nous en livrer l'inspiration. Il serait certainement erroné d'en conclure que Champollion avait fondé ses propres recherches sur un *a priori* semblable, mais celui-ci nous éclaire sur ce qu'il lui semblait important de faire valoir auprès de ses contemporains : la victoire non seulement de la langue mais de *l'énonciation* (puisque le geste et la trace ne font que la transposer dans l'écrit) – sur des compositions de « figures » dont la nature verbale avait semblé jusqu'alors, et semblait encore pour une part à Champollion lui-même, relever surtout de l'allégorie.

L'autre phénomène remarquable de ce premier tiers du XIXe siècle est le développement considérable qu'y a connu l'imprimerie. Son originalité la plus grande ne réside pas toutefois – contrairement à ce qu'affirme Hugo – dans l'ampleur de sa diffusion, bien que celle-ci ait pris alors, sans doute, des dimensions exceptionnelles. Elle porte sur le nouveau visage que l'on y donne alors à la lettre. Les progrès de la technique et les impératifs de la concurrence commerciale ont conduit en effet à une

1. Jean-François Champollion, *Principes généraux de l'écriture sacrée égyptienne appliquée à la représentation de la langue parlée, ou Grammaire égyptienne*, Didot, 1841, Institut d'Orient M. Sidhom, 1984, p. IIJ-IV (en italique dans le texte). Sur le système hiéroglyphique et son fonctionnement, voir Pascal Vernus, « Les écritures de l'Egypte ancienne », *Histoire de l'écriture, de l'idéogramme au multimédia*, Anne-Marie Christin (dir.), Paris, Flammarion, 2001, p. 44-65.

prolifération des styles typographiques sans exemple dans les siècles antérieurs, tant par son aspect disparate que par les principes qui la guident. Assurément, cet engouement pour la lettre et ses formes les plus excentriques n'avait guère de rapport avec l'émerveillement ému de Dürer exposant dans son portrait d'Erasme une gravure de mots comme on exposait alors un paysage, et mettant en parallèle le visage d'un savant et son propre monogramme, que j'évoquais précédemment. Il faudra attendre la fin du XIXe siècle, et Mallarmé, pour qu'une telle préoccupation se fasse jour à nouveau, et toujours pour les mêmes motifs : parce qu'elle inscrira elle aussi la démarche typographique à l'intérieur d'une réflexion comparée entre espaces de la page et de l'image – la modernité de l'affiche s'étant substituée alors à celle du tableau de chevalet. Mais la conception romantique de la lettre est tout aussi étrangère à celles qui la précédaient immédiatement. Ni le souci de créer des alphabets susceptibles de restituer par les effets contrastés de trois systèmes différents mais cohérents – capitales, bas de casse, italiques – les enjeux textuels du manuscrit, ni le désir d'introduire dans une page les connotations littéraires particulières au style d'une époque ou d'un pays – Garamond, Plantin, Romain du Roi, Baskerville, Caslon – ne jouent ici aucun rôle, – et encore moins la rêverie humaniste de l'« homme-lettre », hésitant entre une interprétation logocentriste du hiéroglyphe et la nostalgie ineffable du diagramme kabbalistique. La lettre romantique doit avant tout être *vue*, ou plutôt elle doit *dire* à sa façon, c'est-à-dire plus haut et plus fort que les autres, en se parant des oripeaux pittoresques de la mode gothique, ou en s'imposant au regard par une singularité optique dont l'important est qu'elle soit plus extravagante encore que celle de ses voisines. La plasticité graphique du Didot – dernier caractère d'« époque », celui du Siècle des Lumières – autorisait de surcroît toutes sortes de déformations. Toutes furent tentées, la plus célèbre d'entre elles étant celles de l'Egyptienne – devenue d'ailleurs l'emblème publicitaire du titre de presse jusqu'à nos jours – dont les jambages et les empattements larges et trapus l'emportaient en efficacité, par l'intensité de leur noir, sur tout autre style quel qu'il fût. La lettre romantique montre et se montre, imprégnée d'un mimétisme visuel dont on trouve le reflet (ou l'origine ?) dans les contorsions des personnages illustrant les publications de « mimologies » des affiches de librairie.

On voit à quel malentendu devait conduire une symétrie aussi évidente et séduisante entre hiéroglyphe phonétique et lettre muée en image, mais qui n'en demeurait pas moins extrêmement superficielle. Ce n'était pas parce que les systèmes alphabétique et idéographique tendaient à se ressembler formellement que l'on pouvait se croire autorisé à les confondre et, surtout, ce n'était pas parce que le signe écrit apparaissait, dans l'un et l'autre système, lié à la fois à son incarnation visuelle et à sa valeur phonétique, qu'il devait être considéré comme indépendant de son support. C'est sur ce point que le raisonnement de Victor Hugo révèle sa plus grande faiblesse. Dissocier les modalités de diffusion de l'écrit des propriétés physiques de son support était tout à fait justifié. En revanche, envisager ce même support comme se trouvant à l'origine de l'écriture tout en faisant abstraction de sa *surface* était contradictoire dans les termes. C'était sur cette surface, et par elle, qu'était née l'image, et c'était l'espace de l'image qui avait rendu possible l'invention de l'écriture. Or la mutation de la pierre à l'imprimé telle que Hugo en échafaude l'épopée démocratique prive l'image, du fait de la logique particulière qui préside à cette mutation – où le visible proprement dit n'entre pas en ligne de compte – de toute nécessité fonctionnelle. Il lui avait pourtant reconnu un certain rôle lorsque « la draperie populaire », s'emparant de « l'ossement religieux », selon son expression, y avait exprimé par des figures, sur le portail des églises, les libertés de la pensée : mais il ne s'agissait là à ses yeux, en vérité, que d'une péripétie historique. Participant étroitement de l'écrit tant que celui-ci était conçu sous la forme d'un monument, l'image en disparaît brutalement, tel un décor devenu inutile – et de façon pour lui si naturelle, semble-t-il, que l'écrivain ne prend même pas la peine de justifier cette disparition – dès lors que le support de l'écrit devient « virtuel ».

L'ère de la communication multimédia qui s'est ouverte à la fin du XXe siècle, repose sur une conception du « virtuel » où l'image, au contraire, est dominante. L'écran de l'ordinateur nous propose un espace où le visible l'emporte sur sa définition graphique, où le lisible substitue sa priorité impérative et vague à la fois à celle, essentielle à l'alphabet au contraire, du scriptural. De sorte que le problème qui se pose maintenant à nous est celui-ci : le recours à l'image numérisée peut-il générer un système de communication aussi fiable que l'a été, et l'est encore, l'écriture ? Dans quelle mesure cette écriture pourrait-elle – même de façon provisoire – servir à ce nouveau système de modèle ? Et l'écriture alphabétique, la plus récente de toutes, mais aussi la plus abstraite, est-elle celle qu'il faut choisir pour cela ?

L'exemple de *Notre-Dame de Paris* nous prouve que, si le système alphabétique peut apporter un éclairage d'une quelconque utilité à la communication tout-image inaugurée par l'informatique, ce n'est certes pas par sa structure, qui le conduit immanquablement à retourner à la voix et à perdre tout contact avec le visible. Mais l'obstacle est, en réalité, plus profond. Si le hiéroglyphe et la lettre se sont trouvés naturellement associés dans l'abécédaire monumental imaginé par Hugo, si, de la cathédrale de pierre aux lavis où il en a confondu la silhouette avec celle de son propre nom, l'auteur de *Notre-Dame de Paris* a pu rendre un hommage unique et également fasciné à l'écriture, c'est parce que, fût-elle née de son support, cette écriture se définissait avant tout pour lui comme un système *d'unités-signes*.

Telle devait être également l'erreur d'un sémioticien aussi attentif aux valeurs d'« iconicité » de l'idéogramme que Peirce, ainsi que je l'ai montré dans un précédent chapitre, et pour un motif tout à fait semblable : faute de pouvoir admettre que la définition du signe d'écriture ne se suffit pas d'un simple constat formel, mais qu'elle nécessite que l'on prenne également en compte les interventions sémantiques de son support.

Ce qui est frappant, en effet, lorsque l'on tente de dresser la typologie des interventions de ce support dans les premiers systèmes d'écriture, est leur caractère insaisissable, et même foncièrement ambivalent. L'espace à la fois, en effet, *cerne* le signe et le *disperse*, il le définit comme unité et en fait éclater le sens. Le cas des hiéroglyphes égyptiens est précisément le plus riche et le plus significatif de ce point de vue. L'uniformisation de son module graphique – chaque figure devant s'inscrire dans le même carré idéal – est ce qui permet de déterminer le signe écrit comme tel, c'est-à-dire de le distinguer de la représentation plastique. Elle constitue la marque essentielle de l'abstraction du système. Néanmoins, cette abstraction peut, non pas exactement s'annuler mais se défaire lorsque intervient un autre facteur de sémantisation propre à la surface iconique : le *voisinage*. C'est ainsi que l'insertion d'un texte dans une image entraîne une équivalence fonctionnelle entre la figure d'une personne et le déterminatif de son nom, auquel il se substitue. Mais rien n'empêche, à l'inverse, le signe écrit de garder sa valeur d'image. Conséquence, et logique, de la lecture : celui qui contemple le signe peut y privilégier à tout moment la représentation où il s'incarne. Sans doute cette dualité présente-t-elle un intérêt pratique : le profil des signes dissymétriques sert d'indice à l'orientation des lignes du texte. Mais elle conduit également à de réelles transmutations du sens, soit parce que le signe sera saisi de la même valeur hypostatique que la figure – on mutilera dans les tombes toute représentation à valeur maléfique même s'il s'agit d'un hiéroglyphe – soit parce que le voisinage de deux signes, chacun d'eux pouvant appartenir à deux colonnes de texte différentes, suggèrera que l'on établisse entre eux une mise en scène extérieure au texte et de nature purement figurative[1].

Ces variations sont évidemment imputables à la nature particulière de l'écriture hiéroglyphique. Mais si l'on se tourne vers le système qui lui est contemporain, et graphiquement aussi le plus opposé, celui de l'écriture cunéiforme, on s'aperçoit que des contradictions similaires s'y manifestent. Dégagé de la figuration, le signe cunéiforme se définit également par l'unicité de son calibrage, calibrage dont on retrouve le principe au niveau du texte même, puisque, dans les premières inscriptions sur pierre, l'emplacement en est toujours délimité par un cartouche[2]. Néanmoins, à l'intérieur de ce cartouche on constate que, de nouveau, le principe du voisinage l'emporte sur celui de la cohérence linguistique. Pour être moins pittoresque – mais manquer par conséquent aussi du soutien explétif de la figure – le phénomène surprend d'autant plus. Ce n'est pas en effet l'ordre des mots ou de la phrase qui guide la mise en place des signes mais une répartition qui brise cet ordre, ou du moins lui est indifférent, et dont le résultat nous paraîtra arbitraire sinon incompréhensible[3].

Quelle est donc cette structure à ce point « ouverte » que les critères qui sont censés la rendre utilisable se contredisent entre eux ? Faut-il penser que seule leur habitude visuelle permettait aux lecteurs anciens de ne pas se laisser distraire par les saynètes dues à l'imagination d'un scribe ou de rétablir dans un cartouche l'ordonnance de la phrase qui devait y être présente ? Mais on ne comprendrait pas dès lors comment l'écriture pouvait servir à la transmission de messages neufs, c'est-à-dire assurer pleinement sa fonction de communication. C'est que la question est mal posée, et que notre raisonnement est faussé dans son

1. Voir Pascal Vernus, « Des relations entre textes et représentations dans l'Egypte pharaonique », *Écritures II*, *op. cit.*, p. 45-70.

2. Le cartouche est également utilisé en Égypte ancienne mais il est réservé à l'inscription des noms propres. Voir P. Vernus, art. cit., p. 56, n. 28.

3. Voir Jean-Marie Durand, « Espace et écriture en cunéiforme », *Écritures*, *op. cit.*, p. 51-64.

principe. Nous partons de l'hypothèse selon laquelle tout voisinage d'éléments quels qu'ils soient devrait conduire nécessairement à un résultat global et synthétique : or il s'agit là d'un critère d'évaluation qui concerne strictement la syntaxe verbale, et que l'on ne peut transposer ni sur le medium écrit, ni sur son mode d'utilisation. Le voisinage spatial n'agit pas de façon synthétique mais *syncrétique* ; il n'unifie pas, il associe. Ce n'est pas lui qui peut construire le sens – fonction première de la syntaxe – mais, comme le montrait excellemment la légende de Pao Xi que j'évoquais au début de ce livre, l'observateur-lecteur, et lui seul, à qui une certaine « somme » d'éléments est simplement proposée.

Aussi n'est-ce pas dans ses propositions de voisinage que réside l'information majeure détenue par le support écrit. Elle émane de sa nature même d'espace d'inscription, de ce lieu particulier qu'il constitue pour le lecteur, et auquel celui-ci doit s'adapter exactement de la même manière qu'il s'adapte aux conditions d'une situation dialogique. L'environnement dont participe toute communication orale rend bien souvent superflue la correction syntaxique : les gestes, le regard, les silences, sont intégrés à la parole même. Il en va de même pour l'écrit. Le monologue de la lecture s'inscrit d'emblée dans un contexte de *participation visuelle* qui assure l'orientation des choix et guide la compréhension. Les glissements du texte à l'image se produisent toujours, en égyptien, lorsque le message dans son ensemble possède une valeur religieuse. Quand, en cunéiforme, la tablette se substitue au cartouche primitif, la forme qui lui est donnée reste l'indice de la nature du texte qu'elle véhicule, ronde pour un texte économique, carrée pour un texte littéraire. Et, comme dans le cartouche, on se contentera sur la tablette d'une formulation textuelle minimale si l'espace disponible n'en autorise pas davantage, quitte à placer les sceaux qui garantissent un contrat sur l'enveloppe du document et non sur le document lui-même[1]. Ces marques sont externes pour la plupart. Mais elles correspondent toutes à un même souci d'économie interne du texte écrit, économie dont l'objectif est beaucoup plus de correspondre à l'attention circonstancielle du lecteur que de refléter une parole.

Ainsi donc, ce qui nous paraissait contradictoire dans la structure spatiale de l'écriture – contrainte formelle du signe d'une part, liberté de ses associations de l'autre – ne l'était qu'en apparence, et parce que nous

1. Voir Jean-Marie Durand, « Espace et écriture en cunéiforme », *Écritures*, *op. cit.*, p. 51-64.

considérions ensemble des phénomènes qui ressortissent à deux processus différents. Ce n'est pas à travers son mode d'association que le signe justifie sa polyvalence mais par sa seule régulation formelle. C'est elle qui limite ses possibilités sémantiques à leur articulation de surface. Mais il ne faut voir là, en vérité, qu'un simple « avertissement au lecteur » : la boîte de Pandore est transparente et toutes les valeurs du signe, fussent-elles figuratives, demeurent toujours co-présentes les unes aux autres. Il en va de même du support : ce n'est pas le tissage textuel qui constitue sa spécificité mais la détermination formelle grâce à laquelle il oriente l'observation. C'est à ce titre d'ailleurs que peut intervenir sa matière : une inscription sur pierre en Egypte ancienne, par exemple, ne saurait être que religieuse ou sacrée. Les deux phénomènes, toutefois, sont étroitement interdépendants. Non seulement l'un contrôle l'autre du fait même qu'il se situe *de biais* par rapport à lui, d'une manière assez comparable à cette optique latérale du « point de distance » qui, dans la perspective picturale – où il apparaît comme la survivance insolite d'intuitions venues du Moyen Âge –, permet d'intégrer le spectateur à la structure dimensionnelle *interne* de l'image, mais les systèmes sur lesquels ils se fondent chacun se caractérisent aussi par un principe constant, quoique purement empirique, de redondance. Comprendre l'espace écrit – c'est-à-dire savoir appréhender le principe de sa cohésion – prépare l'esprit à conduire de manière pertinente l'opération de sélection et de combinaison qui régit le texte lui-même. A l'inverse, connaître le mécanisme sémantique des signes constitue la meilleure introduction à l'exercice de leur assemblage. C'est ce que rend particulièrement évident le cas de la « langue écrite » ou « graphique » qui est à l'origine de la culture écrite chinoise et qui s'est développée et maintenue pendant des siècles parallèlement à un usage davantage phonétisé du système. Comme en sumérien ancien, cette « langue » se caractérise par son extrême concision : « Le discours en langue graphique se construit à longueur de pages en phrases où tout est dit en quatre mots, très rarement plus de cinq ou six, souvent deux ou trois »[1]. L'association visuelle des termes est ici à ce point déterminante qu'elle rend absolument impossible toute oralisation du texte. Mais une telle économie ne peut se comprendre que parce que son principe est identique à celui qui régit d'autre part la formation des signes. La majorité

1. Léon Vandermeersch, *Le nouveau Monde sinisé*, Paris, P.U.F., 1986, p. 133.

d'entre eux, en effet, sont définis dans la tradition lexicographique chinoise comme des « agrégats logiques » ou comme des « idéophonogrammes », c'est-à-dire le résultat de la combinaison de deux caractères ayant des fonctions différentes en un troisième. Inutile de préciser que cette combinaison s'opère elle-même à l'intérieur d'un module formel unique, et que signes « élémentaires » et signes complexes s'inscrivent les uns et les autres dans le même carré idéal : la mutation sémantique nécessaire pour que, par exemple, le signe de « la porte » combiné à celui de « la bouche » produise celui d'« interroger » ne se comprend, elle aussi, qu'à cette condition.

Que conclure de tout ceci ? En premier lieu, que l'intuition de Victor Hugo était fondée et, en dépit des apparences – ou d'erreurs qui, de son temps, étaient inévitables – cohérente : l'écriture est bien née de son support dans la mesure où ce support pouvait *devenir virtuel*. Mais il n'en demeure pas moins que nous devons donner à cette virtualité un sens tout à fait différent de celui que lui attribuait l'écrivain : elle est *immanente à ce support*, que celui-ci soit de pierre ou de papier. C'est à l'origine même du système qu'elle intervient et non pas, comme le croyait Hugo, à travers la seule potentialité de diffusion de ses messages.

C'est l'espace qui assure le sens et le transmet. Et c'est pourquoi la page, celle de nos manuscrits ou de nos livres, peut nous donner l'impression paradoxale de n'avoir pas, à proprement parler, d'existence. Ce en quoi elle « manque » et s'absente, c'est cela qu'elle apporte, en fait, de plus positif à l'écriture. Positivité impondérable mais aussi, et pour cette raison même, indépendante tout autant de ses incarnations matérielles que de la nature des signes qu'elle gouverne. Pas plus que la calligraphie ne doit se résumer dans son geste, la page ne saurait être réduite à la matière de son support. Et peut-être le charme un peu nostalgique de ce mot de « page » tient-il au fait qu'il suggère cette évanescence comme malgré lui ou, plutôt encore, contre lui-même, c'est-à-dire contre l'interprétation étroitement utilitaire que notre culture lui a donnée et à laquelle elle se tient toujours. Victor Hugo avait raison de considérer que ce qui justifiait l'invention de l'écriture en premier ressort n'était pas que, en inscrivant la parole dans un matériau durable, elle permettait de la conserver. Affaire de « pensée du regard », cette fois encore, mais préoccupée par autre chose que l'observation des faits. Car ce support, s'il était tout d'abord, en effet, de pierre ou de matière dure (mais qui sait si, auparavant, d'autres expériences n'avaient pas été tentées avec du sable ?) on ne peut nier qu'il ne soit devenu bien vite argile, papyrus, papier – pour se métamorphoser aujourd'hui en lumière – dans le temps même où les messages dont il était dépositaire se faisaient de leur côté plus riches et plus inventifs. La page ne tient pas à sa matière, c'est nous qui tenons à cette matière parce que l'ordre qui y est offert s'y trouve en général également fixé, et qu'il rend possible ainsi que l'on s'y reporte comme à une loi. Or, la loi ne constitue pas une catégorie de l'écriture, laquelle n'est qu'un jeu mental comme les échecs ou le gô (mais un jeu qui aurait pour mise, sans doute, le langage). La loi est un rite de structuration interne aux sociétés. Elle relève de la parole, qui seule peut se préoccuper de l'imposer. L'écriture, au contraire, explore des possibles, les noue ensemble, les défait, conjuguant les nécessités de la cohérence et de l'injonction verbales avec les caprices de la lecture. Ses contraintes ne se définissent qu'à partir de *principes limites*, non de codes véritables, et principes eux-mêmes si peu rigides qu'ils peuvent sembler se contredire, comme nous venons de le constater.

Le plus étrange, dans les civilisations de l'idéogramme, est cette dynamique de l' *équivalence* qui y préside à l'invention du signe écrit. Mais elle n'a pas disparu de celles de l'alphabet. Sur la page, tout est écriture. Parce qu'il ne dépend que d'elle – c'est-à-dire de sa lecture – que la moindre trace y devienne signe ; parce que, surtout, ce dont la page est le support n'est pas un état de fait mais une *tension génératrice de sens*. Cette tension ne se réalise cependant qu'à certaines conditions précises et contrôlées. L'hétérogénéité des véritables signes d'écriture ne peut jamais être absolue : elle s'étend de la structure phonétique propre à une langue donnée à une image qui sera toujours, et nécessairement, fortement socialisée, et représentant toujours une valeur spécifique pour le groupe dans son ensemble. La diversité des choix possibles doit y rester en permanence contenue entre les marges d'un consensus collectif. Au créateur qui travaille à partir de son expérience personnelle, et n'engage de lecture qu'avec soi-même, d'élargir ce champ potentiel à tout ce qu'il pourra rassembler sur la page de ses explorations visuelles du sens. Les feuillets de son manuscrit porteront trace à la fois de ses trouvailles et de ses combats. Trouvailles : les mots et les phrases. Combats : tout le reste – ratures, reprises marginales, dessins.

L'apparition du multimédia ne condamne donc pas l'écriture : au contraire, elle en reprend l'histoire à ses débuts, réactivant ses origines iconiques, ses conditions initiales de lisibilité, obligeant à l'examiner de nouveau, mais pour prendre mieux en compte sa diversité historique et l'évaluer de façon plus libre et plus critique. L'informatique n'a pas révélé à la communication visuelle ou écrite les nouveautés supposées du « virtuel » : elles les connaissaient depuis toujours l'une et l'autre. Elle n'a fait que donner à cette virtualité un sens un peu différent, inscrivant dans la matière même du support l'immatérialisme qui le fonde. Profondeur manipulable, mémoire présente ou imminente, espace-lumière où les intervalles et les vides, ces premiers moments du sens, n'interviennent plus de façon alternative, comme dans l'image fixe, mais mouvante et stratifiée, l'écran virtuel a introduit le temps du spectacle dans l'espace énigmatique des signes. Mais nous n'en sommes encore qu'au moment des premiers jeux, de la découverte émerveillée et brouillonne. La longue histoire de l'écriture doit nous apprendre qu'il n'a jamais suffi qu'un lieu de transmission soit créé pour que des messages y apparaissent : il a fallu d'abord que s'y structurent des conventions sémiotiques, celles-ci fussent-elles labiles comme celles de l'idéogramme, et que le message n'y soit pas conçu comme une clôture sur un monde strictement identique à soi mais comme une ouverture vers l'étrange. De l'image à l'écriture une étape intermédiaire a toujours été nécessaire dans cette histoire, et qui est loin d'être dénuée d'importance : c'est afin de pouvoir comprendre les messages émis à leur intention par les dieux que les hommes ont inventé d'abord la lecture.

en guise de postface
le Japon selon Roland Barthes

La civilisation de l'alphabet – cette écriture née orpheline de son support – a découvert l'espace idéographique, sa matière, ses parcours et ses vides à la faveur de deux voisinages successifs et tout à fait fortuits : celui des hiéroglyphes égyptiens au commencement de son histoire, et celui de la culture japonaise à la fin du XIXe siècle. Expériences très différentes l'une de l'autre par leur nature et par leurs conséquences. Source de rêves, miroir aux utopies, l'Egypte pharaonique est à l'origine d'un « art de la mémoire » dont le but n'était pas tant d'aider à mémoriser un savoir que de permettre à l'imaginaire de la parole d'inventer de nouveaux moyens de surprendre et d'émouvoir en empruntant les voies hallucinatoires du visible. Ses réussites les plus convaincantes se sont concrétisées à l'extérieur de la rhétorique, dans les pages glosées médiévales ou, lorsque est apparue l'imprimerie, dans l'emblème, ou encore, des siècles plus tard, dans l'imagerie publicitaire.

Le XIXe siècle est celui où le déchiffrement de l'écriture hiéroglyphique a ouvert une ère nouvelle dans la connaissance des textes anciens, ce qui était une tout autre affaire. La découverte des estampes japonaises – et avec elles celle d'une civilisation aussi étrangère au monde occidental qu'elle lui était parallèle et étroitement contemporaine – a pris le relais. Voisinage d'autant plus étrange qu'il allait susciter une attirance réciproque de part et d'autre, lequel devait avoir des effets contradictoires.

Tandis que les estampes de Harunobu, Utamaro, Hokusai ou Hiroshige bouleversaient la peinture occidentale[1], les Japonais s'initiaient quant à eux à l'académisme européen, et préféraient Bouguereau et Raphaël Collin à Manet.

Le XXe siècle s'est révélé lui aussi contradictoire, mais cette fois-ci au sein même de la culture occidentale. Le modèle japonais – ou plus largement extrême-oriental – a entraîné écrivains, poètes et peintres dans des voies qui se trouvaient en complète rupture avec celles qu'ils avaient empruntées pendant des siècles. Œuvrant à l'opposé, la sémiologie saussurienne a contribué au contraire à systématiser et à durcir encore l'idéologie alphabétique, privant définitivement le « signe » de l'aura de fascination et d'efficacité visuelle que lui reconnaissait encore le monde latin, pour le restreindre à la seule figure bi-face du « signifiant » et du « signifié ».

En 1953, Roland Barthes ne voyait dans les blancs du *Coup de dés* de Mallarmé qu'une « agraphie typographique » et le suicide de la littérature[2]. En 1970, reprenant ses notes d'un séminaire de 1964-1965 consacré à la rhétorique, il justifie en quelques mots laconiques de n'y avoir pas mentionné l'action et la mémoire, prouvant d'ailleurs par la même occasion qu'il n'avait prêté aucune attention à la seconde ou ne l'avait pas comprise : « ... nous avons décidé de laisser de côté les parties de la *technè rhétorikè* proprement théâtrales, hystériques, *liées à la voix : actio* et *memoria* » explique-t-il[3].

C'est pourtant au début de cette même année 1970 que paraissait chez Skira, dans la collection des *Sentiers de la création* dirigée par Gaëtan Picon – lequel n'avait jamais caché ses réticences à l'égard du structuralisme[4] – *L'empire des signes*. Livre tout à fait insolite par conséquent venant de Barthes, du fait de son contexte éditorial, par son projet même, et enfin parce qu'il y était question du Japon[5].

1. Voir à ce sujet mon article « Pour une sémiotique visuelle : les leçons de l'idéogramme », N. Preiss et J. Raineau (éd.), *L'Image à la lettre*, Paris-Musées, Éditions des Cendres, 2005, p. 253-274.
2. Voir plus haut le chapitre *De l'image au texte : l'expérience du « Coup de dés »*.
3. Roland Barthes, « L'ancienne rhétorique – aide-mémoire », *Œuvres complètes*, III, Paris, Seuil, 2002, p. 599.
4. « Je n'aurais peut-être pas eu envie d'écrire ce livre en 1950 dans un climat existentialiste », déclare Gaëtan Picon à un journaliste à la sortie d'*Admirable tremblement du temps*, « tandis que je me sens beaucoup plus dépaysé et privé de ma nourriture dans le climat structuraliste, formaliste actuel », *L'Illustré protestant* n° 191, 1970.
5. Roland Barthes, *L'empire des signes*, Genève, Skira, 1970 ; Paris, Champs-Flammarion, 1980.

> Pourquoi le Japon ? Parce que c'est le pays de l'écriture : de tous les pays que l'auteur a pu connaître, le Japon est celui où il a rencontré le travail du signe le plus proche de ses convictions et de ses fantasmes, ou, si l'on préfère, le plus éloigné des dégoûts, des irritations et des refus que suscite en lui la sémiocratie occidentale.

C'est sur ces mots que s'ouvre le prière d'insérer de *L'empire des signes*. Le « signe japonais est fort », poursuit Barthes, et il est « vide ». C'est pourquoi il est « écriture ». L'association des trois termes de « signe », de « vide » et d'« écriture » ne prétend pas avoir de portée théorique. Barthes en revendique au contraire l'origine subjective. Cette association reflète, dit-il, la « mise en situation d'écriture » que lui-même doit au Japon. « Cette situation est celle-là même où s'opère un certain ébranlement de la personne, un renversement des anciennes lectures, une secousse du sens, déchiré, exténué jusqu'à son vide insubstituable, sans que l'objet cesse jamais d'être signifiant, désirable ». C'était donc bien de *création* qu'il s'agissait dans ce livre, et de l'aventure d'un *sentier* nouveau, intime et personnel.

On comprend, dans ces conditions, que le Japon dont il devait être question n'était pas le Japon « réel » : « L'Orient m'est indifférent, écrit Barthes, il me fournit simplement une réserve de traits dont la mise en batterie, le jeu inventé, me permettent de "flatter" l'idée d'un système symbolique inouï, entièrement dépris du nôtre ».

Le Japon imaginaire de Barthes relève donc de la sémiologie. Il n'y a rien d'étonnant à cela. Ce qui surprend, en revanche, est que ce « système symbolique inouï, entièrement dépris du nôtre » – et qui serait de l'ordre de *l'écrit* – Barthes ne se soit pas préoccupé d'aller le chercher *dans* l'écriture japonaise elle-même - non pas dans sa calligraphie, qu'il sait voir, mais dans le *système* de ses *signes*, lequel présente justement la particularité d'être « entièrement dépris du nôtre » d'une manière insolite, qui saute aux yeux de tout Occidental même s'il ne peut le déchiffrer car il possède deux visages graphiques différents et parallèles. Eux-mêmes reflètent à leur tour (mais on peut l'ignorer de prime abord) deux modes de fonctionnement scripturaire hétérogènes, par idéogrammes – les *kanji* – ou par syllabaires – les *kana*. Voilà qui aurait dû, ou pu, retenir l'attention de Barthes : il n'existe pas de « signe japonais » qui soit « différent » du signe occidental comme la lettre A de l'alphabet latin peut l'être de la lettre B : c'est toute la stratégie sémiologique de l'écriture japonaise qui est non pas différente de mais *étrangère à* celle du système latin – et à la notion même de « signe » qui en est issue. Mais Barthes ne considère au Japon, si l'on se fie à *L'empire des signes* en tout cas, que ce qu'il nomme de manière globale et générique « l'écriture idéographique » ou la « marqueterie idéographique ».

Que l'Orient lui soit « indifférent », comme il le dit, ne peut suffire à expliquer un tel aveuglement : il a nécessairement une autre cause. On peut supposer d'abord que le fait de projeter la notion de signe qu'il devait à son héritage saussurien sur l'univers japonais était le seul moyen dont disposait Barthes pour pouvoir lire et comprendre lui-même ce sentiment nouveau et puissant, fait à la fois de rupture, d'« étrangeté » et de connivence qu'il avait éprouvé au Japon, et qui l'avait mis, comme il le dit, « en situation d'écriture ». Pour pouvoir le traduire aussi à l'extérieur dans les termes et avec les instruments intellectuels qui lui étaient familiers, instruments qu'il pouvait juger de surcroît, comme beaucoup le pensaient à l'époque, universels.

Cette projection présentait cependant deux inconvénients. Le premier, comme on vient de le voir, était de laisser échapper à l'écrivain ce qu'il semblait pourtant avoir voulu chercher d'abord au Japon : une sémiologie réellement différente de celle du monde occidental. Mais elle lui faisait manquer aussi par contrecoup – ce dont on ne peut vraiment s'étonner, tant il avait mis d'ardeur à les nier dans *Le degré zéro de l'écriture* – des leçons et des révélations qui ne devaient rien au « signe », alphabétique en tout cas, mais tout au « vide », compris cependant cette fois-ci dans un sens qui n'était pas celui auquel Barthes entendait se tenir.

Mais, à tout prendre, le *Signe* est-il bien l'enjeu de *L'empire des signes* ou n'en est-il que l'alibi ? Il me semble quant à moi qu'il existe trois « Japon » dans ce livre : celui que Barthes affiche et théorise à travers sa thèse du « signe vide » et qui est, à y regarder d'un peu près, assez contradictoire ; celui qu'il *vit*, et auquel ce texte doit ses pages les mieux inspirées ; celui qu'il *devine* enfin, et qu'il décrit lui aussi avec subtilité – mais qui lui échappe et, il faut bien le reconnaître, qu'il trahit, parce qu'il s'agit là d'un univers fondamentalement étranger à ce « signe » dont il poursuit, et désire sans fin, le fantôme.

Le premier des trois « Japon » de *L'empire des signes* est « ce pays que l'on appelle ici le Japon », pour reprendre la formule de Barthes, c'est-à-dire le Japon sur lequel il lui a été possible de projeter, afin de mieux le contester selon lui, le modèle « sémiocratique » occidental. Car ce modèle qu'il feint de rejeter est en réalité toujours le sien. Le signe qui lui sert de référence est celui qu'il a décrit dans ses *Eléments de sémiologie*, un signe essentiellement saussurien, conçu comme une unité autonome et distinctive (Barthes l'identifie au *Mot*, lequel est, dit-il, « découpé » dans la langue), et possédant une double face : un « signifiant » et un « signifié ». Si l'on s'en tient à cette définition, le « vide » du signe japonais doit se lire comme une absence de signifié. C'est ce postulat que nous permettent en effet de vérifier la plupart des phénomènes culturels analysés dans *L'empire des signes*. La *tempura* est « une sorte de méditation [...] autour de ce quelque chose que nous déterminons, faute de mieux (et peut-être en raison de nos ornières thématiques), du côté du léger, de l'aérien, de l'instantané, du fragile, du transparent, du frais, du rien, mais dont le vrai nom serait l'interstice sans bords pleins, ou encore : le signe vide ». Il en va de même des paquets : « ... la boîte joue au signe : comme enveloppe, écran, masque, elle *vaut pour* ce qu'elle cache, protége, et cependant désigne : elle *donne le change*, si l'on veut bien prendre cette expression dans son double sens monétaire et psychologique ; mais cela même qu'elle renferme et signifie, est très longtemps *remis à plus tard*, comme si la fonction du paquet n'était pas de protéger dans l'espace mais de renvoyer dans le temps ». Mais est-ce vraiment de vide qu'il s'agit dans la double saveur que nous propose en deux temps presque indiscernables l'un de l'autre la *tempura*, la friture légère introduisant immédiatement à sa suite un aliment d'une tout autre densité – légume ou poisson ? Et n'y a-t-il pas dans l'enveloppe des paquets une *identité de l'enveloppe* à laquelle les Japonais semblent tenir comme à un objet culturel particulier, bohème, qui ne désigne pas l'objet offert ou que l'on vient d'acquérir mais lui ajoute une valeur supplémentaire, extérieure à cet objet autant qu'elle en est inséparable[1] ?

Cette double métaphore du « signe » et du signe « vide » appliquée au monde japonais est moins convaincante encore lorsque Barthes la transfère sur les individus, afin d'opposer à travers elle Japonais et Occidentaux. Qu'il envisage les uns et les autres non pas comme des « sujets » mais comme des « corps » n'est pas ce qui pose problème : le corps est, d'une certaine manière, la composante *physiquement distinctive*

1. Il faudrait associer ces enveloppes et ces paquets à l'importance du *multiple* – qui n'est pas la simple répétition – dans la culture japonaise. Je me permets de renvoyer à ce sujet à mon livre, *Vues de Kyôto*, Lectoure, Éditions Le Capucin, p. 47-52.

du sujet, et à ce titre il autorise qu'on l'identifie à un signe, ou à un mot. C'est d'ailleurs ce que fait Barthes lorsqu'il évoque les « millions de corps » de la foule japonaise, en associant en une même formule « chaque corps (chaque mot) ». Il reviendra longuement sur ce thème, et sur les paradoxes qu'il induit, dans son *Roland Barthes par Roland Barthes* : « Le corps, c'est la différence irréductible, et c'est en même temps le principe de toute structuration »[1]. Dans *L'empire des signes*, son analyse reste encore sommaire et ambiguë. La première de ces ambiguïtés tient au fait que, privilégiant le corps sur le sujet, Barthes se devait d'écarter de son champ d'étude les formes d'expression de ce sujet qui n'étaient pas strictement corporelles. Or il ne s'y risque qu'à moitié, en limitant son approche à la seule manifestation d'un « sujet » qui soit reconnue en Occident, mais dont celui-ci a fait la preuve majeure de son existence : l'énonciation. Qu'il ait pris soin de s'informer sur les modes d'énonciation propres à la société japonaise est incontestable : « ... Comment pouvons-nous *imaginer* un verbe qui soit à la fois sans sujet, sans attribut, et cependant transitif, comme par exemple un acte de connaissance sans sujet connaissant et sans objet connu ? » se demande-t-il. Mais les conclusions qu'il tire de ces informations ne lui servent qu'à confirmer sa thèse du « signe vide », en la complétant seulement par une variante née du contraste qu'il croit deviner entre l'énonciation-sujet occidentale et son équivalent nippon : l'énonciation japonaise, dit-il, « fait précisément du sujet une grande enveloppe vide de la parole et non ce noyau plein qui est censé diriger nos phrases ». Le silence énigmatique des foules japonaises qu'il décrit de façon si minutieuse n'a retenu son attention que jusqu'au point où il lui donnait l'opportunité de bâtir une antithèse facile entre deux types de sujet supposés contradictoires l'un avec l'autre, le « japonais » et l'« occidental ».

C'est là que réside la seconde ambiguïté de son propos. Le vide des signes-corps japonais selon Barthes ne correspond pas exactement, en effet, à l'absence en eux de tout signifié : il est seulement celle d'un signifié bien précis, projeté lui-même de façon arbitraire sur le signe-corps occidental. Il n'importe pas, en l'occurrence, que ce signifié soit sexué : Barthes ne parle dans *L'empire des signes* qu'au nom de « l'homme occidental ». Mais comme il n'y est guère question également

1. *Roland Barthes par Roland Barthes*, Paris, Minuit, 1975, p. 178.

que de l'homme japonais, la femme n'étant évoquée dans ce livre qu'en tant qu'elle peut être mimée par lui, il ne semble pas nécessaire, au moins provisoirement, d'ouvrir un débat sur ce sujet. Ce qui importe davantage est que le signifié occidental tel qu'il apparaît ici – ce « nous » exclusivement langagier, rationnel, plein, « bomb(ant) la poitrine pour assurer (son) moi », et propriétaire – soit un individu plus stéréotypé encore que mythique, dont l'existence n'est pas plus justifiée ou argumentée par Barthes que l'autre mythe qu'il évoque de façon tout aussi expéditive, selon lequel le Japon incarnerait la modernité : « ... le pittoresque japonais nous est indifférent car il est détaché de ce qui fait la spécialité même du Japon, qui est sa modernité » note-t-il dans une parenthèse.

Que conclure d'une telle légèreté de raisonnement ? Que ce n'est assurément pas le corps en tant que manifestation d'un « sujet » qui intéresse Barthes – mais aussi, que ce n'est pas davantage, contrairement à ce qu'il affirme, ce corps en tant que « signe ». Le titre de son livre est trompeur. Barthes reconnaît d'ailleurs qu'il n'adhère pas vraiment à cette formule d'« empire des signes » qu'on lui a, en fait, suggérée, et qui s'appuie sur trop de termes négatifs : « Empire des Signes ? Oui, si l'on entend que ces signes sont vides et que le rituel est sans dieu » se résout-il à reconnaître. Celle d'« empire des signifiants », qui apparaît dès les premières pages, lui convient beaucoup mieux. Elle lui permet de traduire un débordement du sens dont l'intensité est telle, à ses yeux, qu'elle parvient même à submerger la référence linguistique qui est pourtant le fondement principal de sa théorie du signe : « Or il se trouve que dans ce pays (le Japon), l'empire des signifiants est si vaste, il excède à tel point la parole, que l'échange des signes reste d'une richesse, d'une mobilité, d'une subtilité fascinantes en dépit de l'opa-cité de la langue, parfois même grâce à cette opacité ». Barthes tentera d'excuser, ou de dissimuler en partie, son enthousiasme en cherchant dans cet autre empire à découvrir (ou inventer) un « récit », un « texte », lui permettant de respecter le code « sémiocratique » auquel il se sent tenu d'obéir. Mais cet empire des signifiants-là n'a pas grand chose à voir avec le Signe. « Là-bas, le corps existe, se déploie, agit, se donne, sans hystérie, sans narcissisme, mais selon un pur projet érotique – quoique subtilement discret ». A la vérité, ce n'est pas le « signe vide » qui l'émerveille au Japon, c'est la découverte qu'il y fait de la liberté des corps, qui lui semblent tous habités par l'unique souci du geste et de son spectacle.

Tel est le second « Japon », le Japon réel, sensible, de Barthes. Il le reconnaîtra volontiers dans *Roland Barthes par Roland Barthes* : « Au carrefour de toute l'œuvre, peut-être le Théâtre : il n'y a aucun de ses textes, en fait, qui ne traite d'un certain théâtre, et le spectacle est la catégorie universelle sous les espèces de laquelle le monde est vu. Le théâtre tient à tous les thèmes apparemment spéciaux qui passent et reviennent dans ce qu'il écrit : la connotation, l'hystérie, la fiction, l'imaginaire, la scène, la vénusté, le tableau, l'Orient, la violence, l'idéologie (que Bacon appelait un "fantôme de théâtre"). Ce qui l'a attiré, c'est moins le signe que le signal, l'affiche : la science qu'il désirait, ce n'était pas une sémiologie, c'était une signalétique »[1].

Les pages les plus inspirées de *L'empire des signes* sont toutes consacrées au geste : « Le *Bunraku* [...] sépare l'acte du geste : il montre le geste, il laisse voir l'acte, il expose à la fois l'art et le travail, réserve à chacun d'eux son écriture ». « Il y a dans le geste de la baguette, encore adouci par sa matière, bois ou laque, quelque chose de maternel, la retenue même, exactement mesurée, que l'on met à déplacer un enfant : une force (au sens opératoire du terme), non une pulsion ; c'est là tout un comportement à l'égard de la nourriture ; on le voit bien aux longues baguettes du cuisinier, qui servent, non à manger, mais à préparer les aliments : jamais l'instrument ne perce, ne coupe, ne fend, ne blesse, mais seulement prélève, retourne, transporte ». « Pour le joueur japonais [de *Pachinko*] tout se détermine dans le coup d'envoi, tout dépend de la force imprimée par le pouce au clapet ; le doigté est immédiat, définitif, en lui seul réside le talent du joueur, qui ne peut corriger le hasard qu'à l'avance et d'un seul coup ; ou plus exactement : le lancé de la bille n'est au mieux que délicatement retenu ou hâté (mais nullement dirigé par la main du joueur, qui d'un seul mouvement meut et surveille ; cette main est donc celle d'un artiste (à la manière japonaise), pour lequel le trait (graphique) est un "accident contrôlé" ».

Mais peut-être est-ce en raison de ce privilège absolu qu'il a concédé au geste, plus encore que dans l'usage excessif qu'il fait de la notion de « signe vide », que s'opère la dérive la plus profonde de l'auteur de *L'empire des signes*, celle qui l'écarte le plus de ce « système symbolique

1. *Roland Barthes par Roland Barthes*, *op. cit.*, p. 179-180.

inouï, entièrement dépris du nôtre » dont il prétendait, au début de son livre, rendre compte. Le geste ne sert pas seulement à Barthes, en effet, de signifié de substitution pour un signifiant à la recherche d'un signe dont il est veuf, il a également tout pouvoir sur le troisième terme qui constitue la base théorique de *L'empire des signes* : l'écriture.

Si on lui prête un peu d'attention, le sens que Barthes donne à ce terme n'est pas très clair. « Écriture » peut désigner également chez lui la littérature (c'est le cas dans *Le degré zéro de l'écriture*) ou le système graphique où elle s'inscrit. C'est « un vide de parole qui constitue l'écriture » dit-il par exemple pour définir son propre besoin d'écrire sur le Japon – mais il enchaîne dans la même phrase : « c'est de ce vide que partent les traits dont le Zen, dans l'exemption de tout sens, écrit les jardins, les gestes, les maisons, les bouquets, les visages, la violence » : il ne s'agit pas de la même chose.

A quoi tient la cohérence de ces deux acceptions si différentes du même mot ? Elle n'a rien de logique : elle tient au geste, toujours. C'est le seul acte de tracer qui définit pour Barthes tout à la fois système d'écriture, calligraphie, et – le « sens » lui étant advenu – littérature. Certes, il n'ignore pas le support sur lequel s'inscrivent les traces – « l'espace des signes » dit-il – et il consacre un chapitre à la papeterie japonaise. Mais l'intéressent avant tout le fait que « c'est dans la papeterie que la main rencontre l'instrument et la matière du trait; [...] que commence le commerce du signe, avant qu'il soit tracé », et plus encore le « fantasme du trait », l'écriture qui « s'assume [...] comme le jeu d'une pulsion ». A choisir entre le regard et le geste dans l'expression visuelle – à commencer par celle de la peinture – il a d'ailleurs indiqué sa préférence dès le départ, dans les pages qu'il a consacrées à la cuisine : « De la peinture, écrit-il, la nourriture japonaise prend encore la qualité la moins immédiatement visuelle, la qualité la plus profondément engagée dans le corps (attachée au poids et au travail de la main qui trace ou couvre) et qui est, non la couleur, mais la touche ». Le geste, la touche, nient ou refusent, chez lui, (et cela est vrai de chacun des textes où il traite de l'image) tout ce qui relève en elle de la *surface*. Tout au long de *L'empire des signes* court un refus discret mais obstiné des marges et des interstices : « la justesse du haiku [...] n'est nullement peinture exacte du réel, mais adéquation du signifiant et du signifié, suppression des marges, bavures et interstices qui d'ordinaire excédent ou ajourent le rapport sémantique » ; ce que les aventures d'un voyage au Japon donnent à « lire », « c'est la rectitude de la trace, sans sillage, sans marge, sans vibration ».

La conséquence d'un tel refus est que, lorsque Barthes cherche à fonder sa propre notion du vide non plus sur l'absence d'un signifié, conformément à la théorie du signe occidentale, mais sur la définition que l'on en doit à la pensée extrême-orientale, non seulement il n'y parvient pas, mais il dénature cette pensée. Car la philosophie de la Vacuité à laquelle il fait référence – « *La Forme est Vide*, dit – et redit – un mot bouddhiste » rappelle-t-il – réserve une place essentielle, au contraire de ce qu'il affirme, à *l'apparence*. Le vide dont il s'agit là, en effet, n'est pas le vide absolu. Selon la doctrine *çūnyavāda*, dite « Exposé du Vide », « il y a deux sortes de vérités, la "vérité au sens suprême" et la "vérité d'enveloppement". La première est la vérité absolue, la seconde celle de l'apparence. Destituées de la première, les choses vides d'être propre possèdent pleinement la seconde. Elles existent comme un voile derrière lequel il n'y a rien, mais elles existent en tant que voile »[1].

La passion de Barthes pour le geste n'est pas seule responsable, toutefois, de sa méconnaissance des surfaces. Intervient également ici la nature même, monolithique et abstraite, du signe saussurien, qui s'oppose dans son principe à toute intervention matérielle dans la gestion du sens, à commencer par celle de l'espace graphique. Le linguiste Tokieda Motoki avait déjà souligné combien le modèle saussurien était inopérant appliqué à la langue japonaise, pour laquelle le passage par l'écriture est une nécessité car il éclaire cette langue et permet de la compléter[2]. La fidélité scrupuleuse de Barthes à l'égard d'un tel modèle est ce qui semble l'avoir empêché de donner à ses analyses de l'espace japonais, en particulier celui de Tokyo, la complexité et la richesse qu'on en aurait attendues. C'est ainsi que l'espace vide du palais impérial, réduit à sa valeur supposée de « signe », est devenu pour lui un « lieu » au sens aristotélicien du terme, c'est-à-dire un objet clos : on ne peut que tourner autour, sans l'intégrer à une démarche spatiale originale, à un parcours – réel ou fictif – qui serait lui-même porteur ou générateur de sens. L'imaginaire occidental en fournissait pourtant à Barthes un modèle très proche de l'univers théâtral, celui de l'art de la

1. Jean Filliozat, *Les philosophies de l'Inde*, Paris, P.U.F., 1970, p. 44-45.
2. Tokieda Motoki, « Fondements d'une linguistique japonaise », 1931. Voir Catherine Garnier, « Tokieda contre Saussure, pour une théorie du langage comme processus », *Langages* n° 68, 1982, p. 71-84 et A.M. Christin, « Le signe en question », *Degrés* n° 100, 1999, p. i/1-12.

mémoire : mais, de même que sa lecture du *Coup de dés* lui avait fait manquer l'espace typographique de Mallarmé, il néglige, ou ignore celui-ci.

De façon plus générale, ce que la « sémiocratie » saussurienne à laquelle il a voulu rester fidèle a interdit à Barthes sinon de voir (car ses observations et ses descriptions sont d'une justesse toujours admirable) du moins d'analyser, est le rôle essentiel, pour la culture japonaise, de tout ce qui peut relever en elle du mélange ou de l'hétérogène. Son système d'écriture en est le meilleur et le plus frappant exemple : sous quelque angle qu'on l'envisage – historique ou sémiologique – cette écriture met en jeu le *divers*, aussi bien sémantique que graphique[1]. Aux yeux de Barthes, tout en elle, comme je l'ai dit, n'est qu'« idéogramme », et un idéogramme dont il ne signale nulle part le caractère foncièrement mutable – puisqu'il peut prendre les trois valeurs de logogramme, de phonogramme ou de clé – que Saussure avait pourtant noté lui-même comme étant ce qui l'opposait le plus à la lettre de l'alphabet, c'est-à-dire à son propre idéal du signe. Barthes s'en tient quant à lui au seul problème de sa typologie formelle et de sa relation avec le geste. Les idéogrammes, dit-il, sont « logiquement inclassables, puisqu'ils échappent à un ordre phonétique arbitraire mais limité, donc mémorable (l'alphabet) et cependant classés dans des dictionnaires, où ce sont – admirable présence du corps dans l'écriture et le classement – le nombre et l'ordre des gestes nécessaires au tracé de l'idéogramme qui déterminent la typologie des signes ». Pour Barthes, plus encore que pour Saussure, l'archétype du Signe est la lettre, élément pur et fixe d'un système qui est la seule de toutes les écritures à avoir refusé le mélange. Raideur théorique du raisonnement dont la conséquence paradoxale est que les « fragments » que Barthes écrivain dégage de ses observations quotidiennes, et qui lui font construire un univers effectivement, et subtilement, hétérogène, ne sont jamais conçus par lui qu'en termes d'homogénéité. C'est ainsi que les « millions de corps » de la foule japonaise, dès lors qu'ils ne sont que des « mots », ne peuvent se réunir qu'en une même et unique phrase – un « grand syntagme ».

1. Voir en particulier sur ce sujet les articles de Pascal Griolet, Jacqueline Pigeot, Cécile Sakai et Marianne Simon-Oikawa dans A.-M. Christin (dir.), *Histoire de l'écriture ...*, *op. cit.*

Plus révélatrice encore de ce besoin d'imposer une mesure homogène à ce qui existe, en fait, dans le divers, est l'analyse comparée que Barthes propose du miroir en Occident et en Extrême-Orient :

> En Occident, le miroir est un objet essentiellement narcissique : l'homme ne pense le miroir que pour s'y regarder ; mais en Orient, semble-t-il, le miroir est vide ; il est symbole du vide même des symboles ("l'esprit de l'homme parfait, dit un maître du Tao, est comme un miroir. Il ne saisit rien mais ne repousse rien. Il reçoit mais ne conserve pas") : le miroir ne capte que d'autres miroirs, et cette réflexion infinie est le vide même (qui, on le sait, est la forme).

Or ce n'est pas du tout ainsi qu'au XIIIe siècle, le moine Urabe Kenkô commentait le vide du miroir et ce qu'il nous révèle de l'esprit humain :

> Quand une maison est habitée, personne n'y peut entrer sans motif mais si une maison est vide, elle recevra des visites à la fantaisie des passants : bien plus, des animaux comme les renards et les hiboux, n'étant plus incommodés par l'odeur de l'homme, y viendront gîter à leur gré. On voit aussi apparaître des ombres étranges qu'on appelle les "spectres des arbres".
>
>
>
> C'est parce que le miroir ne comporte en soi ni couleur ni forme que les images de toutes espèces viennent s'y refléter. S'il avait couleur et forme, il ne pourrait renvoyer aucune image.
>
> Le vide peut se remplir de bien des objets. De même, si des pensées hétéroclites viennent à émerger dans notre esprit, c'est probablement parce que nous n'avons pas ce qu'on nomme un esprit. S'il y avait un maître dans notre esprit, des bagatelles ne viendraient pas y pénétrer[1].

Alors, pourquoi le Signe ? Le charme de *L'empire des signes* échappe heureusement pour l'essentiel à l'artifice que Barthes s'est imposé pour approcher le Japon, et qui s'avère en réalité particulièrement trompeur. Mais peut-être avait-il obéi surtout à une tendance irrésistible et quasi fatale de son tempérament, comme il l'avoue dans son *Roland Barthes par Roland Barthes* :

> ... lui, il semble rester bizarrement au carrefour de [...] deux refus : il a des complicités de transgression et des humeurs individualistes. Cela donne une philosophie de l'anti-Nature qui reste rationnelle, et le *Signe* est un objet idéal pour cette philosophie-là : car il est possible d'en

1. Urabe Kenko, *Les heures oisives*, cité dans A.-M. Christin, *L'Image écrite ou la déraison graphique*, *op. cit.*, p. 93.

> dénoncer et/ou d'en célébrer l'arbitraire; il est possible de jouir des codes tout en imaginant avec nostalgie qu'un jour on les abolisse : tel un *out-sider* intermittent, je puis entrer-dans, ou sortir-de la socialité lourde, selon mon humeur – d'insertion ou de distance[1].

C'était peut-être d'être ce dandy vagabond du signe qui lui avait permis vraiment d'approcher le Japon.

1. *Roland Barthes par Roland Barthes*, *op. cit.*, p. 135.

remerciements

Je remercie Jacqueline Dubois, directeur de la bibliothèque du Musée de l'homme, ainsi que Christine Barthe, conservateur chargée de la photothèque, et Dominique Morelon, conservateur chargée des archives, de l'aide amicale qu'elles ont bien voulu m'apporter en me facilitant l'accès du fonds Clérambault en cours de catalogage.

Je remercie également Nadine Boillon pour sa précieuse collaboration dans la réalisation de ce volume ainsi qu'Elsa Costantini qui l'a retranscrit pour la Librairie Vrin.

origines des textes

Les chapitres de ce livre sont issus d'articles précédemment parus, remaniés et complétés :

« L'image et la lettre, de la représentation à l'apparence », P. Prado (dir.), *Xoana* n° 4, 1996, p. 33-40.

« Du signe à la trace, de l'interprétation à l'expression : la genèse iconique de l'écriture », *Propriétés de l'écriture*, actes du colloque de l'université de Pau, J. G. Lapacherie (dir.), *Op. Cit.*, n° 10, 1998, p. 133-140.

« Support et iconicité, ou l'apparence sans qualités », *Protée* vol. 26, n° 3, 1998, *Logique de l'icône*, T. Jappy (dir.), Université de Québec à Chicoutimi, p. 69-76.

« L'image informée par l'écriture », J. Le Blanc (dir.), *Texte* n° 21-22 1997, Trinity College, Toronto, p. 71-96.

« Peinture et narration : l'énigme du support », *Suite / Série / Séquence*, Actes du colloque de l'université de Poitiers, D. Moncond'huy et F. Noudelmann (dir.), *La Licorne*, Poitiers, 1998, p. 11-20.

« Propositions sur la pensée visuelle de Gaëtan Gatian de Clérambault », *Médiation et information*, B. Darras (dir.), *Mei* n° 7, 1997, p. 55-74.

« Fromentin critique d'art ou la rhétorique du vide », *Cahiers de l'Association internationale des études françaises* n° 37, 1985, p. 193-212.

« La mémoire blanche », *Rhétorique et Image*, L. Hoek (dir.), Rodopi, Amsterdam-Atlanta, 1995, p. 83-98.

« De la peinture à la poésie, l'énonciation typographique chez Pierre Reverdy », *Europe* n° 777-778, 1994, p. 67-72.

« *Le voleur de Talan* de Pierre Reverdy, roman autoportrait », *L'image génératrice de textes de fiction*, P. Mourier-Casile et D. Moncond'huy (dir.), *La Licorne*, Poitiers, 1996, p. 161-173.

« Ecriture et multimédia », P. Lardellier (dir.), *Degrés* n° 92-93, *Penser le multimédia*, Bruxelles, 1998, *g.* 1-11.

« Barthes et le signe », *Barthes, Résonances des sens*, S. Kadowaki et Y. Kobayashi (dir.), Actes du colloque de 2003, Bulletin de l'UTCP, vol. 2, 2004, université de Tokyo, p. 134-141.

table des matières

7 présentation
13 chapitre premier : l'image et la lettre
25 chapitre 2 : du signe à la trace, la genèse iconique de l'écriture
39 chapitre 3 : support et iconicité, ou l'apparence sans qualités
53 chapitre 4 : l'image informée par l'écriture
67 chapitre 5 : peinture et narration : l'énigme du support
81 chapitre 6 : propositions sur la pensée visuelle de Gaëtan Gatian de Clérambault
99 chapitre 7 : Fromentin critique d'art ou la rhétorique du vide
119 chapitre 8 : la mémoire blanche
141 chapitre 9 : de l'image au texte : l'expérience du *Coup de dés*
159 chapitre 10 : énonciation et typographie chez Pierre Reverdy
179 chapitre 11 : écriture et multimédia
193 en guise de postface : le Japon selon Roland Barthes
207 origine des textes
208 table des matières

Ce livre a été imprimé
en France par **ICN**

Zone Industrielle des Saligues
98, rue Louis Rabier
64300 Orthez

05 59 69 77 80
icn@imprimerie-icn.fr

Dépôt legal : Mai 2009